생각하는기계에게
세무사는대체되는가

제4차 산업혁명에 대비하는 세무사업 발전전략

생각하는 기계에서 세무사는 대체되는가

초판 1쇄 발행 | 2018년 6월 30일
초판 2쇄 발행 | 2019년 4월 3일

지은이 | 부산지방세무사회, 월드클래스코리아 Consulting Group
발행인 | 김태영
발행처 | 도서출판 씽크스마트
주　소 | 서울특별시 마포구 토정로 222(신수동) 한국출판콘텐츠센터 401호
전　화 | 02-323-5609 · 070-8836-8837
팩　스 | 02-337-5608

ISBN 978-89-6529-184-8　03320

이 도서의 국립중앙도서관 출판예정도서목록(CIP)은 서지정보유통지원시스템 홈페이지(http://seoji.nl.go.kr)와
국가자료공동목록시스템(http://www.nl.go.kr/kolisnet)에서 이용하실 수 있습니다.(CIP제어번호: CIP2018016582)

씽크스마트 • 더 큰 세상으로 통하는 길
도서출판 사이다 • 사람과 사람을 이어주는 다리

제4차 산업혁명에 대비하는
세무사업 발전전략

생각하는기계에게
세무사는대체되는가

부산지방세무사회
월드클래스코리아 Consulting Group

세무사업계의 새로운 도약을 위한
연구활동이 되길 바라며

우리는 이미 제4차 산업혁명의 중심에 서 있습니다. 인공지능뿐만 아니라 로봇기술, 빅데이터, 클라우드, 생명과학 등이 하루 단위로 급변하고 있습니다. 이것은 미래가 아니라 현재입니다.

이러한 변화는 세무대리업무 역시 마찬가지입니다. 회계프로그램의 급격한 발전 속에서, 세무대리업에 대한 새로운 패러다임이 요구되고 있는 것입니다.

국세청은 제4차 산업혁명에 주도적으로 나서고 있습니다. 인공지능과 빅데이터 수집을 통해 완벽한 과세자료 확보의 단계로 나아가고 있습니다.

전문가들은 세무대리업무가 인공지능으로 대체될 확률이 매우 높다고 보고 있습니다. 전문자격사들 간의 직역 다툼도 더욱 심해지고 있습니다. 우리 세무사업계 또한 다른 자격사들로부터 끊임없이 직역을 도전받고 있습니다.

이러한 때에 세무대리업계의 현실을 정확하게 분석하고, 세무사업계가 나아갈 방향을 제시하기 위해 배전의 노력으로 연구 활동에 매진하시는 부산지방세무사회 강정순 회장과 월드클래스컨설팅 연구진들에게 감사의 말씀을 드립니다.

한국세무사회도 여러분들의 연구 활동이 세무사업계의 백년대계를 이루는 데 훌륭한 연구자료로 활용될 수 있도록, 최대한 지지하고 성원하겠습니다.

_ 한국세무사회 회장 **이창규**

"세무사업의 극적인 전환을 모색하고
생존경쟁력을 높여주는 회복탄력성"

최근 월스트리트저널은 '자신의 가치와 회사가 추구하는 이념이 공명을 이루는 것이 중요해졌다'라는 기사를 게재하였습니다. 무척 의미 있는 기사입니다. 이 기사를 읽고, 우리 세무인들의 가치와 이념에 대해 다시 한 번 생각하게 되었습니다. 납세자들에게 우리의 존재와 직업이 어떤 울림을 주었는지도 되돌아보게 되었습니다.

그간 저희 부산세무사고시회는 후배 세무사 양성, 세무사 자질 향상, 업그레이드된 세무서비스 등에 대해 연구해 왔습니다. 우리를 놀라게 한 AI(인공지능)의 등장으로 세무사 제도의 미래, 특히 앞으로 10년 이후의 후배 세무사들의 모습이 늘 궁금했습니다. 다가오는 제4차 산업혁명은 학술과 교양의 차원을 넘어, 우리의 경쟁력을 높이는 기회가 될 것입니다. 이를 위해서는 상황대처능력과 회복탄력성이 필수적입니다.

이런 점에서, 본 연구서는 정확한 문제제기와 방법론적 대안의 도출만으로도 찬사와 박수를 받기에 충분합니다.

특히 일본 세무사업계의 구체적인 사례, 제4차 산업혁명 관련 설문조사 결과는 우리 세무사업의 극적인 전환을 주문하고 있습니다. 본 연구서가 제시하는 비전과 로드맵에 우리 세무사들의 각성과 단합, 그리고 네트워크가 더해지기를 바랍니다. 더 나아가 타업계를 향한 개방까지 이루어진다면, 제4차 산업혁명은 우리 세무사들에게 더없는 기회가 되어줄 것이라 믿어 의심치 않습니다.

부산세무사고시회를 항상 배려해 주시고, 세무사들의 권익을 위해 늘 노력하시는 부산지방세무사회 강정순 회장님께 감사의 말씀을 드립니다. 특히 이번 보고서의 학술적인 측면뿐만 아니라, 보고서 곳곳에 깃든 회장님의 혜안과 통찰력에 감탄하지 않을 수 없었습니다. 아울러 어려운 연구 과제를 전문가적인 방법과 시각으로 풀어주신 월드클래스코리아 연구진께 심심한 감사의 말씀을 올립니다.

모든 분들께 일독을 권합니다.

_ 부산세무사고시회 회장 **황인재**

"제4차 산업혁명시대에 일자리 논란을 잠재우고
파괴적인 전환의 시대에 세무서비스의 미래를 밝혀주는"

    SF소설가 윌리엄 깁슨은 80년대 초반 "미래는 이미 와 있다. 단지 널리 퍼져있지 않을 뿐이다"라고 말했다. 미래 유비쿼터스 전환시대를 예고한 것이다.

    문제는 이 파괴적 전환시대에 사라지는 일자리에 대한 논란이었다. 2030년에는 현존하는 일자리의 절반이 없어진다는 전망이 있다. 로봇 때문에 수백만 개의 일자리가 사라진다는 괴담 아닌 괴담도 세간의 화제가 되고 있다.

    세무사라는 직업도 위험하다는 예상이 꽤 설득력을 얻고 있다. 본서는 소위 세무 4.0시대에 인공지능이 세무서비스에 어떤 영향을 미칠 것인지를 실제 사례를 들어 예측하고 있다. 또한 이미 타 업계에서 실시되고 있는(2016년 미국 로펌회사 Baker&Hostetler의 인공지능을 파산관리 변호사로 공식선언) 인력대체 현황도 제4차 산업혁명의 프리즘으로 설명하고 있다.

    이를 좀 더 명확히 하기 위해 '전문가의 경험적 지식을 통한 문제해결 및 미래예측 기법인' 델파이 기법을 통해 세무사, 세무학과 교수, 세무공무원들을 대상으로 1) 인공지능의 세무서비스 대체 2) 향후 5~10년 세무사업 전망 3) 인공지능의 세무사업 대체 시 생존전략 4) 향후 4차 산업이 세무사업 전반에 확산될시 세무사자격시험제도의 방향성 5) 향후 4차 산업 확산 시 세무사와 회계사의 업무중첩으로 인한 경쟁구도 등의 소주제를 설문하였다.

먼저 세무사업 전망에서는 예상대로 직업, 수입, 사회적 만족도가 줄어들고 있는 것으로 나타났다. 이를 통해 현업에 있는 세무사들의 고민이 어느 정도인지 가늠해볼 수 있었다. 생존전략 및 발전전략에서는, 단순 기장대리 업무에서 탈피하여 조세소송이나 세법의 해석·적용에 있어 법률적 전문화와 독점화가 필요하다는 것을 강조하였다. 절세상담, 컨설팅 등의 미개척 분야로의 확장도 권장하였다. 아울러 제4차 산업혁명에 맞추어 통합서비스를 구상하기도 하고, 세무사 자격시험에 인문학적 소양이나 빅데이터, 인공지능 시험과목 확대 등의 과감한 제도 개선을 제시하기도 하였다.

주목받았던 회계사와의 관계는 조심스럽게 일원화를 내비쳤다. 그러나 아직은 각자의 고유 업무에 집중하는 것이 합리적이라는 생각을 갖고 있었다. 향후 필요할 때 네트워크화, 전문화, 대형화를 시도해 봄직하다는 것이 이번 조사의 결과였다.

결론적으로, 세무사도 제4차 산업혁명에 적극적으로 동참하여 위기를 극복하고, 발전적인 대응과 적용에 힘써야 할 것이다.

이를 위해 본래의 세무서비스 기능 외에, 제4차 산업혁명시대에 대비하는 연구인력 확충, 디지털관리 및 리더십 배양, 타 전문업종과의 네트워킹 자원 확보 등과 같은 빅픽처를 그려나가야 할 것이다.

'제4차 산업과 미래의 일자리'는 먼 미래의 이야기도 아니고 허공의 담론도 아니다. 이러한 측면에서 감히 일독을 권한다.

_ IT융합공학박사 **맹명관**

현재 13,000여 명인 세무사 수는 8년 이내에 20,000여 명에 이를 것입니다.

고령화 사회, 저성장 경제, 인공지능의 발달과 같은 환경 변화도 중요하지만, 이러한 세무사 증가 추세에 대해서도 깊이 고민해볼 시점이 되었다고 생각합니다. 현재 개업 세무사의 상당수가 어려움을 호소하고 있습니다. 세무사업의 미래를 비관적으로 바라보는 세무사들도 늘어나고 있습니다.

어떻게 해야 합니까? 어떻게 해야 우리 청년 세무사들의 미래를 보장할 수 있겠습니까? 저를 비롯한 기성 세무사들은 더 이상 자조적 분위기 속에서 뒷짐만 지고 있어서는 안 될 것입니다. 시간이 없습니다. 지금 이 순간에도 우리의 미래를 바꿀 골든타임이 사라져가고 있습니다.

부산지방세무사회는 월드클래스코리아와 함께 미래 세무사업의 발전 전략에 대하여 연구하였습니다. 이 책은 그 첫 번째 결과 물입니다. 우선 현재 우리나라 세무사 제도의 현황과 세무회계 시 장을 분석해보고, 제4차 산업혁명에 대응하기 위한 세무사업의 발 전 전략을 큰 틀에서 살펴보았습니다. 그리고 77,000여 명의 세리 사(세무사)들이 활동하고 있는 일본의 현황과 세리사업의 동향을 고찰해 보았습니다.

우리 세무사들의 시야를 넓히는 데 도움이 될 것이라고 생각합 니다.

신규 개업 세무사들이나 청년 세무사들에게 실질적으로 필요한 세무회계 용역별 적정 보수액, 실제 계약서, 무료 서비스의 유료화 방안 등을 소개하고 싶었습니다. 그러나 편집 법무팀에서 검토한 결과, 현행법 위반 논란의 소지가 있어 이 책에 싣지 못한 아쉬움 이 있습니다.

앞으로 본회와 함께 세무사 용역 수수료 관련 법령 제정을 위하 여 최선을 다해 노력할 것을 약속드립니다. 감정평가사, 법무사, 공 인중개사 등의 전문자격사들에게는 수수료 기준이 존재합니다. 이 들 못지않게 높은 공공성을 가진 세무사의 용역에 대해서도, 합리 적인 수수료 기준이 마련되어야 할 것입니다.

세무사들 간의 과잉경쟁에서 비롯되는 덤핑 보수 현상이 지속될 경우, 세무사 업계 전체가 무너질 수도 있습니다. 그렇게 되면 그 피해는 결국 국민들이 입게 될 것입니다. 납세자인 국민들에게 양 질의 서비스를 제공할 수 없을 뿐만 아니라, 세무당국의 조세 업무에도 차질이 불가피해지기 때문입니다.

　세무회계시장이 미래에 어떻게 변하든, 우리 세무사들은 끊임없이 공부하고 정진하여 높은 실력을 갖추고, 열정을 다하여 고객에게 다가감으로써 국민 모두에게서 신뢰받는 세무사가 되어야 할 것입니다.

　끝으로 이 연구용역을 위하여, 우리 세무사들에게 애정을 가지시고 힘써 주신 맹명관 박사님, 유승희 박사님, 그리고 월드클래스코리아 나동환 대표님을 비롯한 관계자 여러분께 진심으로 감사드립니다.

2018년 봄 길에서
부산지방세무사회 회장
강정순

"같은 일을 반복하면서 다른 결과를 기대하는 것이 진정한 정신
병이다." 나는 알버트 아인슈타인의 이 말을 무척 좋아한다. 단 한
줄의 말이지만 일상에 빠진 나를 자극하기에는 충분하기 때문이
다. 게다가 시간과 상황이 바뀌어도 바뀌지 않는 에너지를 가지고
있다.

본 연구의 기획자인 나는 기업컨설팅을 하는 경영자문인으로서,
기업인과 세무사를 많이 만났다. 이 연구를 통해 세무사들에게 전
할 나의 메시지는 아주 간단하다.

"시장을 나눠라! 변방을 주목하라!"

세무사들이 기존의 틀에서 벗어나야 파고들어갈 수 있는 새로운
시장이 열린다.

세무사 시장은 중심시장과 변방시장으로 나눌 수 있다. 중심시장은 기장, 조정 등 직역시장(타 자격사와의 갈등시장)이며, 동시에 같은 세무사들 간의 경쟁시장이다.

이 책에서는 주로 중심시장의 변화를 이야기했다. 중심시장에는 '생각하는 기계'가 도입될 것임을 예고했다. '생각하는 기계'와 '생각노동자(세무사)'가 경쟁하는 것은 자동차와 사람이 달리기 시합을 하는 것과 같다. 우편배달부가 e메일·팩스와 속도 경쟁을 하는 것과 마찬가지다.

신입이든 경력세무사든 새로운 것을 고객에게 제안하지 못한다면 고객과 협상할 수 있는 옵션은 '가격할인'과 '무상서비스'뿐이다.

이제 서서히 세무사의 역할에 대한 재해석이 필요하다. 세무사는 세무대행자에서 사업자의 조력자(컨설턴트)로 리포지셔닝해야 한다. 세무지식 위주의 조력자에 안주해서는 안 된다. 세무지식을 기반으로 한 경영전반 조력자로 재해석 되어야 한다.

예전에 하지 않아도 되는 일을 하는 것이 아니라, 고객의 입장에서서 예전에는 받을 수 없던 서비스를 제공해야 한다는 뜻이다. 변방시장을 주목해야 한다는 이유가 여기에 있다.

변방시장은 세무사자격증과 관련 없이 고객을 상대로 서비스할 수 있는 시장을 말한다. 그 경계시장은 자격증의 역할이 애매한 부분이다. 즉 사업자를 중심에 두고 여러 직역의 참여자들이 뒤섞이고 교차하는 경계구간이다. 그 중 가장 주목받은 변방 참여자가 바로 보험영업기반 컨설턴트들이다.

2010년 이후, 보험대리점의 FC들이 세무사의 변방인 세무/경영 컨설팅 영역에 집중적으로 진출하기 시작했다. 이로 인해 생긴 일들을 한번 살펴보자.

그들은 처음에는 '임원(대표) 퇴직금 소식'이라는 아주 작은 이슈를 들고 세무사 시장의 변방에 자리 잡았다.

이후 '경영지원'이라는 프레임으로 브랜드와 No브랜드로 시장을 세분화했다. 그 결과, 세무사의 변방시장 한켠에 '경영지원 컨설팅을 통한 보험세일즈'라는 큰 축이 생겼다.

또한 이 영향에 힘입어 수많은 생명 보험회사들은 보험설계사를 대상으로 세무교육을 실시하고 있다. 이들은 자체적인 FC지원센터를 설립했으며, 작지만 소속회사를 구별하지 않는 유료 영업, 학습 지원센터도 생겼다.

세무사의 변방시장에 수만 명의 참여자가 한순간에 증가한 것이다. 영업력이 부족한 세무사는 마치 육지에서 싸우는 수군(水軍)같은 존재가 되었다.

2013년부터 2017년까지, 4개의 대표 보험대리점 기반 컨설턴트들이 거둔 매출은 어림잡아 1조 2천억이 넘는다. 파생시장(중소대리점 및 개인영업)까지 본다면 매출규모는 2조 5천억에 육박할 것으로 추정된다.

이 모든 것이 작은 컨셉에 집중하고, 거기에 탁월한 영업력이 더해지고, 소수의 세무사들이 그들과 협력해 이룬 변방시장이다.

그러나 본질이 단단하지 않으면 오래가지 않는 법이다. 변방에 새로운 변화가 찾아온 것이다. 보험대리점이 리딩한 컨설팅 시장은 성장의 한계와 운영의 한계에 봉착했다. 영업 에이전트 조직의 특성상 품질관리가 되지 않았고, 품질관리가 되지 않으니 시장의 신뢰를 순식간에 잃어버린 것이다.

특별한 자격시험이 있거나 자체시험이 있지 않기 때문에 서비스 품질이 떨어질 것은 이미 예상되어 있었다. 영업 업적만이 평가의 유일한 잣대이고, 쉽(Ship/직업의식)이 없는 세일즈 조직은 오래가지 않는다.

컨설팅 역량축적과 역량교류 등이 없이, 단순한 컨셉을 고객에게 전달하는 방식의 영업은 그 한계가 있었다. 컨설턴트 연락두절 등의 문제가 반복적으로 발생했다. 세일즈 최우선을 표방하는 보험대리점 소속 에이전트는 상품을 팔기 위해 컨설팅이라는 컨셉을 일시적으로 선택한 것뿐이었고, 거기서 끝내 벗어나지 못했다. 고객 만족과 신뢰는 세일즈를 하는 개인의 몫이 되었다. 즉 지속적인 관리와 컨설팅 책임문제에 매우 취약했다.

세일즈를 위해서 컨설팅 컨셉을 표방해온 조직들은 시간이 지나거나 환경이 바뀌니 바로 그 본질을 드러냈다. 결정적으로, 개인의 역량에 의해 자문이 이루어지기 때문에 품질이란 개념 자체가 없다시피 했다.

반면 고객의 의식수준은 높아지고 있다. 보험대리점의 경쟁적 세일즈 과정에서 사업자들의 기대수준과 시장 구별력이 많이 높아진 것이다. 이는 시장재편을 알리는 전조증상이다.

고객은 다른 것을 원한다. 다른 참여자를 원한다. 기존의 커피시장을 재편한 스타벅스는 제3의 공간(제1공간 집, 제2공간 회사, 제3공간 스타벅스)을 화두로 시장에 자리잡았다. 이와 같이 나누기(제3공간) 전략은 새로운 인식으로 받아들여졌다.

컨설팅의 경우 하드웨어와 소프트웨어가 조화를 이뤄야 한다. 전투기와 조종사가 조화를 이루어야 하는 것과 같다. 컨설턴트의 솔루션은 소프트웨어(판단정보)이고, 고객에게 제공되는 서비스(영업방식, 제안방식, 설명도구 등) 프로세스와 AS 프로세스(AS접수, 만족도 점검, 업무종결)가 하드웨어인(운영체계) 것이다. 다른 분야의 자문인들과의 지속적인 협업 또한 포괄적인 조합이라고 볼 수 있다.

모든 마케팅전략의 기초는 시장을 나누는 것에서 시작한다. '난 달라', '우리가 더 잘해요'가 아니라 짧은 메시지로 승부 볼 수 있어야 한다. 월드클래스코리아는 이 방법을 연구했고, 결국 세무사를 컨설팅시장으로 진입시킬 시스템을 준비했다.

"시장을 나눠라!" 이 전략은 시장을 자격자와 무자격자로 나누는 것이다.

월드클래스코리아는 수년 전부터 그 준비를 했고, 이제 당신이 보고 있는 이 글을 쓰고 있다.

"영업을 배우고 협업하라!"

수많은 세무사들과 일해본 결과, 모든 문제에 잘 듣는 특효약이 있음을 알게 되었다.

영업교육이다. 세무사들은 영업을 배워야 한다. 영업이란 마케팅적 사고를 말한다. 설득, 협상, 제안역량을 키워야 한다.

'생각하는 기계'가 대체할 수 없는 협상 커뮤니케이션 역량을 키워야 한다. 그리고 콜라보(네트워크 확장)를 통해 다양한 서비스 메뉴판을 준비해야 한다.

자금, 재테크, 노무를 기반으로 하는 인사, 비즈니스 프로세스 최적화, 경영기획, 마케팅에 대한 자문서비스, 지구 반대편까지 연결하는 해외수주를 비롯해 해외법인설립과 국내외의 각종 인증서비스, 경영승계와 기업지배구조 등 경영전반에 대한 서비스가 준비되어 있어야 한다. 또한 기존의 세무사가 무상으로 제공했거나 주분야가 아니었던 재무적 서비스(주식이동, 가업승계, 가지급금, 경리대행 등) 또한 새롭게 디자인하고 포장해야 한다.

물론 끝까지 함께하는 참여형 자문(PDCA_Plan, Do, Check, Action)방식은 이제 컨설팅의 기본이다.

5% 개선하는 것보다 95% 개선하는 것이 때론 쉽다. 완전히 다른 전략을 선택하기 때문이다.

부산지방 세무사회를 통해 시작된 이 인연이, 세무사들의 변화를 이끌어내는 촉매이자 시작점이 되기를 간절히 바란다.

월드클래스코리아 대표
나동환

Contents

제1장   세무사 제도와 세무사업의 현황

제2장　　　　　　　　　　　　　　　제4차 산업혁명과 세무사업

제3장   세무사업 개선의 필요성 및 발전전략

prologue

우리는 제4차 산업혁명(Industry 4.0)의 한가운데에 있다. 제4차 산업혁명의 범위는 제조업을 훨씬 뛰어넘는다. 인공지능, 사물인터넷 등과 같이 복잡하게 연결된 스마트 기술들이 제품의 설계, 제조, 사용 및 유지 방법을 근본적으로 변화시키고 있다. 가상현실과 증강현실 기술은 인간이 사물을 경험하는 방식 자체를 바꿈으로써, 인간관계와 사회조직마저도 변화시킬 조짐을 보이고 있다.

인공지능은 알파고가 이세돌 9단에게 대승을 거둔 후에도 눈부시게 발전해 왔다. 2017년 8월에는 비영리 연구소 '오픈(Open) AI'의 인공지능이 게임을 학습한 지 불과 2주 만에 유명 전략게임 '도타2'의 세계 챔피언이 되기도 했다. 이렇게 코앞으로 다가온 인공지능 시대에 대비하기 위해, 인류는 지금 이 순간에도 열심히 뛰고 있다.[1]

앞으로 인공지능(AI: Artificial Intelligence)이 세무사들의 일자리를 빼앗아갈 것인가? 아니면 일자리를 늘려줄 것인가? 이에 대해 많은 사람들이 궁금해하고 있다.

최근에 모 인공지능 프로그램이 인간 세무사보다 더 빠르고 정확하게 세무업무를 처리한 바 있다. 그런데 이 인공지능 프로그램 제작자는 세무사 자격이 없었다. 그러자 무자격자가 만든 프로그램으로 세무 업무를 처리하는 것이 세무사법 위반 아니냐는 논란이 일어났다. 이와 같이 세무사의 업무영역도 인공지능 세무 프로

---

[1] 조상규, "인공지능 세무대리 프로그램의 법적책임", 중앙법학 제19집 제3호(통권 제65호), 2017. 9, p. 70.

그램에 잠식당할 수 있다는 위기론이 서서히 확산되고 있다.

일본에서도 어려운 자격시험에 합격하여 고도의 전문 지식과 능력, 사회적 지위를 보유한 변호사·회계사·세무사 등이 흔들리고 있다. 이에 대해 "사업(士業)이 크게 흔들리고 있다."[2]라며 우려하는 목소리가 높다.

왜 이렇게 되어버린 걸까? 일본에서는 제4차 산업혁명의 도래에 따른 인공지능의 발달로 "향후 20년 후에는 사라지는 직업"으로 세무사·회계사·변호사 등을 꼽았다. 이들은 모두 전문가들의 업이다.

최근 클라우드 세무회계의 진화속도 등을 볼 때, 몇 년 후에는 세무사가 일하는 방식이 크게 바뀔지도 모른다는 염려가 커지고 있다. 그뿐이 아니다. "세무사라는 직업 자체가 언젠가 사라져버리지 않을까?"라는 불안도 증폭되고 있다. 여러 연구 논문들은 세무회계 분야가 인공지능에 의해 대체되어 사라질 위험이 매우 높다고 보고 있다.

이러한 미래의 위협요인에 대비하고 인공지능 로봇과 함께 생존해 나가기 위해서는, 세무사 업도 하루빨리 제4차 산업사회에 대한 준비와 전략을 철저히 강구해 나가야 할 것이다.

따라서 본 연구에서는 일본 세무사법인들의 영업전략 사례를 살펴보고, 향후 한국 세무사업의 생존전략을 모색해 보았다. 이를 통

---

2   週刊東洋経済eビジネス新書, "食えなくなった弁護士·会計士·税理士", 週刊東洋経済eビジネス新書 No.28, 2013.

해 제4차 산업사회에 대응하기 위한 세무사 업의 발전전략을 제시하고자 한다.

그밖에도 세무사 업에 대한 제4차 산업의 영향, 디지털 영역에서의 세무 관련 기업조직 운영 등과 같은 다양한 주제를 검토하고자 한다.

범위 및 방법

본 연구에서 일본의 세리사(稅理士)는 국내의 세무사와 동일한 자격명칭으로서 사용한다.

본 연구의 시간적 범위는 「세무사법」이 법률 제712호로 제정, 공포된 1961년 9월부터 2018년 3월 현재까지로 한다. 연구의 공간적 범위는 세무사 업의 내용이 매우 비슷한 대한민국과 일본으로 한정한다. 본 연구의 세무사는 "세무사 자격시험에 합격한 자"라는 세무사법 제3조 1의 법률적 정의에 따른다.

본 연구의 "세무사 업"은 세무사법 제2조의 규정[3]에 따른 세무사의 직무에 한정된다. 이에 따라 세무사는 납세자 등의 위임을 받아 다음 각 호의 행위 또는 업무(이하 "세무대리"라 한다)를 수행하는 것을 그 직무로 한다.

1. 조세에 관한 신고·신청·청구(과세전적부심사청구, 이의신청, 심사

---

3   세무사는 납세자 등의 위임을 받아 다음 각 호의 행위 또는 업무(이하 "세무대리"라 한다)를 수행하는 것을 그 직무로 한다.

청구 및 심판청구를 포함한다) 등의 대리(「개발이익환수에 관한 법률」에 따른 개발 부담금에 대한 행정심판청구의 대리를 포함한다)

2. 세무조정계산서와 그 밖의 세무 관련 서류 작성

3. 조세에 관한 신고를 위한 장부 작성 대행

4. 조세에 관한 상담 또는 자문

5. 세무관서의 조사 또는 처분 등과 관련된 납세자 의견 진술 대리

6. 「부동산 가격공시에 관한 법률」에 따른 개별공시지가 및 단독주택가격·공동주택가격의 공시에 관한 이의신청의 대리

7. 해당 세무사가 작성한 조세에 관한 신고 서류 확인. 다만, 신고서류를 납세자가 직접 작성하였거나 신고서류를 작성한 세무사가 휴업하거나 폐업하여 이를 확인할 수 없으면 그 납세자의 세무조정이나 장부 작성의 대행 또는 자문 업무를 수행하고 있는 세무사가 확인할 수 있다.

8. 「소득세법」 또는 「법인세법」에 따른 성실신고에 관한 확인

9. 그밖에 제1호부터 제8호까지의 행위 또는 업무에 딸린 업무

본 연구에서는 이론적 연구방법과 실증적 연구방법을 병행했다. 이론적 연구를 위해서는 각종 서적과 연구 자료를 수집하여 비교분석하였고, 이를 통해 문제점과 전략을 제시하였다.

실증적 연구방법에 있어서는 세무사를 비롯한 세무학과 교수, 세무공무원 등의 전문가를 대상으로 델파이 기법(Delphi method)의 설문을 실시하였다.

델파이 기법(Delphi method)은 전문가 합의법이라고도 한다. 전문가의 경험적 지식을 활용하여 문제를 해결하고 미래를 예측하는 기법이다. 이러한 델파이 기법으로 설문조사를 실시한 뒤, 설문 결과를 통계 처리하여 분석하였다.

통계처리를 위해서는 설문 문항별로 코딩(coding)작업을 실시한 후, PASW Statistics 18.0 통계 프로그램을 이용하여 분석하였다.

조사 대상자의 인구통계학적 특성과 표본의 응답비율을 파악하기 위하여 빈도분석(frequency analysis)을 실시하였다. 각 측정항목이 조사대상자의 인구통계학적 특성에 따라 차이가 있는지도 알아보기 위하여 일원배치 분산분석(ANOVA)을 실시했다. 이러한 통계 분석결과를 바탕으로, 다가오는 제4차 산업시대를 맞이하는 세무사 업계의 문제점을 알아보고 생존전략을 강구하였다.

제1장

세무사 제도와 세무사업의 현황

1

세무사 제도와
세무사의 법적 지위

세무사 제도의 변천과정

제1차 세계대전 후인 1919년, 독일에서 '조세기본법'이 제정되
었다. 이 법은 '국민이 (조세법규에 따라) 납세의무를 수행함에 있어
세무에 숙련된 전문가의 지원이 필요하다'라는 독일 법학자 Enno
Becker의 언급에서 비롯되었다. 세계 최초로 세무사 제도가 등장
한 것이다.

이후 유럽 각국에서도 세무사 제도를 법제화하기 시작했다. 세
무사 제도는 조세제도의 발전과정에서 탄생한 제도이다. 조세의
목적은 국가 재정 수입조달에 있으므로, 세무사 제도 역시 정치·
경제·사회적 여건의 변화와 무관하지 않다.

우리나라는 1894년 조세금납제와 조세법률주의의 채택으로 근
대적인 조세제도의 틀을 갖추었다. 일제 강점기에서의 조세 제도
는 식민통치를 목적으로 악용되기도 했다. 6·25 전쟁의 발발로 전
시체제로 전환되었다가, 경제개발계획의 재원마련을 위해 1961년

에 14개의 세법을 제정 또는 개정하면서 조세체계가 현대화되었다고 할 수 있다.[1]

1961년 처음으로 「세무사법」이 공포되었을 당시에는 세무서비스의 중요성이 크게 대두되지 않았다. 그래서 세무사시험 합격자 외에도 상법, 재정학, 회계학, 경영경제학에서 석·박사학위를 받은 자나 전임강사 이상의 교원으로 위 분야를 1년 이상 교수한 자, 상법·회계학·재정학 중 한 과목 이상을 선택하여 고등고시에 합격한 자, 그리고 조세 관련 행정사무에 10년 이상 근무한 자들에게 세무사 자격을 자동으로 부여하였다.[2]

초기 세무사 시험 합격자는 겨우 4명에 불과하였으며, 131명의 자동자격부여자 중 대부분은 세무공무원 석사학위 소지자, 공인회계사, 변호사, 회계학 전공교수 등이었다.

1972년에 개정된 「세무사법」은 국세 관련 행정사무에 일정 기간 이상 종사한 자들만이 자동으로 세무사가 될 수 있게 하였다. 그 후 2000년, 규제개혁위원회의 조치에 따라 공인회계사와 변호사에 대한 자동자격부여가 폐지되었다. 세무사 자격 획득이 세무사시험으로 일원화된 것이다.[3]

단, 국세 관련 행정사무 종사자가 세무사 시험에 응시하는 경우

---

1 세무사 제도는 이미 1958년부터 검토되어 왔으나 세무사법 도입 이전에는 공인회계사의 전신인 계리사가 세무대리 업무를 수행하였다.
2 「세무사법」 법률 제712호 제3조.
3 「세무사법」 법률 제6837호에 의해 개정된 사항.

에는 시험 중 일부를 면제 받도록 하였다.[4] 변호사에게 자동으로 세무사의 자격을 부여하는 제도 역시 오랫동안 논란이 되어 왔다. 마침내 2017년 12월 26일, 「세무사법」 개정을 통해 변호사에 대한 세무사 자동자격부여 조항이 삭제되었다. 이로써 세무사 업계가 새로운 국면에 접어들게 되었다.

그러나 2018년 4월 26일자로 헌법재판소는 다음과 같은 내용으로 합헌 불일치 결정을 내렸다. '세법일 관련 법령에 대한 해석, 적용에 있어서는 일반세무사나 공인회계사보다 법률사무전반을 취급, 처리하는 법률전문적인 변호사에게 오히려 그 전문성과 능력이 인정된다.' 이 결정은 앞선 '변호사에 대한 세무사자격자동부여제도 폐지'에 대한 반전일 뿐 아니라 2003년 12월 31일부터 2017년 12월 31일까지 사이에 변호사자격을 취득한 변호사에게 세무대리업무, 특히 세무조정업무를 수행할 수 있는 길이 열렸다는 점에서 주목되어진다.

1978년 「세무사법」 개정에서는 세무법인을 '합동사무소'라는 이름으로 법제화하였다. 이에 따라 세무사는 조직적인 직무를 수행함과 동시에 공신력 향상을 위해 3인 이상의 세무사로 구성되는 합동사무소를 설치할 수 있게 되었다. 합동사무소를 법인 형태로 설립하는 것도 가능해졌다.[5]

1981년 세무사 등록에 관한 규정이 개정되었고, 1989년에는 세

---

4 「세무사법」 제5조의2.
5 「세무사법」 법률 제3105호 제13조의2.

무사의 직무·자격·결격사유, 세무사 자격시험 및 시험의 일부면제, 등록·등록의 취소·등록 또는 등록취소의 통지, 세무사의 권리·의무 등이 개정되었다.[6] 이후 1995년에서 2017년까지 지속적인 개정을 통해 현재의 「세무사법」이 만들어지게 되었다.

세무사의 법적 지위

1961년 9월 9일 제정된 「세무사법」은 동양에서 가장 먼저 세무사 제도를 도입한 일본 세무사법의 영향을 받았다. 그러므로 한국 최초의 세무사법은 일본 세무사법과 같은 맥락으로 제정되었다고 할 수 있다.

일본은 1951년에 세무사 제도를 개혁하면서 세무사의 직무를 다음과 같이 규정하였다. "세리사는 중정(中正)의 입장에서 납세의무자의 신뢰에 의거, 조세에 관한 법령에 규정된 납세의무를 적정하게 실현하고 납세에 관한 도의를 높이는 데 노력해야 한다."[7]

이와 같이 과거의 세무사는 '세무행정의 원활한 수행'을 주로 담당했다. 그러나 오늘날의 세무사는 과세관청과 대등한 위치에서 납세자의 권익을 보호하는 데 주력한다. 이를 위해 전문 자격사로서의 법적 지위도 보장받고 있다.

'세무사 제도'는 조세체계가 현대화되면서 더욱 복잡해짐에 따

---

6   김진태·서정화(2016), 세무사 자격제도 역사적 고찰을 통한 개선방안, 경영사학 제 31집 제2호, (사)한국경영사학회 p.101-132.

7   1980년 개정 전 일본세리사법 제1조.

라 납세자가 난해한 조세제도를 이해하는 데에 어려움이 있어 도움을 받기위한 전문가가 필요함과 동시에 정부에서는 막대한 재정수요 조달에 따르는 조세마찰을 최소하면서 세무행정을 원활하게 할 수 있는 조력자가 필요한 이유로 도입된 제도라고 할 수 있다.

납세자는 조세 부담을 최소화하기 위해 최대한의 절세를 원한다. 심한 경우 탈세를 저지르기도 한다. 반면 과세권자는 납세자의 조세회피나 탈세행위를 적발하기 위해 최대한 세밀하게 조사하려고 한다. 납세자와 과세권자의 이해관계가 정면으로 충돌하는 것이다. 바로 여기에 세무사 제도에 의의가 있다.

세법규정은 복잡하고 전문적이기 때문에 납세자 스스로 관련 법규를 해석 및 적용하여 납세의무를 수행하기 어렵다. 따라서 전문적인 지식과 경험을 갖춘 세무대리인이 필요하다. 세무대리인은 세법규정에 부합한 적절한 납세가 이루어질 수 있도록 납세자를 돕는다.

이와 같이 세무사 제도는 세무대리인으로서 납세자의 이익을 옹호하고, 세무당국의 조력자로서 성실납세를 유도하는 역할을 동시에 수행함으로써, 납세자와 과세권자의 이해관계 충돌을 해소하고 궁극적으로 사회적 비용을 최소화하는데 그 목적이 있다.[8]

세무사 제도가 확립되지 못한 초창기에는 세무대리가 단순히 납세자의 편의와 권익보호를 위한 일반 대리 업무에 해당되었다. 이후 급격히 늘어나는 조세수요에 따른 행정력을 보완할 목적으로

---

8   김귀순(2016), 우리나라 세무사 제도의 개선방안, 강남대학교 대학원 박사학위 논문.

세무사 제도를 육성 또는 지원하는 세무행정 협력의 시대를 맞이하게 되었다. 이 시기 세무사의 역할은 납세자의 이익보다는 국가 징세정책의 보조 및 납세의무에 집중하여 세무행정의 수탁자나 세무행정의 연장선상에 있는 보조자로 여겨졌다.

그러나 제2차 세계대전 후, 국민주권의 확산에 따라 세무사의 주된 기능이 '세무행정 보조'에서 '국민의 이익 보장'으로 바뀌어 갔다. 이에 발맞추어 세무사의 직무도 자율 규제와 독립성을 확보하기 시작했다. 이처럼 세무사 제도는 민주주의의 발전에 따라 함께 변화되어 왔다고 볼 수 있다.

「세무사법」의 제정 사유는 "세무행정의 원활한 납세의무의 적정한 이행을 기하기 위하여 납세의무자의 조세상담 및 대리 업무를 담당하는 세무사 제도를 마련하는 것임"이라 명시되어 있다. 「세무사법」은 2017년 12월 26일에 법률 제15288호로 개정되기까지 총 26차례 개정되었다.

세무사는 세무행정 및 징세편의를 돕는 보조기구일 뿐만 아니라, 독립된 지위에서 납세자의 권익을 보장하는 법률기구라고 할 수 있다.[9] 즉 세무사는 세무행정기구와 함께 조세국가의 실현에 이바지하고 있는 것이다.

이러한 측면에서 세무사는 「세무사법」이 정하는 국가자격을 지난 자로서, 납세자가 납세의 의무를 다하기 위해 적절한 상담과 조

---

9   최명근(1996), 세무사제도의 과제와 시험제도의 개선에 관한 연구, 한국세무사회, 한국조세연구소, p.9.

언을 제공해주는 공법상의 지위를 지니고 있다고 볼 수 있다.

「세무사법」은 세무사를 '공공성을 지닌 세무전무가'로 명시하고 있다. 그러나 세무사가 수행하는 업무 자체에 공공성이나 공익성이 있는 것은 아니다. 세무사가 법적으로 공인된 세무전문가이기 때문에 공공성을 가지는 것이다. 즉 세무사의 공공성은 세무사의 법적 지위와 대중성에서 나오는 것이지, 세무사의 업무 그 자체가 공익적이거나 공공적이라는 의미는 아니다.

세무사의 업무는 국민의 재산권 보장과 밀접한 관계가 있다. 따라서 대다수의 국민이 세무사의 업무 결과에 직·간접적으로 영향을 받는다. 세무업의 이러한 특성 때문에 세무사에게 공공성이 부여되며, 이에 따라 공정성, 공익성 등이 요구되는 것이다.

세무대리인은 납세자가 「헌법」 및 「세법」에 명시된 납세자의 법적 권리 위에서 납세의 의무를 다할 수 있도록 협력해야 한다. 이때 「세법」의 해석 및 사실의 인정은 공정하고 객관적이어야 한다. 그러므로 세무대리인은 조세 법률관계에서 기본적으로 납세자의 입장에 서 있다고 볼 수 있다.

세무사는 위임계약 등을 통해 의뢰인과 내부관계를 형성한다. 그 결과로 대리권을 비롯한 각종 권한을 부여받으며, 수임인으로서의 사법적 지위를 획득하게 된다.[10]

---

10   김귀순(2016), 우리나라 세무사 제도의 개선방안, 강남대학교 대학원 박사학위 논문.

2

세무사의
자격취득과 업무

자격제도

「세무사법」 제3조에 의하면 세무사 자격을 취득하는 방법은 세무사시험에 합격하는 것이다. 2000년 세무사법 개정(「세무사법」, 법률 제6837호)으로 공인회계사와 변호사에 대한 자동자격부여 외의 선발통로가 세무사시험으로 통폐합되었다. 「세무사법」이 처음 공포된 1961년에는 세무사시험 합격자 외에 상법, 재정학, 회계학, 경영학 또는 경제학에서 석·박사학위를 받은 자, 전임강사 이상의 교원으로 위 분야를 1년 이상 교수한 자, 상법·회계학·재정학 중 한 과목 이상을 선택하여 고등고시에 합격한 자, 조세관련 행정사무에 10년 이상 근무한 자에게 자동으로 자격을 부여하였다.(「세무사법」, 법률 제712호 제3조)

1972년 12월 8일에 개정·발표된 「세무사법」은 자동자격부여자의 범위를 국세 관련 행정사무에 10년 이상 종사한 자 중에서 일반직 3급 이상의 공무원으로 5년 이상 제직한 자, 공인회계사, 변호사로 축소하였다. 또한 시험의 일부 면제 요건을 신설, 국세에 관한 행정사무에 10년 이상 종사한 자에게 실무시험을 면제하도록 하였다.

1978년에는 세무사의 직무에 기장대행업무와 심사 및 심판청구 대리, 합동사무소 설치, 교육받을 의무가 추가되었다.

정부는 1980년에 '민주세정 구현'을 목표로 정부부과의 원칙에서 신고납부제도로 전환을 위해 외부 조정계산서를 첨부하여 신고·납부하도록 「법인세법」을 개정하였다. 이로써 세무사의 지위와 위상이 크게 높아졌다.[11]

1989년 12월 30일에는 "국세(관세 제외)에 관한 행정사무에 종사한 경력이 10년 이상인 자로서 그 중 일반직 3급 이상 공무원으로 5년 이상 재직한 자"라는 기존 규정을, "국세(관세 제외)에 관한 행정사무에 종사한 경력이 10년 이상인 자로서 그 중 일반직 5급 이상 공무원으로 5년 이상 재직한 경력이 있는 자"로 개정하였다.

또한 시험의 일부면제에 있어 ① 국세에 관한 행정사무에 10년 이상 종사한 경력이 있는 자에 대하여는 제1차 시험을 면제하고, ② 국세에 관한 행정사무에 20년 이상 종사한 경력이 있는 자(6급 이상의 공무원경력이 있는 자에 한함) 중 대통령령이 정하는 직접세 분야에 5년 이상 종사한 경력이 있는 자에 대하여는 제1차 시험의 전 과목과 제2차 시험의 과목 중 대통령령이 정하는 일부 과목을 면제하도록 하였다. 또한 ③ 제1차 시험에 합격한 자에 대하여는

---

11   김귀순(2016), 우리나라 세무사 제도의 개선방안, 강남대학교 대학원 박사학위 논문.

다음 회의 시험에 한하여 제1차 시험을 면제하도록 하였다.

1999년 12월 31일 개정된 「세무사법」은 "국세(관세 제외)에 관한 행정사무에 종사한 경력이 10년 이상인 자로서 그 중 일반직 5급 이상 공무원으로 5년 이상 재직한 경력이 있는 자"라는 규정을 삭제하였다. 이와 함께 세무사 시험의 일부면제 요건이 대폭 수정되었다. 제1차 시험 면제 요건을 구체적으로 살펴보면 다음과 같다.

① 국세(관세를 제외한다. 이하 같다.)에 관한 행정사무에 종사한 경력이 10년 이상인 자

② 지방세에 관한 행정사무에 종사한 경력이 10년 이상인 자 중 5급 이상의 공무원으로 5년 이상 종사한 경력이 있는 자

③ 지방세에 관한 행정사무에 종사한 경력이 20년 이상인 자

④ 대위 이상의 경리병과 장교로서 10년 이상 군의 경리업무를 담당한 경력이 있는 자. 또한 다음 어느 하나에 해당하는 자에 대하여는 제1차 시험의 전 과목과 제2차 시험의 과목 중 2분의 1을 넘지 않는 범위 안에서 대통령령이 정하는 일부 과목을 면제하도록 하였다.

① 국세에 관한 행정사무에 종사한 경력이 10년 이상인 자 중 5급 이상의 공무원으로 5년 이상 종사한 경력이 있는 자

② 국세에 관한 행정사무에 종사한 경력이 20년 이상인 자

그리고 제1차 시험에 합격한 자에 대해서는 다음 회의 시험에 한하여 제1차 시험을 면제하였다.[12]

---

12   김진태, 서정화(2016), 세무사 자격제도 역사적 고찰을 통한 개선방안, 경영사학 제 31집

2003년 개정에서는 세무사시험 합격자에게만 세무사의 명칭을 사용하도록 하고, 자동으로 세무사 자격을 부여받는 공인회계사와 변호사는 각자의 명칭으로 세무대리를 하도록 명시했다. 이와 같이 세무사 명칭의 사용이 금지됨에 따라, 공인회계사는 세무대리 업무등록을 하여 세무사법령의 관련규정을 적용받으며 세무대리 업무를 수행하게 되었다.

변호사는 세무사법에서 등록규정이 삭제되었다. 따라서 2004년 1월 1일 이후에 변호사 자격을 취득한 자는 세무사법상 세무대리 업무를 수행할 수 없게 되었다. 변호사법 제3조의 규정에 의한 법률관련 사무로서의 세무대리 업무만을 수행하게 된 것이다.

2005년 12월 29일에는 5급 이상의 공무원에 대한 세무사시험의 일부면제 규정이 고위공무원단에 속하는 일반직공무원에게도 적용되도록 개정되었다.

2012년 1월 26일 「세무사법」 개정에서는 공인회계사에 대한 세무사 자격 부여 규정이 삭제되었다. 이전에는 공인회계사 자격시험 합격자에게 세무사 자격을 부여하였으나, 이후부터는 공인회계사에게 세무사 자격을 부여하지 않게 된 것이다.[13]

변호사에게 자동으로 세무사 자격을 부여하는 법안에 대해 폐지안이 2014년에 발의되었다. 이 법은 19대 국회 임기 만료로 폐기되었다가 2016년 말 국회 기획재정위원회를 통과하였다. 이 법안

제2호, (사)한국경영사학회, p.101-132.

13 김귀순(2016), 우리나라 세무사 제도의 개선방안, 강남대학교 대학원 박사학위 논문.

은 신속처리대상안건(패스트트랙)으로 지정되었으나, 변호사 출신의 국회위원들이 다수를 차지한 법제사법위원회에서 계류되어 있다가 국회 본회의에서 처리 기한 초과를 이유로 부의되었다.

2017년 12월 8일 열린 국회 본회의에서 세무사법 개정안이 처리[14]됨으로써 변호사가 세무사 자격을 자동으로 취득하는 규정이 폐지되었다. 2017년 12월 26일에는 세무사법 제3조(세무사의 자격)에서 제3항(변호사 자격이 있는 자)이 삭제되었다.

그러나 2018년 4월 26일자로 헌법재판소는 다음과 같은 내용으로 합헌 불일치 결정을 내렸다. '세법일 관련 법령에 대한 해석, 적용에 있어서는 일반세무사나 공인회계사보다 법률사무전반을 취급, 처리하는 법률전문적인 변호사에게 오히려 그 전문성과 능력이 인정된다.' 이 결정은 앞선 '변호사에 대한 세무사자격자동부여제도 폐지'에 대한 반전일 뿐 아니라 2003년 12월 31일부터 2017년 12월 31일까지 사이에 변호사자격을 취득한 변호사에게 세무대리업무, 특히 세무조정업무를 수행할 수 있는 길이 열렸다는 점에서 주목되어진다.

시험과목

1961년 9월 9일 「세무사법」 제정 당시의 세무사 시험은 학과고시와 실무고시로 구성되었으며, 학과고시 과목은 조세론과 회계학

---

14 [네이버 지식백과] 세무사 자격 자동 취득 제도 (시사상식사전, 박문각).

이었다. 1972년 12월 8일 「세무사법」 개정을 통해 '고시'에서 '시험'으로 명칭이 변경되었고, 학과시험에 합격한 자에 한해 실무시험 응시자격이 부여되었으며, 시험에 필요한 사항은 대통령령으로 정하도록 하였다.

당시 1차 시험과목은 재정학, 세법, 회계학(부기, 재무제표론, 원가계산)이었으며, 2차 시험과목은 세법1부(국세징수법, 조세범처벌법, 조세범처벌절차법, 국세심사청구법), 세법2부(소득세법, 법인세법, 영업세법, 상속세법, 물품세법, 주세법), 회계학(부기, 재무제표론, 원가계산)이었다.

이후 1977년 7월부터 시행된 「부가가치세법」에 따라 세법 2부 내용 중 「상속세법」 다음에 「부가가치세법」, 「특별소비세법」, 「유흥음식세법」을 삽입하였다.

1990년 5월 7일 변경된 「세무사법 시행령」에 따라, 세무사 자격시험은 1차 객관식 시험과 2차 주관식 시험으로 나뉘어 실시되었다. 1차 시험과목은 재정학, 회계학(부기, 재무제표론, 원가계산), 세법(국세기본법, 국세징수법, 조세범처벌법, 소득세법, 법인세법, 부가가치세법), 상법(회사편), 영어였다.

2차 시험과목은 세법1부(국세기본법, 국세징수법, 조세범처벌법, 부가가치세법, 특별소비세법, 주세법), 세법2부(소득세법, 법인세법, 상소세법, 조세감면규제법, 자산재평가법, 토지초과이득세법), 회계학(부기, 재무제표론, 원가계산, 세무회계)이었다.

2007년 「세무사법 시행령」 개정에서는 1차 시험과목이 재정학, 회계학개론, 세법학개론(국세기본법, 국세징수법, 조세범처벌법, 소득세법, 법인세법, 부가가치세법, 국세조세조정에 관한 법률)으로 변경되었으며, 상법·민법·행정소송법 중에서 1과목을 선택하도록 하였다.

2차 시험 과목은 세법학 1부(국세기본법, 소득세법, 법인세법, 상속세 및 증여세법), 세법학 2부(부가가치세법, 특별소비세법, 지방세법(취득세, 등록세, 재산세 및 종합토지세), 조세특례제한법), 회계학 1부(재무회계, 원가관리회계), 회계학 2부(세무회계)로 변경되었다.

현행 세무사 시험은 제1차 객관식 시험에 합격해야 제2차 주관식 시험에 대한 응시자격이 주어지며, 제1차 시험에 합격하면 그 해와 다음 해의 제2차 시험에 응시할 수 있다.

응시자는 제1차 시험과 제2차 시험에서 모두 각 과목 40점 이상, 전 과목 평균 60점 이상을 득점해야 합격할 수 있다. 최종합격자가 최소합격인원에 미달하는 경우, 최소합격인원의 범위에서 과목별 40점 이상을 득점한 자 중에 전 과목 평균득점의 고득점자 순으로 합격자를 결정한다.

영어시험은 2년 전 1월 1일부터 원서접수 마감일 이전에 실시된 공인영어시험 성적[15]으로 대체가능하다.

제1차 시험과 제2차 시험의 시험과목 및 출제범위는 〈표1-1〉과 같다.

〈표 1-2〉는 2012년~2016년의 세무사 자격시험 현황이다. 2012

---

15   공인영어시험 종류 및 합격에 필요한 점수
   1. 토플(TOFEL): PBT 530점 이상, CBT 197점 이상, IBT 71점 이상
   2. 토익(TOEIC): 700점 이상
   3. 텝스(TEPS): 625점 이상
   4. 지텔프(G-TELP): Level2의 65점 이상
   5. 플랙스(FLEX): 625점 이상

<表 1-1> 세무사 시험 시험과목 및 출제범위

제1차 시험 과목(개정 2014. 2. 21)

과목	출제 범위
1. 재정학	
2. 회계학개론	
3. 세법학개론	「국세기본법」, 「국세징수법」, 「조세범처벌법」, 「소득세법」, 「법인세법」, 「부가가치세법」, 「국제조세조정에 관한 법률」
5. 상법·민법·행정소송법 중 택 1	「상법」(회사편), 「민법」(총칙), 「행정소송법」(「민사소송법」 준용규정 포함)
6. 영어	

제2차 시험 과목(개정 2017. 3. 27)

과목	출제 범위
1. 세법학 1부	「국세기본법」, 「소득세법」, 「법인세법」, 「상속세 및 증여세법」
2. 세법학 2부	「부가가치세법」, 「개별소비세법」, 「지방세법」·「지방세기본법」·「지방세징수법」 및 「지방세특례제한법」 중 취득세·재산세 및 등록에 대한 등록면허세 라. 「조세특례제한법」
3. 회계학 1부	가. 재무회계 나. 원가관리회계
4. 회계학 2부	세무회계

출처: 세무사법시행령 제1장 제1조의4(시험의 방법 및 과목)

년에 시행된 제1차 시험의 응시인원이 6,691명이었는데, 2016년에는 9,327명으로 39% 이상 증가하였다.

2012년에 시행된 제1차 시험 합격자는 1,429명이었으나, 2016년에는 2,988명으로 두 배 이상 늘어났다. 그러나 해당 연도의 2차 시험 합격률은 18.2%에서 12.62%로 6% 감소했다.

〈표 1-2〉 최근 5년간 세무사 시험 시행 현황

회 차	구 분	응시인원(명)	합격인원(명)	합격률(%)
제49회 (2012년)	제1차	6,691	1,429	21.36
	제2차	3,593	654	18.20
제50회 (2013년)	제1차	7,218	2,196	30.24
	제2차	4,230	631	14.92
제51회 (2014년)	제1차	7,239	2,218	30.64
	제2차	4,787	631	13.18
제52회 (2015년)	제1차	8,435	1,894	22.45
	제2차	4,512	630	13.96
제53회 (2016년)	제1차	9,327	2,988	32.04
	제2차	5,020	634	12.62

출처: www.aifacta.co.kr 자료 재구성

자격 및 수습교육

세무사의 자격은 「세무사법」 제5조에 의한 세무사 자격시험에 합격한 자에게 있다. 공인회계사에 대한 자동자격 부여제도는 2012. 1. 26. 동법 개정에 의하여, 변호사에 대한 자동자격 부여제도는 2017. 12. 26. 동법 개정에 의하여 폐지되었다.

그러나 2018년 4월 26일자 헌법재판소의 합헌 불일치 결정에 따라 2003년 12월 31일부터 2017년 12월 31일까지 사이에 변호사자격을 취득한 변호사에게 세무대리업무, 특히 세무조정업무를 수행할 수 있는 길이 열렸다는 점에서 주목되어진다.

세무사 시험에 합격하여 세무사 자격을 취득한 자는 세무대리

업무를 수행하기 전에 6개월 동안 실무 교육을 받아야 한다. 이 경우 우선 한국세무사회에서 1개월의 기본교육을 받은 후, 실무지도 세무사 사무소 등의 실무지도 기관에서 5개월간 특별교육을 받는다. 실무지도 세무사에 의한 특별교육은 세무사 사무실에서 법인세, 소득세, 부가가치세 등에 관한 현장체험 위주로 진행되며 피교육자가 납부해야 할 교육 부담금은 20만원이다.[16]

국세행정 경력을 인정받아 시험과목을 일부 면제받은 자는 한 달간 진행되는 국세경력 세무사 실무교육을 이수해야 한다.

업무

「세무사법」 제2조에 따른 세무사의 직무는 납세자 등의 위임을 받아 다음의 행위 또는 업무(이하 "세무대리"라 한다)를 수행하는 것이다.

① 조세에 관한 신고·신청·청구(과세전적부심사청구, 이의신청, 심사청구 및 심판청구를 포함한다) 등의 대리[17]업무: 세무사의 직무는 조세에 관련된 모든 대리행위 및 조세관련 업무를 포함하고 있다. 단, 국세 중 관세는 「관세법」에서 관세사가 대행하도록 규정하고 있으므로 세무사 업무에서 제외된다.

② 세무조정계산서와 그 밖의 세무 관련 서류의 작성업무: 1980

---

16 한국세무사회 홈페이지 공지사항 참조.
17 개발이익환수에 관한 법률에 의거하여 부과된 개발부담금에 대한 행정심판청구의 대리를 포함.

년 「법인세법」개정으로 신고납부제도를 시행하면서 법인세 과세표준신고서에 조정계산서를 첨부하도록 하였다. 서면신고기준율이 법제화되어 소득세가 활성화되었으며, 이로 인해 조정계산서 작성업무가 세무사의 주요 업무 중 하나가 되었다.

③ 조세 관련 신고를 위한 장부작성 대행업무

④ 조세 관련 상담 및 자문업무: 조세소송 대리 업무는 변호사의 전문영역으로 간주된다.

⑤ 세무관서의 조사 또는 처분 등에 대한 납세자 의견진술 대리업무

⑥ 「부동산 가격공시에 관한 법률」에 따른 개별공시지가 및 단독주택 가격·공동주택가격의 공시에 관한 이의 신청 대리업무

⑦ 해당 세무사가 작성한 조세에 관한 신고 서류의 확인업무[18]

⑧ 소득세법 또는 법인세법에 따른 성실신고 확인업무: 2011년 5월 2일 「세무사법」개정으로 추가된 항목으로, 세무사에 의한 성실신고 확인을 법제화함으로써 세무사의 직무영역이 확대되었다. 그뿐만 아니라 공공성을 담보하는 조세전문가라는 사회적 역할을 세무사가 담당하게 됨으로써, 세무회계의 투명성과 과세표준 양성화에도 일정부분 기여하게 되었다. 성실신고 확인제도란 일정액 이상의 연매출을 올리는 개인사업자들이 종합소득세 납부 이전에 신고내용과 증빙서류 등을 세무대리인에게 검증받도록 의무화한

---

18 납세자가 신고서류를 직접 작성하였거나 신고서류를 작성한 세무사가 휴업하거나 폐업하여 이를 확인할 수 없으면, 그 납세자의 세무조정이나 장부 작성의 대행 또는 자문 업무를 수행하고 있는 세무사가 이를 확인할 수 있다.

제도이다. 이 제도는 소득세의 성실신고를 유도하는 한편, 세무조사 인력 부족 등으로 야기된 세무행정력 부족을 보완하기 위해 도입되었다.

⑨ ①에서 ⑧까지의 행위 또는 업무에 딸린 업무

이외 기타 법령상의 직무는 아래와 같다.[19]

① 기업(재무)진단(건설산업기본법 제49조 등) 및 경영컨설팅

② 고용, 산재보험 관련 보험사무 대행(고용보험 및 산업재해보상보험의 보험료 징수 등에 관한 법률 제33조)

③ 비상장주식의 가치평가(세무법인)(상속세 및 증여세법 시행령 제56조)

④ 성년후견인 업무(질병, 장애, 노령, 그 밖의 사유로 인한 정신적 제약으로 사무를 처리할 능력이 지속적으로 결여된 사람에 대한 신상 보호 및 재산 관리)

권리와 의무

세무사에게는 세무대리권 외에도 성실한 세무대리의 수행을 위한 권리와 의무가 주어진다. 세무대리 업무는 공적인 성격의 업무이기 때문에 많은 의무규정을 두고 있는 것이 특징이다.

세무사는 고도의 직업의식을 가지고 업무를 수행한다. 따라서 세무사는 세무관서와 위임자로부터 신뢰와 존중을 받아야 한다.

---

19 한국세무사회 홈페이지(http://www.kacpta.or.kr) 참조.

이러한 전제가 없다면 세무사 제도의 존재 의미가 희미해지고, 세무사의 역할은 세무행정의 보조자에 국한될 수밖에 없다.

이와 같은 이유로 세무대리의 신뢰성 보장을 위한 법적 장치가 요구된다. 세무대리권의 보장은 세무사가 납세자를 대리하여 신고 및 신청한 내용을 존중해주는 것을 의미한다. 세무관서에 신뢰의무·조사통지의무·의견청취 존중의무를 부여하는 것이 그 방법이다.[20]

세무사의 세무대리권을 보장하는 세무사법의 규정은 다음과 같다.

세무사법 제6조의 규정에 의거하여 등록된 자 이외의 세무대리 금지(동법 제20조 제1항), 세무사 칭호사용권(동법 제20조 제2항), 조사통지(동법 제10조), 조사에서 의견진술 대리권(동법 제2조 제5호) 그리고 「소득세법」과 「법인세법」에서의 세무조정계산서 작성권 등.

이중에서 의견진술 대리권의 경우, 조사통지와 의견진술의 방법을 규정하지 않고 있어서 실행규정의 보완이 필요하다.[21]

세무사의 의무는 세무사법 제4장(세무사의 권리·의무)에 규정되어 있다. 그 구체적인 내용은 다음과 같다.

① 기명날인의 의무: 제6조에 따라 등록을 한 자가 납세자 등을 대리하여 조세에 관한 신고서·신청서·청구서 그 밖의 서류를 작성하여 관계기관에 제출할 때에는 그 서류에 기명날인하여야 한다.[22] 또한 세무사법 시행령 제31조에는, 세무사가 기명날인할 때

---

20 한국세무사회, 『한국세무사회 50년사』, p.104.
21 김귀순(2016), 우리나라 세무사 제도의 개선방안, 강남대학교 대학원 박사학위 논문
22 「세무사법」 제9조(기명날인).

세무사임을 명확하게 적어야 함을 명시하고 있다. 세무사의 기명날인은 세무사의 의무임과 동시에 권리라고 할 수 있다.

② 비밀엄수의 의무: 세무사와 세무사였던 자 또는 그 사무직원이었던 자는 다른 법령에 특별한 규정이 없으면 직무상 알게 된 비밀을 누설하여서는 안 된다.[23]

③ 성실의 의무: 세무사는 그 직무를 성실히 수행하여 품위를 유지하여야 하며, 고의로 진실을 숨기거나 거짓 진술을 하지 못한다.[24]

④ 탈세 상담 등의 금지 의무: 세무사나 그 사무직원은 납세자가 사기나 그 밖의 부정한 방법으로 조세를 포탈(逋脫)하거나 환급 또는 공제받도록 하는 일에 가담하거나 방조하여서는 안 되며, 이를 상담하거나 그밖에 이와 비슷한 행위를 하여서도 안 된다.[25]

⑤ 명의 대여 등의 금지 의무: 세무사는 다른 사람에게 자기의 성명이나 상호를 사용하여 세무대리를 하도록 하거나 그 자격증이나 등록증을 빌려주어서는 안 된다.[26]

⑥ 금품 제공 등의 금지 의무: 세무사는 공무원에게 금품이나 향응을 제공하는 행위 또는 그 제공을 약속하는 행위 및 그 행위를 알선하는 행위를 해서는 안 된다.[27]

⑦ 사무직원 감독의 의무: 세무사는 직무를 적정하게 수행하기 위

---

23 「세무사법」 제11조(비밀 엄수).
24 「세무사법」 제12조(성실의무).
25 「세무사법」 제12조의2(탈세 상담 등의 금지).
26 「세무사법」 제12조3(명의 대여 등의 금지).
27 「세무사법」 제12조4(금품 제공 등의 금지).

해 사무직원을 지도하고 감독할 책임이 있으며 사무직원의 자격·인원·연수 등에 필요한 사항은 기획재정부령으로 정할 수 있다.[28]

⑧ 세무사 교육의 의무: 세무사 자격이 있는 자가 세무대리를 시작하려면 제6조에 따른 등록 이전에 기획재정부령으로 정하는 바에 따라 6개월 이상의 실무교육을 받아야 한다. 다만, 제5조의2 제1항 또는 같은 조 제2항에 따라 시험의 일부를 면제받는 자가 세무사 자격시험에 합격한 경우에는 1개월 이상의 실무교육을 받아야 한다. 또한 제6조 제1항에 따라 등록한 세무사는 전문성과 윤리의식을 높이기 위하여 매년 8시간 이상의 보수교육을 받아야 하며 교육의 과목·장소·시기 및 이수 방법 등에 필요한 사항은 기획재정부령으로 정한다.[29]

⑨ 사무소 설치 의무: 세무사는 세무대리를 하기 위해 1개의 사무소만을 설치할 수 있으며 세무사가 공인회계사·변호사·법무사·변리사·관세사·감정평가사·공인노무사·공인중개사·경영지도사·기술지도사·행정사, 그밖에 이와 비슷한 자격자로서 대통령령으로 정하는 자격자의 업무에 동시에 종사하는 경우에는 세무대리만을 위해 따로 사무소를 설치할 수 없다.[30]

⑩ 계쟁권리의 양수 금지 의무: 세무사는 계쟁권리(係爭權利)를 양수(讓受)할 수 없다.[31]

---

28 「세무사법」 제12조5(사무직원).
29 「세무사법」 제12조6(세무사의 교육).
30 「세무사법」 제13조(사무소의 설치).
31 「세무사법」 제15조(계쟁권리의 양수 금지).

⑪ 공무원 겸임 또는 영리 업무 종사의 금지 의무: 세무사는 공무원을 겸할 수 없으며 영리를 목적으로 하는 업무에 종사할 수 없다. 다만 국회의원이나 지방의회의원, 상시 근무를 할 필요가 없는 공무원, 공공기관의 위촉업무 수행이나 학교·학원 등 교육 분야 출강(전임 제외), 영리 법인의 비상근 임원 등은 예외로 한다.

⑫ 손해배상책임 보장 의무: 세무법인에 소속된 세무사를 제외한 세무사는 직무를 수행하면서 고의나 과실로 위임인에게 손해를 입힌 경우 그 손해에 대한 배상책임을 보장하기 위해 대통령령으로 정하는 바에 따라 보험에 가입하는 등 필요한 조치를 해야 한다.[32]

책임
—

세무사가 부딪히는 대부분의 윤리적인 문제는 세무사의 사회적 책임과 세무사 개인의 사적 이익의 충돌에서 비롯된다. 이러한 문제를 해결하기 위해서는 세무사 업무에 대한 일정한 행위규범과 지침이 요구된다. 「세무사법」에 명시되어 있는 관련 규정 이외에 세무사를 포함한 전문자격사의 업무상 비리를 엄단하여 국민을 보호하고 전문자격사의 대국민 신뢰를 유지하기 위하여, 현행 법규에는 잘못을 저지른 전문자격사에게 직접적인 책임을 물을 수 있도록 각종 규정이 마련되어 있다.[33]

---

32 「세무사법」 제16조의2(손해배상책임의 보장).
33 김두형(2004), 전문자격사의 책임과 역할, 법조. 제53권 제8호, 법조학회 p.188.

전문자격사의 책임에는 민사상 책임, 형사상 책임, 행정법상 책임이 있다. 가장 대표적인 행정법상 책임은 징계책임이다.

징계

세무사가 세무사법을 위반하거나 한국세무사회의 회칙을 위반하면, 세무사징계위원회의 의결에 따른 징계를 받는다.

세무사에 대한 징계에는 등록취소, 2년 이내의 직무정지, 1천만 원 이하의 과태료, 견책(譴責) 등이 있다.[34] 우리나라의 경우 세무사에 대한 징계권은 기획재정부장관에게 있으며, 기획재정부장관은 세무사가 세무사법이나 한국세무사회 회칙을 위반한 경우 세무사징계위원회의 의결에 따른 징계를 명할 수 있다.[35]

동법 제16조의15 제1항에 따르면 세무법인이 거짓이나 그 밖의 부정한 방법으로 등록을 한 경우, 사원의 구성 및 자본금의 요건을 충족하지 못하게 된 세무법인이 6개월 이내에 이를 보완하지 아니한 경우, 업무 정지 명령을 위반하여 업무를 수행한 경우에 기획재정부장관은 등록을 취소해야 한다.

또한 자본금 요건 충족을 위한 기획재정부장관의 보전명령이나 증자명령을 이행하지 않는 경우, 손해배상준비금 적립·다른 법인에의 출자제한·겸업금지 등의 의무를 위반한 경우에는 등록을 취

---

34 「세무사법」 제17조 제2항.
35 「세무사법」 제17조 제1항.

소하거나, 1년 이내의 기간을 정하여 세무대리 업무의 전부 또는 일부정지를 명할 수 있다.

세무사법 시행령 제17조에 의거하여 기획재정부장관 또는 국세청장(지방국세청장 포함)과 한국 세무사회의 장, 한국공인회계사회의 장, 대한변호사협회의 장(이하 "소속협회장"이라 한다)이 세무사에게 징계사유가 있다고 인정하는 경우, 증거서류를 첨부하여 징계위원회[36]에 해당 세무사의 징계를 요구할 수 있다. 징계청구권자는 기획재정부장관, 국세청장(지방국세청장 포함), 소속협회장이며, 협회장은 해당 협회에 소속된 세무사에 대해서만 징계를 요구할 수 있다.

징계위원회는 징계 요구를 받은 날부터 120일 이내에 징계에 관한 의결을 하여야 한다. 다만, 부득이한 사유가 있는 경우에는 징계위원회의 의결을 거쳐 60일 이내에서 그 기간을 연장할 수 있다.[37]

징계위원회가 징계의결을 하였을 때, 징계위원회 위원장은 그 결과와 구체적인 사유를 즉시 해당 세무사, 국세청장 및 그 소속협회장과 관계인에게 통보하고, 징계 의결 내용을 관보에 공고하여야 한다.[38]

한국세무사회에 설치되어 있는 윤리위원회 또는 윤리위원회상급심이 징계를 의결한 경우, 세무사회 회장이 「세무사법 시행령」

---

36 세무사징계위원회는 위원장 및 부위원장 각 1명을 포함한 9명 이내의 위원으로 구성된다.(「세무사법 시행령」 제16조 제1항)

37 「세무사법 시행령」 제18조.

38 「세무사법 시행령」 제22조.

등 시행규칙에서 정하는 바에 의거하여 세무사 징계위원회에 징계신청을 하여야 한다.

「세무사법」제6조 규정에 의한 세무사가 「세무사법」을 위반하였을 경우에는 세무사의 사무소 소재지 관할 지방국세청장이 기획재정부 세무사징계위원회에 징계를 요청할 수 있다. 단, 징계요구 사유가 경미하거나 기획재정부 세무사징계위원회에서 기각 결정을 받은 선례가 있는 경우에는 소속협회에 통보하여 소속협회의 징계로 갈음할 수 있다.[39]

징계는 그 경중에 따라 주의환기, 경고, 견책, 240시간 이내의 사회봉사 명령, 1년 이하의 회원권리 정지, 제명으로 나누어지며, 제명은 총회의 승인의결과 기획재정부장관의 승인을 얻어 집행된다.[40]

세무사의 징계 시 가장 많이 인용되는 규정은 「세무사법」제2조(세무사의 직무)와 제12조(성실의무), 제1조의2(탈세 상담 등의 금지)이다. 세무사 업무의 특성을 고려할 때, 세무사 징계의 정도를 결정하는 요소들을 다음과 같이 설정해 볼 수 있다.[41]

① 의무위반행위의 사회적 파장의 경중: 탈세사건에 연루된 세무사나 명의대여행위를 한 세무사 등은 중징계를 받게 될 것이다.

② 과다한 탈루금액: 기장 오류 등에 의한 탈루금액이 과다한 경

---

39 세무대리업무에관한 사무처리규정 제19조(징계요구).

40 세무사회 회칙 제47조(징계처분).

41 안경봉, 이동식(2012), 성실신고확인제도 시행에 따른 세무사 면책기준 설정 연구, 세무와 회계연구 제1권 제1호, 한국조세연구소, p.175.

우에는 중징계를 받게 될 것이고, 경미한 경우에는 경징계를 받게 될 것이다.

③ 의무위반행위의 고의성 여부: 고의 또는 중과실에 의한 행위는 중징계의 대상이고, 경과실에 의한 행위는 징계면제의 대상이 된다. 부득이하게 징계해야 할 경우에는 경징계를 받을 것이다.

④ 의무위반행위의 지속성 여부: 의무위반행위(명의대여)가 장기간 지속된 경우에는 중징계를 받게 될 것이고, 짧은 기간에 그친 경우에는 경징계대상이 될 것이다.

⑤ 적극적 개입과 소극적 개입: 세무사가 의무위반행위를 위하여 적극적으로 개입한 경우(허위 영수증 발급 등)에는 중징계 대상이 될 것이고, 소극적 개입(신고해야 할 금액 일부 누락)의 경우에는 상대적으로 약한 징계를 받게 될 것이다.

2011년에서 2016년까지 기획재정부에서 열린 징계위원회에서 징계가 확정된 세무사는 345명이었다. 징계사유별로는 「세무사법」제12조에 명시된 성실의무 위반으로 징계를 받은 세무사가 압도적으로 많은 가운데, 전국 개업회원의 13%에 불과한 부산청 관할 세무사들의 징계 건수가 매우 많은 것으로 밝혀졌다.

기획재정부의 세무사 징계현황에 따르면 2011년부터 2016년 6월까지 총 36회의 징계위원회가 개최되었으며, 이를 통해 345명의 세무사가 징계를 받은 것으로 드러났다. 이 기간 동안 성실의무 위반으로 징계를 받은 세무사는 전체 345명 가운데 266명이었으며(77.1%), 사무직원 관리 소홀이 43명(12.4%), 영리·겸직금지 위반이 20명(5.7%), 명의대여 금지 위반이 11명(3.1%), 탈세상담 등의 금지 위반이 5명(1.4%)이었다.[42]

---

42 http://www.taxtimes.co.kr/hous01.htm?r_id=222708(세정신문 2016. 10. 5.)

3

세무대리
서비스

서비스의 개념

세무대리서비스도 서비스다. 따라서 우선 서비스가 무엇인지를 살펴볼 필요가 있다. 미국 마케팅학회(1950)에 의하면, 서비스란 "판매를 목적으로 하는 제품과 관련되는 제반 활동을 고객에게 제공하는 편익이나 만족"이다.

서비스는 유·무형적인 일련의 활동으로 구성된다. 고객과 서비스 제공자의 인적 자원과 물적 자원, 서비스 제공시스템 사이의 상호작용이 바로 서비스다.[43] 서비스는 행위, 프로세스, 결과로 구성된다.[44]

서비스는 한 주체가 다른 주체에게 제공하는 경제적인 활동을 의미한다. 서비스의 성과는 서비스를 받은 대상이나 사람이 서비스에 대해 느끼는 만족도로 측정할 수 있다.

---

[43] Christian Cronroos(1990), Service Management and Marketing, Lexington Msss; Lexington Books, 27.

[44] Zeithaml & Bitner(1996), Service Marketing, New York; McGraw-Hill, 5.

서비스를 이용하는 고객은 노력, 금전, 시간의 대가로 물건, 전문 기술, 시설 및 설비, 인력, 네트워크 및 시스템을 이용함으로써 원하는 가치를 얻는다. 그러나 서비스 제공 시스템의 유형적인 요소들에 대한 소유권을 가지지는 않는다.[45]

서비스는 고객이 느끼는 위험(인식된 위험), 고객이 구매 시에 들이는 노력(구매 노력), 고객이 서비스에 관여하는 정도(고객의 관리)에 따라 편의서비스(convenience services), 선매서비스(shopping services), 전문서비스(professional services)로 분류할 수 있다.[46] 본 연구에서의 세무대리서비스는 전문서비스의 영역이라 할 수 있다.

전문서비스는 시설과 장비보다 노동에 의존하는 정도가 상대적으로 높다. 전문서비스 제공자는 상호 작용이나 개별화의 정도가 높은 프로세서이며, 숙련된 개인의 우수한 지식과 함께 구매자의 신뢰를 확보할 수 있는 능력을 주요 자원으로 삼는다. 이러한 전문서비스 제공자는 판매 가능한 요소를 구매자에게 제공하는 전문성과 경험, 수행능력 등으로 구분된다.[47]

전문서비스는 경영컨설팅, 시장조사, 기술 자문 등과 같이 전문적인 지식과 기술을 생산하는 서비스라 할 수 있다. 전문서비스를

---

45 Christopher & Lauren(2007), Service Marketing: People, Technology, Strategy, 6th ed, Upper Saddle River, NJ: Prentice HALL, 6

46 신지혜(2016), 세무대리서비스의 질과 다차원적 윤리관이 이용자 만족에 미치는 영향에 관한 연구, 경남대학교 대학원 박사학위 논문.

47 Aharoni, Y.(1993), Globalization of Professional Business Services, London and Newyork: 7-11, Bloom, P. N.(1984), Effective Marketing for Professional Services, Harvard Business Review: 102-110.

대체할 서비스는 없으며 브랜드 충성도가 비교적 높다. 고객은 전문서비스 상품의 위험이 매우 크다고 느끼며, 구매노력의 비중이 크기 때문에 고객이 관여하는 정도도 매우 높다. 가격이 비탄력적인 경우가 많다.

전문직 서비스는 전문서비스와 다른 개념이다. 전문직 서비스란 "정부에서 그 공익성을 인정하여 부여한 독립된 자격을 가진 사람에 의한 전문서비스"를 말한다.

세무사의 세무대리서비스, 공인회계사의 회계서비스, 변호사의 법률서비스 등이 대표적인 전문직 서비스이다. 전문직 서비스는 공익성과 사익성을 모두 가지고 있다는 면에서 사익성을 우선시하는 전문서비스와 구분된다.

전문직 서비스는 전문서비스의 범주에 포함된다. 그러나 전문적 지식과 기술을 가지고 일정한 자격을 부여받은 전문 자격사에 의하여 생산되기 때문에, 서비스 속성의 측면에서 전문서비스와 차별화된다고 할 수 있다.

서비스의 정의

세무대리서비스의 정의를 규정하는 것은 쉽지 않다. 지금까지 논의된 의견 중 가장 포괄적인 개념은 '세무에 관한 전반적인 서비스'라는 것이다.

세무(taxation)는 조세(tax)를 부과하고 징수하는 것과 관련된 동적 개념이다. 조세의 미시적 측면은 조세를 경제주체에 배분하는 방법과 절차에 관한 개별 경제적 접근방법이다.

조세의 거시적 접근이 조세를 부과하고 징수하는 국가의 입장에서 공경제적 기능을 연구하는 것이라면, 조세의 미시적 접근은 조세를 부과하고 납부하는 납세자의 입장에서 연구하는 것이다.

미시적인 관점에서 본 조세문제는 사경제를 중심으로 한 세무문제이다. 그런데 조세효과는 공경제부문과 사경제부문이 결합함으로써 발생한다. 따라서 공경제부문에서 필요로 하는 원리나 원칙은 사경제부문에서 필요로 하는 고유의 원리나 원칙과 서로 괴리되어 존재할 수 없는 불가분의 관계에 있다.[48]

세무대리서비스란 납세자의 의뢰에 의해 세무사가 전문적인 지식을 활용하여 조세에 관한 거래사실과 증빙에 의한 사실 판정 · 기록 · 계산 · 조정을 거쳐 최종적 의사판단에 의해 보고하는 일련의 과정, 노력, 행동을 의미한다.[49]

현행 「세무사법」 제2조에 명시된 바와 같이 세무사는 조세에 관한 신고 · 신청 · 청구 등의 대리, 세무조정계산서 및 기타 세무관련 서류의 작성, 조세에 관한 상담 또는 자문 등의 업무를 수행한다. 또한 국세 및 지방세에 관한 업무, 자문업무, 불복업무, 세무확인 등의 서비스도 제공한다.

한국표준산업분류(Korean Standard Industry Classification)는 세무

---

48 김홍규(2003), 세무대리서비스 품질요인과 세무대리인 변경의사에 관한 연구, 경성대학교 대학원 박사학위 논문.

49 유금식(2015), 중소사업자 세무대리서비스의 만족요인에 관한 연구, 한양대 기업경영대학원 석사학위 논문.

〈표 1-3〉 세무대리서비스의 분류

분류명		내용
전문 서비스업		
회계 및 세무관련 서비스업		
7120	회계 및 세무관련 서비스업	상거래 기록 작성, 재무제표 작성, 회계 감사 및 증명, 소득세 신고서 작성 등을 수행하는 산업활동. 단, 특허 및 저작권의 구매 및 임차에 관한 중개 서비스(73903), 자료처리 및 제표활동(63111), 특허권 대여 활동(76400), 변호사업(71101), 회계 조직, 비용 계산, 예산 조정 등에 관한 경영 상담 활동(71531), 수금 대리활동(75993)은 제외
71201	공인회계사업	재무 회계 서류의 작성, 감사, 조사 및 조정 등을 수행하는 공인회계사의 산업활동
71202	세무사업	조세에 관한 신고·청구 등의 대리, 세무관련 서류의 작성, 세무상담 및 자문 등을 수행하는 세무사의 산업활동
71209	기타 회계 관련 서비스업	공인회계사와 세무사를 제외한 회계 관련 사무 전문인에 의하여 회계장부의 기장 및 계산 등의 회계서비스를 제공하는 산업활동

출처: 통계청, 제10차 한국표준산업분류표

대리서비스를 "세무 사업을 조세에 관한 신고·청구 등의 대리, 세무관련 서류의 작성, 세무 상담 및 자문 등을 수행하는 세무사의 산업 활동"으로 규정하고 있다.(〈표 1-3〉)

세무서비스(tax services)란 조세를 계산하여 신고하거나 부과하며, 그렇게 부과된 세액을 징수·납부하는 일련의 무형적 세무업무의 과정, 노력, 행동을 뜻한다.

그러한 과정, 노력, 행동의 수행의 전부 또는 일부를 정부에서 제공하는 경우를 세무행정서비스(tax administrative services)라고 하며, 전문지식이 결여된 납세자가 세무전문가에게 사무를 위임하게 하

<표 1-4> 세무서비스의 분류

세무서비스 분류	공급자	수혜자
세무행정서비스	정부	납세자
세무대리서비스	세무대리인	납세자
세무협력서비스	세무대리인	정부

여 처리하는 것을 세무대리서비스(tax agency services)라고 한다.

정부는 세무행정서비스의 공급자이다. 그리고 세무대리인의 세무협력서비스를 공급받는 자이기도 하다. 납세자는 정부나 세무대리인으로부터 세무행정서비스 또는 세무대리서비스를 공급받고 있다.

세무대리서비스는 세무사가 대리관계에 있는 납세의무자에게 복잡한 세법지식과 세무자문 및 세무신고서비스를 제공하고 합당한 대가를 지불 받는 유상 사계약이다. 따라서 세무전문가에 의한 전문직 서비스(licensed professional services)라고 할 수 있다.

세무행정서비스와 세무대리서비스는 정부, 납세자, 세무대리인의 3자 관계를 기준으로 <표 1-4>와 같이 분류할 수 있다.[50]

일반적인 서비스와 마찬가지로 세무대리서비스는 고객의 요구를 만족시키기 위해 제공되는 기술적 품질과, 그러한 기술적 품질의 목적수행을 위해 제공되는 과정상의 기능적 품질, 그리고 단순히 고객만족만을 위한 서비스가 아니라 법적·사회적 규범의 가치

---

50 김홍규(2003), 세무대리서비스 품질요인과 세무대리인 변경의사에 관한 연구, 경성대학교 대학원 박사학위 논문.

기준을 준수하기 위해 제공되는 규범적 서비스를 포함하고 있다. 이러한 규범적 서비스는 의뢰인과 대리인 간의 타협적인 서비스 라 할 수 있다.[51]

서비스의 특성

세무대리서비스는 전문자격사에 의한 전문직 서비스다. 정부는 세무대리서비스의 공익성을 인정하여 일정한 자격에 부합하는 개인에게 독립된 자격을 부여하였다. 이러한 세무대리서비스에는 다음과 같은 특성이 있다.[52]

첫째, 세무대리서비스를 제공하는 세무대리인은 세법에 대한 높은 수준의 지식과 자격, 즉 고도의 전문성(specialty)을 가져야 한다. 일반적으로 세무사는 조세 관련 신청, 신고, 기장대행, 청구와 조정, 조세 상담과 자문, 세무관서의 조사와 처분 등에 대한 고객의 의견 진술의 대리. 개별공시지가에 대한 이의신청 등의 업무를 수행한다. 따라서 이들 대한 업무에 관한 전문성이 요구된다.

둘째, 세무대리서비스는 조세법에 근거하여 납세자의 권익을 보호해야 한다. 그러나 법적인 규제범위 안에서 서비스가 제공되므로 공익성(public interest) 또한 가지고 있다. 따라서 세무대리 업무

---

51 한명희(2010), 고객만족도 영향분석을 통한 중소기업의 세무대리서비스 향상 방안, 건국대학교 박사학위 논문.

52 유금식(2015), 중소사업자 세무대리서비스의 만족요인에 관한 연구, 한양대 기업경영대학원 석사학위 논문.

를 수행하는 세무사 사무소들은 공공성을 갖춘 독립적인 위치에서 세무대리 업무를 수행해야 한다.

셋째, 세무대리서비스는 31종의 다양한 세목과 세무계획, 기장, 신고, 상담, 불복, 확인 등의 다양한 서비스를 제공한다. 따라서 업무의 다양성(diversity)이 존재한다.

넷째, 세무대리서비스는 일회성이 아니라 장기적으로 지속되는 서비스이므로 연속성(continuity)을 가지고 있다. 또한 세무대리서비스에 대한 평가 결과는 고객과의 계약에 의한 수임기간 내 누적된(accumulation) 평가라는 특성을 가지고 있다. 따라서 세무대리서비스의 효과를 높이려면 세무사 사무소와 고객 간의 장기적이고 지속적인 우호관계의 유지가 매우 중요하다.

이밖에도 세무대리인의 시장 공급이 무한하지 않기 때문에 생기는 유한성(limitedness), 신뢰의 질로 평가되기 때문에 고객의 객관적인 평가가 어려운 전문직서비스의 특성에서 비롯되는 모호성(ambiguity) 등이 있다.

조세는 일반적으로 국가 또는 지방자치단체가 재정수입을 조달할 목적으로, 법률의 규정에 의하여 직접적인 반대급부를 제공함이 없이, 자연인이나 법인에게 부과하는 경제적 부담을 말한다. 그러므로 조세는 이를 징수하는 국가와 이를 부담하는 국민의 이해가 상충된다.

따라서 조세문제를 해결하기 위해서는 국가의 입장과 국민의 입장을 구분하여 적정한 대안을 찾아야 한다. 조세는 고도의 전문성과 기술성을 요구하는 분야이다. 그러므로 조세문제를 해결하기 위해서는 조세정책이나 조세제도를 집행하는 과정에서 발생하는 문제들을 정리하고 지속적으로 수정 보완해 나가야 한다. 이것이 일반 서비스와 세무대리서비스의 차이점이다.[53]

세무대리인 현황

현재 세무대리업무를 할 수 있는 전문자격사는 공인회계사와 변호사, 그리고 세무사이다. 공인회계사는 2012년 1월 26일의 「세무사법」 개정에 의해, 변호사는 2017년 12월 26일의 「세무사법」 개정에 의해 세무사 자격을 자동으로 취득할 수 없게 되었다.

그러나 이것은 공인회계사와 변호사가 세무대리 업무를 할 수 없다는 뜻은 아니다. 「공인회계사법」제2조(직무범위)에 따르면, 공인회계사는 타인의 위촉에 의하여 회계에 관한 감사·감정·증명·계산·정리·입안 또는 법인설립 등에 관한 회계 및 세무대리 업무를 한다고 명시되어 있다.

또한 「세무사법」 제20조(업무의 제한 등) 제1항에는 "제6조에 따른 등록을 한 자가 아니면 세무대리를 할 수 없다. 다만, 「변호사법」 제3조에 따라 변호사의 직무로서 행하는 경우와 제20조의2 제1항에 따라 등록한 경우에는 그러하지 아니하다."라고 규정되어 있다.

---

53 신종만(2005), 세무서비스 기장보수 결정요인에 관한 실증 연구, 경성대학교 대학원 박사학위 논문.

「변호사법」 제3조는 "변호사는 당사자와 그 밖의 관계인의 위임이나 국가·지방자치단체와 그 밖의 공공기관(이하 "공공기관"이라 한다)의 위촉 등에 의하여 소송에 관한 행위 및 행정처분의 청구에 관한 대리행위와 일반 법률 사무를 하는 것을 그 직무로 한다."라고 변호사의 직무를 규정하고 있다. 이와 같이 변호사는 세무사로 등록하지 않아도 세무대리업무를 할 수 있다.

* 2018년 4월 26일자로 헌법재판소는 다음과 같은 내용으로 합헌 불일치 결정을 내렸다. '세법일 관련법령에 대한 해석, 적용에 있어서는 일반세무사나 공인회계사보다 법률사무전반을 취급, 처리하는 법률전문적인 변호사에게 오히려 그 전문성과 능력이 인정된다.' 이 결정은 앞선 '변호사에 대한 세무사자격자동부여제도 폐지'에 대한 반전일 뿐 아니라 2003년 12월 31일부터 2017년 12월 31일까지 사이에 변호사자격을 취득한 변호사에게 세무대리업무, 특히 세무조정업무를 수행할 수 있는 길이 열렸다는 점에서 주목되어진다.

〈표 1-5〉는 2007년 이후의 격년별 세무대리인 현황이다. 세무사는 2007년 7,424명에서 2017년 12,654명으로, 공인회계사는 7,221명에서 19,794명으로, 변호사는 9,280명에서 23,557명으로 늘어났음을 알 수 있다. 이와 같이 세무대리를 할 수 있는 전문자격사의 수는 계속 늘어나고 있으며, 그중에서도 변호사의 증가 속도가 가장 빠르다.

세무대리인의 증가는 경제발전과 경제규모 성장, 양질의 세무서비스에 대한 납세자의 수요 증가 때문이라고 할 수 있다.

〈표 1-5〉 세무대리인 현황

	2007년	2009년	2011년	2013년	2015년	2017년
세무사	7,424	8,235	9,703	10,179	11,613	12,654
공인회계사	7,221	8,876	14,655	16,605	18,216	19,794
변호사	9,280	11,016	12,607	16,620	20,759	23,557
합 계	23,925	28,127	36,965	43,040	50,588	56,005

〈표 1-6〉 지방별 세무사 현황

구분	총회원수	휴업회원	개업회원	개업회원구성비
서울	5,627(642)	329(86)	5,298(556)	43.60%
중부	3,225(343)	96(34)	3,219(309)	25.80%
부산	1,600(120)	32(7)	1,568(113)	12.90%
대구	776(41)	23(2)	753(39)	6.20%
광주	702(54)	7(0)	695(54)	5.70%
대전	724(65)	18(3)	706(62)	5.80%
합계	12,654(1,265)	505(132)	12,149(1,133)	100%

〈표 1-7〉 세무법인 설치 현황

구분	설치수	구성원
서울	337	2,457
중부	119	765
부산	74	453
대구	19	132
광주	13	82
대전	19	117
합계	581	4,006

〈표 1-6〉는 한국세무사회의 지방별 세무사 현황이며, 〈표 1-7〉
는 세무법인 설치 현황이다.

현재 개업회원이 가장 많은 지역은 서울이다. 5,627명의 회원을
보유하여 전체 개업회원의 43.6%를 차지하고 있다. 중부는 3,225
명으로 25.8%가 개업을 하고 있는 것으로 나타났다. 그다음은 부
산이다. 1,600여명이 12.9%를 차지하고 있다.

세무법인의 경우도 비슷하다. 서울소재 세무법인의 수가 전체
법인 수의 절반을 넘는다. (〈표 1-7〉)

4 세무대리서비스 보수

보수의 개념

세무대리서비스 보수란 세무사가 세무대리 행위를 하고 받는 모든 명목의 대가를 의미한다. 세무대리 보수라는 말 대신 세무대리 수수료라는 말을 사용하기도 하는데, '보수(compensation)'는 근로의 대가로 주는 돈이나 물품을 의미하고, '수수료(commission)'는 주로 국가나 공공단체가 공적 사무를 제공한 보상으로 징수하는 요금을 말한다. 그러므로 어떠한 일을 한 대가의 의미로는 '보수'라는 말이 더 적절할 것이다.

세무사가 세무대리서비스를 수행하고 받는 대가로 받는 금품은 보수라고 하는 것이 일반적이지만, 세무대리서비스 유형에 따라서는 수수료라는 용어가 더 어울리는 경우가 있다.

세무대리서비스 중 기장대리, 이의신청이나 심사청구 또는 심판청구, 세무조정계산서의 작성, 성실신고확인의 업무, 기업진단업무 및 세무 상담에 대한 대가 등은 보수라고 할 수 있다. 반면 신고

대리, 재무제표증명 등 신고 서류의 확인 등의 업무에 대한 대가는 수수료에 가깝다고 볼 수 있다.[54]

그러나 세무대리서비스에 대한 대가를 보수와 수수료로 구분하지 않는 것이 일반적이다. 따라서 본 연구에서는 '세무대리 보수'나 '세무대리 수수료' 대신 '세무대리서비스 보수'라는 명칭을 사용하고자 한다.

보수의 규정

세무사법이 처음 제정된 1961년에는 "세무사는 재무부장관이 지정한 금액을 초과하여 보수를 받지 못한다."는 규정이 있었다.(세무사법 15조 2항)

정부가 세무대리서비스 보수의 상한선을 정해놓고 이를 위반하면 세무사 등록을 취소하거나 직무정지 조치를 내렸다. 그러므로 초창기 세무대리서비스는 정부의 엄격한 규제 하에 제공된 것이라 볼 수 있다.

세무사의 보수에 관한 규정은 1962년 2월 한국세무사회가 "세무사회의 회칙개정과 임원의 보수에 관하여는 세무사총회의 의결을 얻은 후 재무부장관의 승인을 받아야 한다."는 규정(「세무사법 시행령」 제24조(회칙의 개정, 보수의 승인)에 따라 '세무보수 규정(안)'을 만들어 재무부에 승인을 요청함으로써 처음으로 세무사 보수규정

---

54 김회원(2017), 세무대리 보수 적정화 방안에 대한 연구, 조세제도연구원.

<표 1-8> 1962년 세무사 보수규정

구분	종목	보수	비고
세무 대리	부동산소득세	5,000환 이상, 소득금액의 2/100이하	서울특별 시·부산·대 구·광주·대 전을 제외한 기타지역은 1/4를 감액 한다.
	근로소득세	5,000환 이상, 소득급액의 1.5/100 이하	
	배당이자소득세	상동	
	기타소득세	상동	
	사업소득세	10,000환 이상, 수입금액의 2/1,000이하	
	법인세	50,000환 이상, 수입금액의 2/1,000이하	
	영업세	10,000환 이상, 수입금액의 2/1,000이하	
	상속세	5,0000환 이상, 재산금액의 1/100이하	
	제조사심사재심사 등 이의신청과 과오납금의 환부신청		
세무상담	상담	10,000환 이하	
기타		20,000환 이하	

출처: 한국세무사회

의 기틀을 마련했다고 볼 수 있다.

〈표 1-8〉은 1962년 당시의 세무사 보수규정이다.

세무사측은 납세자로부터 받는 보수를 세무사회가 자율로 정할 수 있게 해달라고 꾸준히 요청하였다. 마침내 1989년 12월, 「세무사법」 제15조 제2항이 "세무사는 재무부장관의 승인을 얻은 금액을 초과하여 보수를 받지 못한다."로 개정되었다. 세무사회가 보수를 제시하는 방식으로 보수 규정이 완화된 것이다.

그러나 이것은 한국세무사회가 만든 보수 기준이 적용된 것일 뿐, 세무사 개인이 마음대로 가격을 정하는 자율 경쟁 체제로의 전환은 아니었다. 그러므로 세무사는 세무대리서비스 수준에 따라 보수를 더 받을 수 없었다.

세무사의 보수는 한국세무사회가 매년 정부당국에 승인신청을 하고 승인을 받은 세무사 보수표에 의해 결정되었다. 한국세무사회는 승인을 받은 보수표를 회원들에게 배포하였으며, 세무사는 그 보수표에 의거하여 의뢰인으로부터 세무대리서비스 보수를 받았다.

이와 같이 우리나라의 세무대리서비스 보수는 1998년까지 정부(국세청)의 승인을 받은 '한국세무사회 보수표'에 의해 규제되어 왔다.

이러한 보수규정은 1999년 '독과점 규제 및 공정거래에 관한 법률의 적용이 제외되는 부당한 공동행위의 정리에 관한 법률(약칭 카르텔일괄정리법)'이 제정되면서 폐지되었다. 보수규정의 폐지는 곧 보수의 자율화를 의미한다.

이즈음에 세무사뿐만 아니라 9개의 전문자격사(변호사·변리사·세무사·관세사·건축사·노무사·수의사·행정사·회계사)의 보수기준도 모두 폐지되었다. 당시 공정거래위원회는 "전문자격사가 제공하는 서비스의 품질수준에 의해 가격이 차별화되면, 전문자격사가 소비자에게 양질의 서비스를 제공하기 위해 더욱 노력하게 될 것"이라고 밝혔다.

이후 세무사들 사이의 경쟁이 심화되면서 보수 수준이 하향 평준화되었다. 심지어 기장료를 덤핑 가격에 제공하는 사무소까지 등장했다. 그러자 세무사회는 이를 막기 위한 가이드라인을 제시하였다.

중부지방세무사회는 2007년 5월부터 12월까지 '보수 제값받기 운동'의 일환으로 각종 세무대리 수수료가 기재된 '세무대리 보수표'를 제작했다. 2008년 2월에는 업무정화조사위원회를 개최하여, 저가로 세무대리를 수임한 세무사에 대해 제보를 받고 자체 시정 조치를 내리기도 했다.

하지만 공정거래위원회는 2009년 3월 "세무대리 보수는 개별 사업자가 자율적으로 결정할 문제인데 부당한 공동행위를 통해 특정지역 세무대리 시장에서 경쟁을 제한했다"며 '보수 제값 받기 운동'을 사업자단체금지행위위반으로 규정하였으며, 시정 조치와 함께 1억9000만원의 과징금을 부과했다.[55]

이렇듯 '보수 제값 받기 운동'은 공정하고 자유로운 가격경쟁을 통해서 세무대리 보수가 결정되어야 한다는 취지에서 시작되었으나, 공정위의 제재로 무산되고 말았다. 이로 인해 세무대리서비스 시장은 완전 자유경쟁 시장이 되었으며, 저가수임 등으로 인해 세무대리서비스의 질이 저하되는 결과를 초래하게 되었다.

세무대리서비스 보수의 자율화는 보수결정을 자유시장 원리에 근거하여 시장의 흐름에 맡긴다는 취지였다. 그러나 보수결정과정에서 얼마만큼 시장원리가 작용하는가에 대한 의문이 생기게 된다.

세무대리서비스 시장에서 적정보수는 매우 중요하다고 할 수 있다. 의뢰인(납세자)들이 적정한 가격으로 세무대리서비스를 이용한

---

[55] http://www.bizwatch.co.kr/pages/view.php?uid=30696

〈그림 1-1〉 세무대리서비스 보수의 변천사

1961	세무사법 제정, 세무사 보수 상한선 결정
1989	세무사회가 보수표 제시 (국세청장 승인)
1999	세무사 보수기준 폐지 (카르텔일괄정리법 제정)
2009	공정위 중부지방세무사회 보수표 제재
2017	수임료 자율화

출처: Business watch

다는 인식은 세무대리서비스의 이용을 촉진시킬 것이다. 그러나
공급자 측면에서도 적절한 보수가 주어져야 한다. 세무대리인에게
양질의 세무서비스를 제공하기 위해서는 적절한 인센티브가 필수
적이기 때문이다.

세무대리인은 예상되는 세무대리서비스 수입에 투입되는 서비
스의 양(노력, 시간, 비용 등)을 결정할 것이고, 다른 조건이 같다는
가정 하에 세무대리서비스 품질에 직접 영향을 미칠 수 있을 것이
다.[56] 따라서 세무대리서비스에 대한 적절한 보상은 서비스의 질적
수준을 유지하기 위해 매우 중요하다고 할 수 있다.

세무대리서비스 보수는 일반적으로 계약시점에 책정된다. 기장

---

[56] 신종만(2004), 세무서비스 기장보수 결정요인에 관한 실증 연구, 경성대학교 대학원 박사
학위 논문.

보수는 최초 보수 결정 후, 이전 사업연도 사업실적을 반영하여 매년 결정된다. 이때 변경이 필요한 경우 변경계약을 한다.

법인의 세무조정료는 사업연도 종료 후 법인결산 및 신고 시에 결정된다. 개인의 세무조정료는 과세기간 종료 후, 종합소득세 신고 시에 결정된다. 불복청구 보수나 세무자문료는 계약 시에 결정되며, 세무대리서비스 진행 중 계약 변경사유가 발생하면 추후에 변경계약을 하게 된다.

세무서비스의 품질과 세무서비스 만족도에 대한 정보가 세무대리서비스 보수결정에 영향을 미친다고 볼 수 있다. 따라서 세무대리서비스 보수 계약 시에는 상호간 합의에 의해 보수를 결정해야 한다.[57]

일본의 세무사인 "세리사"의 경우, 2001년(平成13) 세리사법을 개정할 때까지는 세리사회 회칙에서 정한 '세리사 보수규정'이 존재했다. 그 후 2002년 3월 31일에 세리사의 업무보수에 관한 규정이 폐지되었고, 동년 4월 1일 이후에는 회원으로 하여금 자기책임 하에서 자유롭게 보수액을 산정하여 위촉자에게 청구하도록 하였다.

단, 〈표 1-9〉에서와 같이 세리사의 신용 또는 품위를 해치지 않는 선에서 합리적인 산정근거에 의해 청구하도록 하였고, 위촉자에게 근거를 설명하게 하고 있다.

---

57 이금주(2008), 세무대리서비스 보수 결정요인에 관한 연구, 경원대학교 대학원 박사학위 논문.

(세리사 업무보수 설정)

제29조 회원(세리사법인의 사원 및 보조세리사인 세리사 회원을 제외한다. 이하 같다.)은 세리사 업무보수를 청구할 때에 합리적인 산정근거에 의하여야 한다.

2. 회원은 스스로 보수액 산정기준을 미리 정하여, 업무보수에 관하여 위촉자의 질문에 대답할 준비를 해두어야 한다.

출처: 現行綱紀規則

보수의 종류

세무대리서비스는 납세자인 의뢰인과 계약을 맺은 세무대리인이 세무와 관련된 서비스를 제공하는 것이다. 의뢰인은 세무대리서비스 제공의 대가로 약정된 보수를 세무대리인에게 지급한다. 세무대리서비스 보수는 다음과 같이 크게 4가지로 분류할 수 있다.

기장 및 신고업무 대행 보수

일정규모 이상의 사업자는 복식부기로 작성된 재무제표를 신고해야 한다. 또한 일정규모 이하의 사업자는 간편 장부에 의하여 신고하도록 되어있으며, 소규모사업자는 단순추계나 기준경비율에 의한 신고를 하도록 하고 있다.

기장의무사업자는 기장에 의해 법인세나 종합소득세를 신고하여야 한다. 부가가치세 과세업자는 과세기간마다 부가가치세를 신고하며, 면세사업자는 매월 1월 면세수입금액 및 사업장현황을 신고해야 한다.

이러한 기장 및 신고업무를 사업자가 직접 할 수 없거나, 시간 및 비용절약을 위해 세무대리인에게 이를 위임하는 경우 세무대리인은 그 대가로 보수를 받고 기장 및 신고 업무대행 서비스를 제공한다. 기장 및 신고 업무대행 보수는 세무대리서비스 보수 중 가장 많은 부분을 차지하고 있다.

결산 및 세무조정 보수

세무조정 보수는 세무대리인이 세무조정서비스를 제공하고 의뢰인으로부터 받는 보수를 말한다. 법인사업자의 경우 매년 한 번씩 법인세 결산 및 신고 시에, 개인사업자의 경우 종합소득세 결산 및 신고 시에 발생한다.

따라서 매월 일정 금액을 정기적으로 지급하지는 않지만, 기장대행 보수와 더불어 세무대리서비스 보수의 대부분을 차지하고 있다. 세무조정 보수가 기장대행 보수를 상회하는 경우도 있다.

불복청구 대리 보수

납세자가 조세의 부과·징수·감면과 관련하여 위법 또는 부당한 처분을 받았거나 원하는 처분을 받지 못한 경우, 납세자는 세무당국에 권리의 구제를 청구할 수 있다.

우리나라의 경우 세무대리인은 불복청구 중 이의신청·심사청구·심판청구만을 대행할 수 있으며, 행정소송은 변호사만의 고유영역이다. 불복청구 대리 보수는 세무대리인이 불복청구를 대행하고 의뢰인으로부터 받는 보수이다.

세무자문 보수

세무자문에는 세무고문, 경영자문, 경영컨설팅, 조사수수료, 세무상담 등이 포함된다. 이러한 5가지의 자문보수는 서비스의 내용과 성격이 유사하고, 자주 발생하지 않는 편이기 때문에 '세무자문 보수'로 통칭하였다.

세무자문 및 세무고문은 일반적으로 대기업 또는 일정규모 이상의 중소기업에서 세무자문역으로 위촉되어 중요한 정책결정이나 일상적인 업무에 대하여 서면으로 자문을 하거나, 회계 등에 관한 자문을 하고 매월 또는 수시로 세무대리서비스 보수를 받는 것을 말한다.

조사수수료는 세무관서의 조사처분 등과 관련하여 세무대리인이 납세자를 대신하여 의견을 진술하거나, 조사대상 의뢰인의 조사업무를 대행하고 받는 보수이다.

보수결정 요인 연구사례

세무대리서비스 보수를 결정하는 요인들은 매우 다양하다. 보수결정 요인에 관한 기존 연구에서는 다음과 같은 보수결정 요인들을 제시하고 있다.

세무서비스 시장의 경쟁 하에서 세무서비스 기장보수 결정요인을 검증하기 위해 세무대리인을 대상으로 설문조사를 실시하였다. 그 결과로 세무대리서비스 보수결정 요인에 대해 다음과 같은 결론을 도출하였다.

① 투입자원(매출액, 업종, 기업형태, 종업원 수): 매출액이 높을수록, 비제조업보다 제조업이, 개인기업보다는 법인기업이, 그리고 기업의 종업원의 수가 많을수록 기장보수가 더 높게 결정되는 것으로 검증

② 세무조사위험(소비성경비, 중점관리 업종): 소비성경비 증가율이 타업종에 비해 높을수록, 중점관리 업종일수록 기장보수가 더 높게 결정되는 것으로 검증

③ 세무대리인의 명성(세무대리인 경력): 세무대리경력이 많은 세무대리 인은 전문가로서의 세무대리인의 역할이 증대되어 기장보수가 더 높게 결정되는 것으로 검증

이외에도 세무대리인과 세무대리서비스 의뢰인의 기장보수 결정요인에 대한 인식 차이를 추가적으로 검토하였다.

그 결과, 세무대리서비스 의뢰인이 세무 기장보수를 결정하는

---

[58] 신종만(2004), 세무서비스 기장보수 결정요인에 관한 실증 연구, 경성대학교 대학원 박사학위 논문.

데 중요하게 생각하는 항목은 ① 실제 세무조사를 받을 경우 조력에 의한 원활한 해결 ② 매출액 ③ 세무조사를 받을 가능성을 낮출 것이라는 기대 순으로 나타났다.

세무대리인이 세무 기장보수를 결정하는데 중요하게 생각하는 항목의 순서는 ① 매출액 ② 기업형태 ③ 업종의 순으로 조사되었다.

이로써 세무대리서비스 의뢰인은 기장보수결정에 있어 세무조사 위험요인에 가장 큰 비중을 두며, 투입자원요인(매출액)에도 비중을 두고 있음이 증명되었다.

그러나 세무대리인은 투입자원요인(매출액)에 가장 큰 비중을 두고 있기 때문에, 양자 간에 세무 기장보수결정요인에 대한 인식의 차이가 존재함을 알 수 있다.

보수결정 요인 연구 II [59]

세무대리서비스 보수(기장대행수수료, 세무조정수수료 및 총수입금액)수준 결정에 영향을 미치는 요인들에 대한 분석결과는 다음과 같다.

첫째, 세무사들은 거래처의 업종, 기업형태(개인 및 법인), 세무조사위험, 세무사 명성 및 세무사무소의 위치 등에 따라 서비스 원가가 할증되어야 한다고 인식하고 있다.

둘째, 세무대리서비스 보수결정에 영향을 미치는 변수로는 인건

---

59 홍정화 외(2009), 세무대리서비스 보수 결정기준에 관한 연구, 회계정보연구, 제 27권 제1호, p.91-111.

비, 종업원 수 및 개업연수인 것으로 밝혀졌다. 이는 세무사들이 합리적인 고용 및 인건비 결정을 하고 있는 것으로 해석될 수 있다.

그러나 국세청 근무경력이나 사무소 운영형태는 총수입금액에 별로 영향이 없는 것으로 밝혀졌다. 국세청 근무경력자는 기장대행서비스 보다는 주로 세무조정서비스에 강점을 가지고 있으며, 세무자문이나 불복신청 등에서 많은 수입을 올리는 것으로 분석되었다.

셋째, 합리적인 세무대리서비스 보수 수준을 결정하기 위해서는 거래처의 특성별 가중치가 적절히 반영되어야 한다. 거래처의 업종(제조업/비제조업), 거래처의 기업형태(개인/법인), 거래처의 지점 존재여부, 거래처의 세무조사위험 및 세무사의 명성 등에 따라 세무대리서비스 보수 수준이 달라져야 한다.

보수결정 요인 연구 III[60]

세무대리서비스 보수를 결정하는 요인에는 첫째, 시장 경제적 요인, 둘째, 비용적 요인, 셋째, 제도적 요인, 넷째, 지리적·위치적 요인, 다섯째, 세무관서의 수 등의 요인이 있다.

첫째, 세무대리서비스 보수를 결정하는 시장 경제적 요인들은 다음과 같다.

---

60 김회원(2017), 세무대리 보수 적정화 방안에 대한 연구, 조세제도연구원.

① 사업자 수와 세무대리인 수: 세무대리서비스의 보수도 여타 경제적인 재화 또는 용역과 마찬가지로 수요와 공급 법칙에 의해 결정된다. 수요자는 사업자이고 공급자는 세무 대리인인 셈이다. 그러므로 세무대리서비스 보수는 사업자와 세무대리인의 수에 의해 큰 영향을 받을 수밖에 없다. 최근 사업자의 수보다 공급자인 세무대리인의 수가 많아짐에 따라 세무대리서비스 보수가 계속 하락하고 있다.

② 세무대리인의 서비스 품질: 세무대리인의 서비스 품질은 수요자인 사업자가 서비스 사후에 평가한다. 따라서 세무서비스의 품질이 높을수록 보다 높은 세무대리서비스 보수가 지속될 수 있다. 일반적으로 개인 세무대리인보다 법인 세무대리인이 서비스 품질 면에서 우위를 차지한다. 그러므로 세무대리법인과 국세청 출신 세무대리인이 가격경쟁 면에서 다소 유리하다고 할 수 있다.

③ 과세당국의 과잉서비스: 2002년 전자정부 구현의 일환으로 구축된 홈 텍스 서비스(Home Tax Service, HTS) 시행 이후, 납세자별 맞춤서비스 품질향상 노력이라는 명분 아래 납세자 소득 정보에 대한 내용을 포착하여 "신고서 미리 채움"(Pre-filled) 서비스를 지속적으로 확대해 왔다. 또한 인터넷 PC 기반의 홈텍스 서비스를 모바일 기반으로 확대·개편하여 세금 신고 및 납부 편의성을 제고해왔다.

또한 영세납세자에 대한 지원 차원에서 부가가치세 및 소득세 신고기간에 각 세무서별로 신고창구를 개설하여 운영하고 있으나, 영세납세자가 아닌 일반납세자까지 이러한 서비스를 이용함으로써 세무사들의 일거리가 줄어드는 결과를 낳고 있다.

④ 인터넷 기장업체 등장: 현재 세무사 사무실의 세무기장 업무는 2중으로 진행되고 있다. 세무대리 위임회사 내부에서 세금계산서 발행 및 외상매출매입처 장부관리를 별도로 하고, 동일한 내용을 세무대리인의 사무실에서 전산회계 프로그램에 입력함으로써 2중으로 관리하고 있는 것이다.반면, 인터넷 기장은 ERP(Enterprise Resource Planning, 전사적 자원관리)를 통하여 위임 회사 또는 세무대리인의 사무실에서 단 한 번의 입력으로 회사 내부 관리와 세무기장 업무를 동시에 작업할 수 있다. 세무대리인의 입장에서는 모든 수임 거래처의 기본사항 입력 및 거래내용 확인을 위임회사와 동시에 할 수 있기 때문에, 회계처리 오류를 줄이고 직원 1인당 관리 가능 업체 수도 늘릴 수 있다. 그러나 인터넷기장 시스템을 구축할 수 있는 세무대리인은 극소수에 불과하기 때문에, 이러한 맞대응이 쉽지 않은 형편이다.

⑤ 무자격자의 불법 세무대리 행위: 약사회, 요식업 협회 등 각종 단체에 의한 기장대행과 신용카드 단말기 영업사원, 사업컨설팅 업계, 보험 업계 및 회계프로그램 업계 등에 의한 세무대리의 공급 및 알선 등과 같이 무자격자에 의한 세무대리 행위가 많아질수록 세무대리서비스 보수가 하락할 수 있다. 세무대리 시장의 공

급자 증가 요인으로 작용하기 때문이다.

⑥ 일부 세무대리인의 명의대여 행위: 자격증을 보유한 세무대리인이 세무대리 업무를 직접 수행하지 않고 무자격자에게 고용되어 수행하는 경우가 있다. 이와 같이 무자격자가 세무사무소를 운영하게 되면 저가수임 및 직원관리 등의 문제가 발생할 수 있다. 이는 결국 세무대리 시장 질서를 교란시킴으로써, 세무대리서비스 보수 하락 등을 야기할 수 있다.

둘째, 세무대리서비스의 보수결정 요인에는 '비용적 요인'도 있다. 세무대리서비스의 비용은 세무대리서비스를 수행하기 위해 필요한 제반 비용을 의미한다. 이러한 비용은 물가상승과 연동하여 계속 상승하기 때문에 세무대리서비스 보수 상승의 주요 원인이 된다.

세무사 사무소 운영에서 가장 큰 비중을 담당하는 인건비가 최저임금 상승으로 인해 증가하고 있다. 2017년에 6,470원이던 최저임금이 2018년에 7,530원으로 대폭(16.4%) 상승함에 따라 신입직원의 급여 상승이 불가피해졌다. 이는 상대적으로 업무효율성이 높은 경력직원들의 박탈감을 야기함으로써 추가적인 급여 상승 요인이 될 수도 있다.

셋째, 세무대리서비스의 보수결정 요인에는 '제도적 요인'도 있다. 세무대리인의 자격을 획득한 전문가만이 세무대리서비스 업무를 수행할 수 있다. 세무대리서비스의 수행 자격이 세무사법에 의해 제도화되어 있는 것이다.

그러므로 세무대리시장의 공급은 제도의 제약을 받을 수밖에 없다. 이는 세무대리인에 대한 제도적 진입장벽으로 작용함으로써, 세무대리서비스 가격변수의 요인이 될 수 있다.

넷째, 세무대리서비스 보수를 결정하는 요인으로 '지리적·위치적 요인'을 들 수 있다. 사업자와 세무대리인의 지리적·위치적 제약으로 인해, 세무대리 시장에 지역적 불균형과 차이가 발생한다. 서울 및 수도권에서는 치열한 가격경쟁이 이루어지는 반면, 지방에서는 가격경쟁이 비교적 덜한 이유가 여기에 있다.

다섯째, 세무대리서비스 보수를 결정하는 요인으로 '세무관서의 수'를 들 수 있다. 서울 및 수도권에서는 동일 생활권역이나 시장 권역 내에 다수의 세무관서가 위치하고 있지만, 수도권 일부 지역과 지방에는 세무관서를 찾기 힘든 경우가 있다.

그러므로 서울 및 수도권은 세무대리인 간의 가격 경쟁이 치열하고, 사업자들도 세무대리인을 쉽게 바꾸는 경향이 있다. 반면, 수도권 중 소외된 일부 지역과 지방과 같이 세무관서가 적은 경우, 세무대리인 간의 가격경쟁과 사업자의 세무대리인 변경이 다소 줄어드는 경향이 있다.

결국 동일한 시장권역에 위치한 세무관서의 수가 많을수록, 해당 지역의 세무대리서비스 보수가 하락할 수 있다.

보수결정 요인의 인식차이 연구[61]

세무대리서비스 보수 결정요인에 대한 세무대리인과 의뢰인의 인식차이 가설 검증 결과, 세무대리서비스 보수 결정요인에 대한 세무대리인과 의뢰인 사이에 인식의 차이가 있음을 알 수 있었다.

세무대리서비스 보수를 기장보수와 세무조정료, 불복청구보수, 세무자문료 등의 순서대로 살펴보면 〈표 1-10〉과 같다.

기장보수 결정 요인의 순위를 분석한 결과, 세무대리인의 기장보수 결정요인 1순위는 매출액이었다. 그 다음이 기업형태, 의뢰인의 업종, 상담 빈도수, 종업원 수 등이었다.

의뢰인 역시 기장보수 결정요인 1순위를 매출액으로 꼽았다. 그 다음으로 세무조사 시 원만한 해결, 세무조사 가능성을 낮출 기대, 세무서비스 만족도, 세무대리인의 협상능력 등이 이어졌다.

두 집단 모두 기장보수 결정 시 제일 중요한 결정요인이 매출액이라고 인식하고 있었다. 세무대리인은 기업형태를 그 다음으로 꼽았지만, 의뢰인은 세무 관련 조사의 원만한 해결과 조사 가능성을 낮출 기대 등을 우선시하고 있었다. 의뢰인은 세금 부담 최소화와 세무서비스 만족도 등에 우선순위를 두고 있는 셈이다.

세무조정료 결정요인의 중요성 순위 분석결과, 세무대리인은 매출액, 원가계산, 세무서비스 만족도, 세무대리인의 명성 및 협상력

---

61 이금주(2008), 세무대리서비스 보수 결정요인에 관한 연구, 경원대학교 대학원 박사학위 논문.

<표 1-10> 세무대리서비스 보수 결정요인 순위

구분	① 기장보수		② 세무조정료	
순위	세무대리인	의뢰인	세무대리인	의뢰인
1	매출액	매출액	매출액	매출액
2	기업형태	세무조사 시 원만한 해결	원가계산	세무서비스 만족도
3	의뢰인 업종	세무조사 가능성 낮출 기대	세무서비스 만족도	세무서비스 만족도
4	상담빈도수	세무서비스 만족도	세무대리인의 명성 및 협상력	원가계산여부
5	의뢰인 종업원수	세무대리인의 협상능력		

구분	③ 불복청구	④ 세무자문료	
순위	세무대리인&의뢰인	세무대리인	의뢰인
1	불복청구 감세액	매출액	절세액
2	불복청구액	수입시 절세액	매출액
3	세무대리인의 명성 및 협상력	세무서비스 만족도	세무서비스 만족도
4	서비스 만족도	세무대리인의 명성 및 협상력	세무대리인의 명성 및 협상력

의 순서로 중요하게 생각했다. 그러나 의뢰인은 매출액, 세무서비스 만족도, 세무대리인의 명성 및 협상력, 원가계산여부 등을 중요하게 여기고 있었다.

불복청구 보수 결정요인의 중요성 순위 분석결과, 두 집단 모두 불복청구를 통한 감세 액수를 1순위로 보고 있었다. 2위는 불복청구액, 3위는 세무대리인의 명성 및 협상력, 4위는 서비스만족도였다. 불복청구 보수 결정요인은 세무대리인과 의뢰인 사이에 유의미한 차이가 없었다.

　세무자문료 등 결정요인의 중요성 순위 분석결과, 세무대리인은 매출액이 1순위, 의뢰인은 절세액이 1순위였다. 이 항목에서는 1위와 2위의 순서만 서로 달랐다.

5

타 전문자격사와의
관계

관련 전문자격사

세무사의 주요 업무인 기장대리를 할 수 있는 전문자격사는 변호사, 공인회계사, 세무사, 경영지도사이다.

최근까지도 「세무사법」 제3조(세무사의 자격)제4호에 의해 변호사에게 세무사 자격이 자동으로 주어졌다. 그런데 「세법」은 세무사 등록부에 이름을 올리지 못한 자는 세무대리 업무를 할 수 없도록 제한하고 있다.

2003년에 개정된 「세무사법」은 변호사가 세무사 등록부에 이름을 올리지 못하게 했다. 이에 따라 변호사가 세무조정계산서 작성 등의 세무대리 업무를 하는 것이 어려워졌다. 그리하여 2003년 이후에는 신규 변호사의 상당수가 세무대리 업무를 볼 수 없었고, 세무사 사무실 개업도 할 수 없게 되었다.

2017년 12월, 변호사에 대한 세무사자격 자동부여 제도가 폐지되었다. 그러나 2018년 4월 26일자로 반전의 헌법재판소 합헌불

일치 결정이 내려진다. 그 판결문은 다음과 같다. '세법일 관련법령에 대한 해석, 적용에 있어서는 일반세무사나 공인회계사보다 법률사무전반을 취급, 처리하는 법률전문적인 변호사에게 오히려 그 전문성과 능력이 인정된다.' 이 결정은 앞선 '변호사에 대한 세무사자격자동부여제도 폐지'에 대한 반전일 뿐 아니라 2003년 12월 31일부터 2017년 12월 31일까지 사이에 변호사자격을 취득한 변호사에게 세무대리업무, 특히 세무조정업무를 수행할 수 있는 길이 열렸다는 점에서 주목되어진다.

「공인회계사법」 제2조(직무범위)에 따르면 공인회계사는 타인의 위촉을 받아 회계에 관한 감사·감정·증명·계산·정리·입안 또는 법인설립 등에 관한 회계업무 및 세무대리 직무를 행한다고 명시되어 있다. 동법 제20조의2 제1항에 의하여 세무대리업무 등록부에 등록하게 되어 있고, 이에 따라 세무사와 완전히 동일한 업무를 수행하고 있다.

2004년 이후에 합격한 공인회계사는 세무사 명칭을 사용하지 못한다. 이런 부분은 변호사와 동일하다. 2012년 이후에는 공인회계사에게 주어지던 세무사 자격도 삭제되었다.

그러나 변호사와 달리, 공인회계사는 세무대리 업무를 수행할 수 있는 근거 규정이 명확하기 때문에 세무사와 동일한 업무를 수행할 수 있다. 공인회계사법 제20조의2 제1항이 건재하기 때문이다.

경영지도사는 중소기업진흥에 관한 법률 제47조(지도사의 업무) 제1항 제7호에 "제1호, 제2호, 제4호 및 제5호와 관련된 업무의 대행을 할 수 있다."고 명시되어 있다. 이것은 ① 경영의 종합

진단·지도, ② 인사, 조직, 노무, 사무 관리의 진단·지도, ③ 생산, 유통관리의 진단·지도, ④ 판매관리 및 수출입 업무의 진단·지도와 관련된 업무의 대행(중소기업 관계 법령에 따라 기관에 대하여 행하는 신고, 신청, 진술, 보고 등의 대행을 말한다)이며, 기장대행 업무가 포함되어 있다.

이렇듯 현재 세무대리, 기장대리 업무는 여러 전문자격사의 업무가 중첩되어 있다. 전문자격사 간 업무영역 확대 경쟁이 심화될 수밖에 없는 상황이다. 상대방의 핵심 업무영역을 침범하려는 세력과 저지하려는 세력이 치열하게 맞서고 있으며, 이 과정에서 많은 문제점이 야기되고 있다.

세무대리 업무에 관한 논쟁은 최근에 시작된 것이 아니다. 세무사 제도는 1961년에 공인회계사의 직무 중에서 세무대리 업무에 한하여 공인회계사의 독점을 해제하고, 세무사가 공인회계사와 함께 세무대리를 할 수 있도록 허용했기 때문에 생겨날 수 있었다.

1989년 정부에서는 세무대리인에 대한 감독 일원화를 위해 「세무사법」을 대폭 개정하여 공인회계사 및 변호사도 세무사로서 재정경제부 장관에게 등록하도록 하였다. 이들로 하여금 세무사 명칭으로만 세무대리 업무를 수행하게 함으로써, 세무사에 대한 국민의 신뢰도를 높이고 납세자의 합리적인 이익을 보호하는 데 앞장섰다.

2004년 개정된 세무사법은 변호사와 공인회계사가 세무사라는 명칭을 사용할 수 없게 하였다. 이에 따라 신규로 등록하는 공인회계사와 변호사는 더 이상 세무사 명칭으로 세무대리 업무를 할 수 없게 되었다.

한국세무사회는 전문자격사들의 밥그릇 싸움이라는 논란 속에서도 변호사 및 공인회계사에 대한 세무사 자격부여 폐지에 앞장섰다. 그뿐만 아니라 조세소송 대리권을 획득하고, 공인회계사와 경영지도사의 업무인 관계부처의 경영진단 및 재무상태 진단업무도 세무사들이 수행할 수 있게 노력하였다. 또한 노무사의 업무인 고용산재보험 사무 대행을 추진하는 등, 다양한 활동을 추진해 왔다.

대법원 산하 사법개혁위원회는 2004년에 제16차 회의를 열었다. 변호사협회는 법조인양성제도에 관한 의견서를 이 회의에 제출하였다.

변호사협회는 이 의견서를 통해 세무사·관세사·변리사·법무사·노무사·손해사정인 등 법률관련 자격을 전부 로스쿨을 통해 양성되는 변호사 제도로 통합시키자고 주장하였다. 사실상 세무사, 관세사 등 관련 자격사 제도의 폐지를 주장한 것이다.[62]

대학에서 각종 분야를 전공한 사람들이 로스쿨에 들어오기 때문에 변호사 외 유사법률 직업을 더 이상 존속시킬 이유가 없다는 것이 변호사협회의 주장이었다.

---

62 이홍철(2008), 우리나라의 중소기업 회계처리 및 기장대리 개선방안, 건국대학교 행정대학원 석사학위 논문.

자격사별 서비스 특성

세무대리서비스를 수행하는 세무사, 공인회계사 및 변호사의 자격사별 서비스 특성을 살펴보자.

회계감사를 주업으로 하는 공인회계사는 편견(bias)없이 공정하게 감사업무를 수행해야 한다. 서비스의 결과물은 의뢰인의 만족과는 무관하게 독립적이어야 한다. 공인회계사는 감사(勘査)인이다. 따라서 고객의 의사와 무관하게 업무의 공정성과 독립성을 유지해야 하는 것이다.

법률서비스를 제공하는 변호사와 세무대리서비스를 제공하는 세무사는 공인회계사와 다르다. 변호사와 세무사는 고객과 법률상 대리관계를 형성하며, 의뢰인과 통정 또는 모의하여 범법을 행하지 않는 한 고객의 의사에 합치되는 방향으로 서비스하는 것이 기본이다. 따라서 변호사와 세무사가 제공하는 서비스의 상당부분은 고객만족을 실현하기 위한 것이다.

〈표 1-11〉는 자격사별 서비스 특성을 요약한 것이다. 세무대리서비스는 서비스 제공기간과 고객입장 수용도의 측면에서 공인회계사 및 변호사와 다르다.[63]

첫째, 공인회계사나 변호사와 달리 세무대리서비스의 서비스 제공기간은 장기적이고 지속적이다. 예를 들어 사업자의 기장대리와

---

63 김형곤(2012), 세무대리서비스의 이용자 만족도와 세무대리인의 활동에 관한 연구, 전북대학교 대학원 박사학위논문.

〈표 1-11〉 자격사별 서비스 특성[64]

구 분	공인회계사	세무사	변호사
주요 업무	회계 감사	세무대리	소송대리
서비스 제공기간	주기적	장기적	단기적
서비스 제공형태	객관적	상대적	상대적
고객입장 수용도	독립적	수용도 다소 높음	수용도 매우 높음
당사자 관계	감사인	대리인	대리인

신고대리를 동시에 수행하는 경우, 세무사는 수행기간 내내 사업자의 모든 거래행위를 파악하고 있어야 서비스 제공이 가능하다. 이런 점에서 세무사의 서비스가 장기적이고 지속적이라고 할 수 있다.

둘째, 세무사는 고객 입장의 수용도 측면에서 공인회계사와 변호사의 중간적 위치에 있다고 할 수 있다. 세무사는 공인회계사처럼 독립적인 제3자로서 일하는 것도 아니고, 변호사처럼 전적으로 의뢰인의 이익을 대변하는 것도 아니다.

세무사는 방대하고 복잡한 세법에 대한 전문적 지식을 법적 규제의 틀 안에서 제공한다. 따라서 세무사는 국가와 납세자의 사이에 위치한다. 세무사는 납세자의 납세의무이행을 지원하는 동시에 국가의 세무행정에 협력해야 하는 의무를 가진다. 이런 점 때문에 공인회계사와 변호사의 중간에 있다고 하는 것이다.

---

[64] 김형곤(2012), 세무대리서비스의 이용자 만족도와 세무대리인의 활동에 관한 연구, 전북대학교 대학원 박사학위논문.

세무대리서비스는 일반서비스와 비슷한 특성을 가진다. 그러나 세무대리서비스 공급의 측면에서는, 조세 관련 업무의 최상위 가치인 조세순응과 성실납세를 위해 노력해야 한다. 이를 위반할 경우 윤리적인 책임을 져야함은 물론이다.

세무대리서비스는 공익적 가치를 가지고 있기 때문에 일반서비스와 차별화된다. 특히 고객만족을 우선시하는 일반 기업의 서비스와는 근본적으로 다르다고 할 수 있다.

6

세무대리인 제도의
문제점 및 시사점

세무대리인 제도의 문제점

이중장부의 문제점

세무사에게 기장을 위탁 의뢰한 중소기업은 매월 1회 또는 분기별로 제반 증빙서류를 세무대리인에게 전달한다. 세무대리인은 이 서류를 바탕으로 의뢰자를 대리하여 기장을 처리한다. 따라서 세무대리 사무소에 의한 기장은, 거래가 발생한 날로부터 약 1~3개월이 지난 후에 실시된다.

위탁에 의해 기장을 처리하는 대부분의 중소기업은 기업 내부에 원시기록을 보존하고 있다. 그러나 이것은 대외 공개 목적의 회계장부에는 훨씬 못 미치는 수준이다.

또한 부가가치세법 상의 간이과세자와의 거래이거나, 거래 양방의 사정으로 세금계산서가 발행되지 않거나, 거래금액, 발생 시기, 거래대상자를 사실과 달리해야 할 경우도 발생한다. 이때 사적 자금을 사용하는 기업, 비자금을 조달·사용하는 기업, 자금거래에 대한 합법적인 증빙서류를 받기 어려운 업종을 경영하는 기업 등도 처음부터 세무 목적의 회계장부가 기업재무의 흐름과 무관하게 사후에 기장되고 있다고 볼 수 있다.

거래과정에 대한 누락 없이 충실한 자료의 수집과 전달이 이루어져야 한다. 그러나 그렇지 못한 경우가 많다. 그 결과, 세무대리인을 통해 작성된 재무제표는 기업의 경영실적에 대한 사실적 기록이 되기 힘들다는 구조적인 한계가 발생한다. 결국 기업은 세무관서 등을 대상으로 하는 대외공개용 재무제표를 작성하게 된다. 이중장부 작성이라는 근본적 문제점이 발생하는 것이다.

회계부정의 원인과 실태

대부분의 경영자는 소득 노출을 꺼린다. 최대한 절세를 하려 하고, 정상적인 세금납부를 회피하려는 경향이 있다. 그러나 경영자의 대외 신용도를 위해 경영실적을 부풀리고 싶어하는 이중적 성향도 갖고 있다. 이러한 이유들 때문에 중소기업의 회계 투명성과 신뢰성은 매우 낮다.

역분식 결산 또는 분식 결산은 기업회계기준과 같은 합법적인 회계처리의 일환으로 실시되기도 하고, 불법으로 실행되기도 한다. 합법 여부에 관계없이, 역분식 결산과 분식 결산은 재무제표에 대한 조작이라고 할 수 있다.

국제사회는 한국 기업의 회계보고서를 신뢰하기 어렵다고 보는 경우가 많다. 회계처리에 자의적 판단이 개입될 여지가 많고 일관성이 부족하다고 보기 때문이다. 이로 인해 한국 기업들은 글로벌 사회에서 정상적인 평가를 받지 못하고 있다.

세무회계 자료는 기업의 외부에 공시할 목적으로 제작되는 경우가 많다. 이때 기업의 기밀을 은닉하기 위해 회계기록을 고의적으로 누락시키거나, 사실과 왜곡되게 표시하는 것은 사술이라는 범죄행위에 해당한다. 회사의 기밀을 유지하기 위해 어쩔 수 없이 회계보고서를 조작했을 수도 있다. 그러나 회계는 특정한 목적을 위해 자의적으로 기록하는 업무가 아니다.

그동안 국세 정책을 보면 서면신고 기준율이 없어지고, 1996년부터 자율신고체제로 바뀌었다. 따라서 거래사실을 있는 그대로 성실히 기장하는 것을 요구하고 있다.

그러면서도 기업의 세금신고액이 세무관서의 과세표준에 비추어 낮으면, 즉 동종 업계에서 하위그룹으로 조사되면, 기업의 외형과 소득을 적당히 올려서 기장하도록 유도하는 고지문을 발송하기도 했다.

따라서 영세 중소기업 운영자들은 세무조사 등 정정조사 등을 면하기 위해 적자를 흑자인 것으로 신고·납부하기도 하며, 결산 조작을 하여 분식 결산을 거리낌 없이 행해왔다. 심지어 기존장부를 전혀 무시하고 일정요건에 맞춰 단지 세무신고용 재무제표를 작성하여 소득세를 신고하는 사례도 있었다.[65]

이러한 중소기업의 분식 또는 역분식 회계의 상당수는 세무대리인들에 의해 자행되었다. 세무대리인의 적극적인 협조 하에 분식 또는 역분식 회계가 가능했던 것이다.

이러한 상황에서 분식 또는 역분식이 세무대리인의 능력을 평가하는 척도인 것처럼 오인되기도 했다. 소위 '안정권'에서 세무관서에 신고하는 것이 세무대리 업무의 관행처럼 인식되는 경우도 많았다.

중소기업의 재무 상태를 있는 그대로 신고하고 납부하도록 유도해야 함에도 불구하고, 실제 손익이 아닌 조사배제 가능성을 기준으로 납세자의 신고수준을 상담·결정해온 것이다.[66]

세무대리인의 자질과 사명감 제고

세무대리인의 수는 매년 증가해 왔으며, 이미 공급 과잉 상태라고 판단된다. 치열한 경쟁으로 인해 세무대리 위탁자의 입지는 강해진 반면, 수임자인 세무대리인의 중립성·공평성·독립성은 갈수록 약화되었다. 세무대리 위탁자의 정당하지 못한 요구에 동조할 가능성도 높아졌다.

세무대리인에게는 직업윤리가 강하게 적용되고 있다. 세무대리업은 공공성과 책임성이 상대적으로 높은 업종이다. 세무대리인은 건전한 납세풍토 조성을 위해 납세자인 고객이 성실신고 및 납부

---

65 이유진(2014), 세무대리서비스 이용에 관한 고찰, 전북대학교 경영대학원 석사학위 논문.
66 이유진(2014), 세무대리서비스 이용에 관한 고찰, 전북대학교 경영대학원 석사학위 논문.

를 하도록 유도해야 한다.

그러나 일부 세무대리인은 세무공무원 근무 경력을 내세우면서, 자신이 전관예우를 동원하여 모든 탈세에 대한 세무조사를 무마할 수 있는 것처럼 납세자를 현혹하는 일이 적지 않았다.[67] '절세'를 앞세워 탈세를 조장 및 방관하는 경우도 많았다. 그러나 이와 같이 납세자들의 두려움을 악용해서 이익을 보려는 태도는 옳지 않다.

이렇게 좋지 못한 행태는 동일업계의 세무대리인과의 공정한 경쟁을 저해하고 선진 납세의 걸림돌이 되고 있으며, 그 결과 세무대리인의 위상과 신뢰성을 실추시킬 가능성이 크다.

세무대리인은 납세자와 국세청과의 가교 역할을 한다. 또한 조세저항의 완충재 역할도 하며, 납세자들이 일선 산업현장에서 사업과 세무를 상담하는 파트너 역할도 수행하고 있다. 세무대리인의 이와 같은 동반자적인 역할을 감안할 때, 성실신고는 세무대리인의 손에 달렸다 해도 과언이 아닐 것이다.[68]

세무대리 서비스업을 주업으로 하는 대부분의 세무회계사무소들은 경력 직원에게 실무를 의탁하고 있다. 이 경우, 해당 업무의 집행을 꼼꼼히 관리 감독하는 것이 현실적으로 쉽지 않다. 부실대리가 발생할 가능성이 상존하는 것이다.

이를 막기 위해서는 성실한 세무대리인에 대한 세정지원 및 우

67 이유진(2014), 세무대리서비스 이용에 관한 고찰, 전북대학교 경영대학원 석사학위 논문.
68 이유진(2014), 세무대리서비스 이용에 관한 고찰, 전북대학교 경영대학원 석사학위 논문.

대 제도를 도입하고, 탈세를 조장·방조하는 불성실한 세무대리인에 대한 책임 추궁을 강화하는 제도적 장치를 마련해야 할 것이다.

위탁기장으로 인한 납세자의 개인정보 유출

납세자가 세무대리인에게 기장을 위탁의뢰할 경우, 세무에 관련된 납세자의 거의 모든 정보가 전해진다. 이때 사적 정보와 업무상 기밀까지도 자연스럽게 전달될 수도 있다. 만약 이러한 정보가 외부로 유출된다면, 납세자는 치명적인 타격을 입을 수도 있다. 따라서 보안의 중요성은 아무리 강조해도 지나치지 않다.

외부 전문가의 비밀보장 의무는 세무사법에 명시되어 있는 기본적인 규정이다. 위탁 기장의 기본은 비밀보장이다. 개인이든 기업이든, 납세자는 세무대리인을 신뢰할 권리와 의무가 있다. 위탁하는 자와 위탁받는 자 모두 그 점을 분명히 해둘 필요가 있다.

위탁기장은 단순 반복적인 세무회계업무만을 의미하지 않는다. 세무대리인은 납세자의 사업과 수명을 같이하는 사업 파트너로서 지속적인 관계를 유지해 나가야 한다. 이를 위해서는 서로에 대한 깊은 신뢰가 반드시 필요하다.[69]

---

69 이유진(2014), 세무대리서비스 이용에 관한 고찰, 전북대학교 경영대학원 석사학위 논문.

시사점

우리나라는 1인의 임원만으로도 상법상 유한회사 설립요건이 충족된다. 따라서 형식은 법인이지만 개인유사법인으로서 소유와 경영이 구분되지 않고, 모든 의사결정이 대표자에 의해 좌우되는 경우가 많다.

그러다 보니 기업의 업무가 대표이사에게 집중되기 쉽다. 영업과 관리 등의 주요업무를 대표이사가 직접 주관하고, 각 부서 직원들은 보조적인 역할에 그치는 불합리한 조직구조가 생겨나게 되는 것이다.

이러한 구조 하에서 경영주는 영업실적에 치중하게 되고, 회계부서는 자연스럽게 단순 경리만 수행하는 부서로 축소·한정된다. 그 결과, 경리부서 또는 세무대리인에 의해 작성된 재무제표를 경영주가 신뢰하지 않는 현상이 발생한다.

보통 소규모 개인 사업자들은, 추계신고 시에 납부해야 할 세액을 기장에 의해 산출된 세금에 세무대리인의 기장 및 조정수수료를 합친 액수와 비교해 본다. 이때 기장을 통한 신고·납부가 추계신고 시 납부해야 할 세액보다 모든 면에서 월등히 저렴한 경우에만 기장을 하겠다고 생각하는 경우가 적지 않다.

이외에도 장부기장에 대한 회피요인에는 세무간섭을 받을 가능성, 번거로움, 근거를 남기거나 소득을 노출하는 것을 꺼리는 심리 등이 있다. 또한 정상적인 회계 처리를 통한 절세가 아니라, 탈세를 위한 장부조작을 목적으로 세무대리인을 찾는 경우도 많다.

상당수의 자영업자들은 세무대리의 필요성을 느끼지 못한다. 기장을 위탁하는 경우에도 매출액을 최소화한 세무보고용 장부를 만들거나, 대외 공개용 장부를 생산할 목적으로 위탁하는 경우가 많다.[70]

증빙서류를 대충 챙겨서 맡겨두면 재무제표와 세무관련 신고를 알아서 다 해주는 전문가. 이것이 세무대리인에 대해 퍼져 있는 우리 사회의 잘못된 인식이다. 이러한 인식이 만연한 원인은 세무대리서비스업의 역할에 대한 오해에서 찾을 수 있다.

세무대리서비스업에 대한 올바른 개념 정립을 위해서는 우선 세무대리인 스스로가 올바르고 정직한 직업 윤리관을 갖추어야 한다. 체계적인 제도와 지원이 뒷받침되어야 함은 물론이다.

납세자와 경영자가 세무의 기본적인 개념을 이해하고, 각종 세무신고서를 해독할 수 있는 안목을 갖도록 세무대리인이 도와주어야 한다. 그리고 세무의 중요성에 대한 분명한 인식을 심어주어 투명한 세무회계를 유도해야 한다. 이러한 노력 없이는 올바른 세무대리서비스 문화 정착이 요원하기 때문이다.

---

70 김형곤(2012), 세무대리서비스의 이용자 만족도와 세무대리인의 활동에 관한 연구, 전북대학교 대학원 박사 학위논문.

7

일본의 세무사 제도와
세무회계업의 경영 사례

일본의 세무사 제도 및 현황

　공정한 세금을 부담하여 살기 좋고 풍요로운 삶을 지킨다는 것이 일본 세무사의 사회적 사명이다. 세무사는 적합하고 투명한 세무행정이 이루어지도록 공정한 입장에서 세금의 신고와 납세를 담당하고 있으므로, 국가에 큰 역할을 담당하고 있다고 자부하기에 부족함이 없다.

　이러한 사명을 완수하기 위해, 세무사들은 '세무사회'라는 큰 조직을 결성하여 활동하고 있다. 세무사는 직무상 알게 된 비밀을 엄수해야 하고, 사회와 공공에 봉사한다는 사명의식을 가져야 하며, 상담자와의 신뢰 관계를 훼손하는 일체의 행동은 절대로 해서는 안 된다.

　세무사는 세무 전문가로서 납세자가 자신의 소득을 계산하고 세액을 산출하며, 산출된 세액을 신고·납부하는 등의 일련의 과정을 돕고 있다. 국가 세무의 중추인 세금 신고·납세 제도가 올바로 작동하게 해주는 핵심적인 역할을 수행하고 있는 것이다.

세무사의 업무와 활동

일본의 세무사는 〈표 1-12〉와 같은 일을 하고 있다. 특히 세무사는 회계에 참여할 자격이 있다고 회사법에 명기되어 있다.

일본의 세무사들은 지식과 경험을 살려 사회에 공헌하고 있다. 세금에 대한 올바른 지식과 이해를 돕기 위한 교육·홍보 활동을 전개하고 있으며, 특히 미래를 짊어질 어린이들에 대한 '조세 교

〈표 1-12〉 일본 세무사의 업무

구분	내용
세무대리	고객을 대리하여 확정 신고의 승인 신청, 세무조사의 입회, 세무서의 경정 결정에 불복이 있는 경우 신청 등을 실시한다.
세무서류작성	고객을 대신하여 확정 신고서, 상속세 신고서, 자진신고의 승인 신청서 및 기타 세무서 등에 제출하는 서류를 작성한다.
세무상담	고객의 절세 상담에 응한다.
e-Tax의 대신송부	고객의 의뢰로 e-Tax를 이용하여 신고서를 대리로 보낼 수 있다. 이 경우 자신의 전자인증서는 필요하지 않다.
회계업무	세무사 업무에 부수하여 재무 서류의 작성, 회계장부의 기장 대행, 기타 재무 관련 업무를 수행한다.
회계참여	중소주식회사의 계산관계 서류 기재의 정확성에 대한 신뢰를 높이기 위해 회계에 참여한다. 이때 「회계참여」는 주식회사의 임원인 이사와 공동으로 계산 서류를 작성하는 것을 뜻한다.
기타업무	세무소송에서 납세자의 정당한 권리, 이익의 구제를 지원하기 위한 보좌인으로서, 소송 대리인인 변호사와 함께 법원에 출두하여 진술할 수 있다.

출처 : 近畿稅理士會制度部, 「稅理士法」, 請文社, 2015년, pp. 29-35.

육'에 적극적으로 임하고 있다. 각 지역 세무사회에 '성년 후견 지원 센터'를 설치하고, 고령사회의 '성년 후견 제도'에 적극적으로 참여하고 있기도 하다.

일본에서는 세무사 기념일(2월 23일)이나 세금의 생각 주간(11월) 등에 무료 세무 상담을 실시하고 있다. 세제 및 세무 행정의 개선에 기여하기 위해 '세제 개정 건의서'를 국가에 제출하기도 한다.

또한 국세 불복 심판소에서는 '국세 심판관'으로, 지방 공공 단체에서는 '감사위원회' 등으로 활약하기도 한다. 세무 전문가로서 「법 테라스(일본 사법 지원 센터)」에 협력하고 있으며, 가정 법원에서 '민사·가사 조정 위원'으로서 분쟁 해결에도 참여하고 있다. 또한 새로운 시대를 위한 세금 및 회계전문가로서 중소기업을 지원하고 있다.

세무사는 다음과 같은 역할을 수행할 수 있는 유자격자로 명시되어 있다. ① 중소기업 경영개선 지원 사업을 실시하는 인정 경영 혁신 지원 기관 ② 회사법상 현물 출자에 걸릴 평가증거를 확인하고 지방 자치법상 도도부현 및 시정촌의 세금 용도를 확인하는 외부 감사인 ③ 정치자금 관련법상 국회의원이 관계된 정치단체의 정치자금을 확인하는 감사인 ④ 「지방독립행정법인법」상 지방 독립행정법인의 업무를 확인하는 감사 등.

일본 세무사 등록자 수

세무사 등록자·세무사법인신고 수는 〈표 1-13〉과 같다(2017년

회사명	등록자수	세무사법인 신고 번호	
		주된 사무소	종된 사무소
東京	22,581	1,143	394
東京地方	4,879	199	120
千葉県	2,490	93	65
関東信越	7,338	371	198
近畿	14,680	607	264
北海道	1,857	139	81
東北	2,479	120	93
名古屋	4,597	261	136
東海	4,368	200	116
北陸	1,416	91	41
中国	3,089	123	79
四国	1,597	73	45
九州北部	3,215	137	104
南九州	2,118	91	49
沖縄	412	23	23
計	77,116	3,671	1,808

출처 : 日本 稅理士聯合會. http://www.nichizeiren.or.jp/cpta/about/

12월말 현재).

일본 세리사 제도

일본의 세무사 제도는 1942년(쇼와 17년)에 제정된 세무대리인 사제도에서 비롯되었다. 제도가 발족된 이래 여러 차례의 개정을

〈표 1-14〉 일본 세무사 제도 연보(理士制度の年譜)

1942年	税務代理士法 施行
1947年	申告納税制度の導入
1951年	税理士法 制定
1956年	税理士法 改正 (第一次)
1961年	税理士法 改正 (第二次)
1967年	税理士制度25周年式典を挙行
1970年	国税不服審判所が発足
1972年	税理士制度30周年式典を挙行
1974年	商法監査特例法が成立
1980年	税理士法 改正 (第三次)
1992年	税理士制度50周年式典を挙行 / 아시아 · 오세아니아 다크스 컨설턴트협회 설립(アジア・オセアニアタックスコンサルタント協会設立)
1997年	地方自治法改正で税理士が外部監査人の適格者に
2001年	税理士法 改正 (第四次)
2004年	日税連認証局による公的個人認証サ_ビスを開始
2006年	会社法が施行され税理士が会計参与の適格者に
2008年	政治資金規正法が改正され税理士が登録政治資金監査人の適格者に
2012年	税理士制度70周年式典を挙行
2014年	税理士法 改正 (第伍次)

출처 : 近畿税理士會制度部, 「税理士法」, 請文社, 2015년, pp. 02-14.

거쳐 오늘에 이르고 있다.[71] 세무사 제도의 발자취를 소개하면 〈표 1-14〉과 같다.

---

71   近畿税理士會制度部, 「税理士法」, 請文社, 2015년, pp.02-14.

세리사법 개정과 세리사의 사명 및 윤리

세리사법의 개정

일본의 세제개혁은 전후(戰後) 민주화를 통해 소득세, 법인세, 상속세 신고 납세 제도가 도입된 1950년(쇼와 25년)에 이루어졌다.[72]

이러한 가운데 1951년(쇼와 26년), 세무대리사법을 대체하는 세리사법이 제정되었다.

세리사의 사명과 윤리

"세리사는 세무에 관한 전문가로서 독립 공정한 입장에서 신고 납세 제도의 이념에 따라 납세 의무자의 신뢰에 부응, 조세에 관한 법령에 규정된 납세 의무의 적정한 실현을 도모하는 것을 사명으로 하고 있다."[73]

세리사는 탈세 상담에 응할 수 없으며, 의뢰자가 조세에 관하여 부정한 행위를 하고 있다는 것을 인지한 경우에는 이를 시정할 것을 조언해야 한다. 세리사는 업무에 관하여 알게 된 비밀을 지킬 의무가 있다. 세리사가 납세자의 신뢰에 부응하기 때문에, 납세자는 안심하고 업무를 의뢰할 수 있다. 세리사는 세리사의 신용 또는

---

72 近畿税理士會制度部, 「税理士法」, 請文社, 2015년, pp.02-14.
73 「税理士法」 제1조.

〈표 1-15〉 세리사법의 개정

구 분	내 용
세리사법 개정 (1차)	임의 가입 제도에서 강제 가입 제도 : 1956년(쇼와 31년)의 개정으로 세무사 업무를 하고자 하는 자는 세무사 등록을 하여야 하며 세무사회에 입회하지 않으면 원칙적으로 업무를 수행 할 수 없게 되었다.
세리사법 개정 (2차)	등록 사무를 이양 : 1961년(쇼와 36년)의 개정으로 세무사회의 자율성을 강화하기 위해 등록 사무가 국세청에서 일본세무사연합회(日本 稅理士会連合会)에 이양되었다.
세리사법 개정 (3차)	세무사의 지위가 명확하게 : 1980년(쇼와 55년), 세무사 업무의 적정한 운영에 이바지하기 위해 세무사의 사명의 명확화, 세무사 업무의 대상이 되는 세목 확대, 등록 즉시 회원(세무사 등록을 한자는 당연히 세무사회의 회원이 됨) 등의 개정이 이루어져 세무사의 지위가 명확하게 되었다.
세리사법 개정 (4차)	납세자 편의 향상과 신뢰받는 세무사 제도의 확립 : 2001년(평성 13년) 당시 세무사를 둘러싼 환경을 감안한 개정으로, 세무사법인 제도의 창설, 세무사가 세무소송에서 변호사와 함께 출두·진술할 수 있는 보조인제도의 창설, 세무사 보수의 최고 한도 규정 삭제 등이 실시되었다.
세리사법 개정 (5차)	공인 회계사에 관한 자격 부여 검토 : 2014년(평성 26년)의 개정. 공인 회계사의 세무사자격 취득에 대해 국세심의회가 지정하는 법에 대한 교육수료 요건이 부가되었고, 조세교육에 대한 대처의 추진, 세무사에 따른 징계처분의 적정화 등의 개정이 이루어졌다.

출처 : 近畿稅理士會制度部, 「稅理士法」, 請文社, 2015년, pp. 02-14.

품위를 해치는 행위를 할 수 없으며, 세리사 업무에 관한 장부를 만들 의무와 직원에 대한 관리감독 의무도 지고 있다.

1956년(쇼와 31년)의 개정 이후, 세리사 업무를 하고자 하는 자는 반드시 세리사로 등록해야 한다. 세리사회에 입회하지 않으면 원칙적으로 업무를 수행할 수 없는 강제가입 제도로 이행한 것이다.

세리사 자격 취득

세리사 시험에 합격한 자, 세리사 시험을 면제 받은 자, 변호사
(변호사가 될 자격이 있는 자를 포함한다), 공인 회계사(공인 회계사가 될
자격이 있는 자를 포함한다) 중에서 어느 하나에 해당해야 세리사가
될 수 있다. 세리사 시험에 합격한 자와 세리사 시험을 면제받은
자는 조세 또는 회계에 관한 사무에 종사한 기간(이른바 실무 경험)
이 통산 2년 이상이어야 한다.[74]

공인회계사는 공인회계사법 제16조 제1항에 규정하는 실무보
습단체 등이 실시하는 연수 중, 재무성령(令)에 따른 교육을 이수
해야 한다(2017년 4월 1일 시행).

시험 일정 및 응시자격

세리사 시험은 매년 8월 상순에 각 국세청 소속 국세 사무소의
소재지 등에서 시행된다. (전국 12~16개소)

세리사 시험은 학식, 자격, 경력 등 다양한 분야의 응시 자격이
정해져 있어, 어느 하나의 요건을 충족하면 응시 자격이 부여된다.

학식에 의한 응시 자격은 대학 또는 전문대학 졸업자 중에서 법
학 또는 경제학을 1과목 이상 이수한 자, 대학 3학년 이상에서 법
학 또는 경제학을 1과목 이상 포함 62학점 이상 취득한 자, 일정한

---

74 近畿税理士會制度部, 「税理士法」, 請文社, 2015년, pp.54-55.

전수학교의 전문 과정을 수료한 자, 법학 또는 경제학을 1과목 이상 이수한 자, 사법시험 합격자, 공인회계사 시험의 단답식 시험에 합격 한 자(2006년 이후 합격자에 한함)중 하나에 해당하여야 한다.[75]

자격에 의한 응시 자격은 부기 검정 1급 합격자, 부기 검정 수석 합격자(1983년 이후 합격자에 한함)에 한한다.

경력에 의한 응시 자격은 법인 또는 개인사업자의 회계에 관한 사무에 2년 이상 종사한 자, 은행·신탁회사·보험회사 등에서 자금의 대출·운용에 관한 사무에 2년 이상 종사한 자, 세무사·변호사·공인회계사 등의 보조 업무에 2년 이상 종사한 자 중 하나에 해당하는 자이다.

시험 과목

시험과목은 회계학에 속하는 과목(부기론 및 재무제표론) 2과목(필수)과 세법에 속하는 과목(소득세법, 법인세법, 상속세법, 소비세법 또는 주세법, 국세징수법, 주민세 또는 사업세, 재산세)중 선택 3과목(소득세법 또는 법인세법 중 1과목은 반드시 포함)이다.[76]

세리사 시험은 과목 합격제로 운영되고 있다. 응시자는 한 번에 5과목 모두에 응시하지 않고 1과목씩 응시해도 무방하며, 합격과목은 평생 유효하다.

---

75 近畿稅理士會制度部, 「稅理士法」, 請文社, 2015년, pp.54-55.
76 近畿稅理士會制度部, 「稅理士法」, 請文社, 2015년, pp.56-57.

합격기준과 시험면제

합격기준은 각 과목 60점 이상이다. 과목에 따라 차이가 있으나, 회계에 속하는 2과목과 세법에 속하는 3과목을 합쳐서 총 5과목에 도달하면 합격이다. 매년 응시자 중 10~20%의 합격자가 배출되는 추세이다.[77]

세리사 시험 면제제도도 있다. 석사 또는 박사학위를 보유한 자는 시험의 일부가 면제된다. 10년 또는 15년 이상의 세무서 근무경력을 가진 국세 종사자는 법에 속하는 과목이 면제된다. 23년 또는 28년 이상 세무서에 근무하고 지정된 연수를 수료한 국세 종사자는 회계에 속하는 과목이 면제된다.

일본 세무회계업계의 동향과 사례

미래 불안을 느끼는 세무사 사무소 증가

일본 총무성 총계국 발표에 의하면, 공인회계사·세무사 시장은 2012년에 약 1조3,400억 엔에 달하고 있다.[78] 그 중 약 3,400억 엔은 4대 감사법인(유한책임이 있는 감사법인 'KPMG', 신일본유한책임감사법인 'EY', 유한책임감사법인 '토마츠(딜로이트)', PWC와 같은 유한책임

---

77 近畿税理士會制度部, 「税理士法」, 請文社, 2015년, pp.58-59.

78 渡部恒郎, 10年 後の 日本, 東洋經濟新報社, 2018, p.174.

감사법인 'PWC') 및 그 관련 세무회계사법인의 매출이며, 약 1조 엔은 일본 국내 세무회계사무소(대규모 세무회계법인으로부터 소규모 개인 세무사 사무소까지)의 시장이다.

종업원 수를 기준으로 한 일본 세무회계 사무소 탑20은 〈표 1-16〉과 같다. 탑 레벨 세무회계사무소의 매출은 100억 엔 정도 이다. 시장의 크기를 감안하면 아직 과점(寡占)화가 진행되지 않은 업계도 있다.

2017년 6월 말 현재 공인회계사가 2만 9456명(준회원 제외), 세무사가 7만 6358명을 초과하였다(일본공인회계사 협회, 일본세무사회 연합회 공표). 이는 역대 최대의 인원이다.

이렇듯 시장이 넓고 인재가 풍부한 일본이지만, 세무회계사무소 의 현실은 결코 녹록치 않다. 가격 경쟁 등으로 인해 고문 보수는 지속적으로 감소하고 있고, 세무자문을 제공받는 기업의 수도 늘 지 않고 있기 때문이다.

이에 따라 세무사업의 미래에 대한 불안감은 날로 증가하고 있 으며, 어떤 세무사무소도 밝은 미래를 논하기 힘든 실정이다.

일본 세무회계법인의 종업원규모 상위 20위

〈표 1-16〉 세무회계 사무소의 종업원규모 탑20

순서	사무소명	소재지
1	日本經營그룹	大阪市
2	辻·本郷 稅理士法人	東京都
3	딜로이트 토마쯔(デロイト トーマツ)稅理士法人	東京都
4	山田컨설팅그룹	東京都
5	KPMG稅理士法人	東京都
6	KWC稅理士法人	東京都
7	EY稅理士法人	東京都
8	名南컨설팅 네트워크	愛知縣
9	벤처사포트(ベンチャーサポート)稅理士法人	東京都
10	GGI東京컨설팅그룹	東京都
11	마이쯔(マイツ)그룹	東京府
12	AGS컨설팅/AGS稅理士法人	東京都
13	稅理士法人近代經營	熊本縣
14	稅理士法人平成會計社	東京都
15	페아(フェア) 컨설팅그룹	大阪府
16	稅理士法人업파트너즈(アップパートナーズ)	福岡縣
17	稅理士法人ゆびすい	大阪府
18	吉岡매니지멘토그룹	北海道
19	미래(みらい)컨설팅그룹 TOMA컨설팅그룹	東京都 東京都
20	아닥크스(アタックス)그룹	愛知縣

출처 : 渡部恒郎, 「10年 後の 日本」, 東洋經濟新報社, 2018, p.175

일본경영그룹(日本經營グループ)

개요

일본경영그룹(계열사 등 포함)의 직원 수(파트타임 포함)는 2017년 1월 현재 1,920명이며, 유자격자 수(그룹법인등록)는 세무사 31명, 공인회계사 12명, 사회보험 노무사 5명으로 구성되어 있다.[79]

세무회계 컨설팅업계에서 일본 최고의 규모(종업원 수 최다)를 자랑하는 일본경영그룹은 "모든 직원과 그 가족의 행복을 추구함과 동시에 그 행복을 깨달아 감사할 수 있는 마음을 길러, 사회의 성장 발전에 공헌한다."라는 기본 이념을 갖고 있다.

급속한 사회 환경의 변화 속에서 고객과 함께 성장하고 싶다는 한결같은 마음을 "동적인 쓰리라인(3 LINE)"이라 하여, 무한한 우주 속으로 승화하는 세 개의 선은 "고객의 발전에 노력을 아끼지 않겠다는 마음", "밝고 긍정적인 자세로 일에 임하는 마음", "구성원들과 협력하여 업무를 원활하게 수행한다는 연대적인 마음"을 표현하고 있다.[80]

---

79 日本經營グル―プ의 홈페이지 참조 : https://nkgr.co.jp
80 日本經營グル―プ의 홈페이지 참조 : https://nkgr.co.jp

행동강령을 업무에 적용

　일본경영그룹은 5개의 행동 강령을 제정하여 업무에 적용하고 있는데, 그 내용은 다음과 같다.[81]

　첫째 강령은 "알아차리고"와 "인사(신뢰 관계를 강화)실천"이다. 인간은 "살아 있는" 존재임을 눈치 채야 한다는 생각에서 "알아차리고"를 실천하고 있다. 또한 상호 이해와 신뢰를 형성하고, 커뮤니케이션을 활성화시키는 인사의 실천에도 최선을 다하고 있다.

　둘째 강령은 "일찍 인식, 즉시 행동(행동 능력을 향상) 실천"이다. 인간은 옛날부터 자연스럽게 경외감을 가지고 공존하면서 살아오고 있으며, 태양과 함께 일어나는 자연의 리듬이야말로 인간이 본래 가지고 있는 지혜와 감각을 최대한 발휘하게 해준다는 생각에서 '일찍'을 실천하고 있는 것이다. 또한 '일찍'을 통해 깨달았으면 곧바로 '행동'에 옮기는 것도 중요하다는 생각에서 '인식 즉시 행동'을 실천하고 있다.

　셋째 강령은 '약속과 계획(목표를 실현하기) 실천'이다. 사회는 끊임없이 변화하고 있지만 그 안에는 변하기 않는 보편적인 법칙이 숨어있다. 다양한 인간관계 속에서 결정단위(약속)를 보호하고 목표를 실현하기 위한 신뢰 구축을 실천하고 있다.

　넷째 강령은 '보고·연락·상담·협의·교섭(의사소통을 향상) 실천'이다. 조직의 의사소통을 원활하게 하고 고객과의 관계를 긴밀

---

[81]　日本經營グル_プ의 홈페이지 참조 : https://nkgr.co.jp

하게 유지하기 위해 '보고·연락·상담·협의·교섭'을 철저히 실천하는 것이다.

다섯째 강령은 '정리·정돈·청소·청결·예의범절(생산성 향상) 실천'이다. 생산성을 향상시키기 위해 시간을 효율적으로 사용함으로써 사고를 미연에 방지하는 감사의 마음을 가지고, 기본을 확실하게 몸에 익히기 위해 '정리·정돈·청소·청결·예의범절'을 실천하고 있는 것이다.

최근의 동향과 업무 유형

일본경영그룹은 "지속적으로 성장·발전하는 사업체 만들기"를 목표로 하고 있다. "상대 좋고, 자신 좋고, 사회 좋고, 미래 세대 좋아" 등 여러 가지 선한 생각을 기본으로 각 분야의 전문 집단이 업무 지원을 하고 있다. 일본경영그룹은 고령화에 따른 기업경영자들의 승계와 의료산업 국제화에 관심을 갖고 있다.

일본경영그룹은 주식회사 일본경영 홀딩스, 주식회사 일본경영, 주식회사 매스 브레인, 주식회사 일본경영 리스크 관리, 메디캐스트 주식회사, NKGR 컨설팅 주식회사의 6개 기업을 가지고 있다.[82]

일본경영그룹은 경영 전략, 조직·인사 전략, 재무 전략 및 성과 관리 프로세스 품질 개선, 행정·산업 정보, M&A·사업 승계·사업 재생, 교육 연수, 위험 관리, 자산 보전·운영, 전자 의료 기록 및 의

82　日本經營グル―プ의 홈페이지 참조 : https://nkgr.co.jp

료 관련 서비스의 선정, 마케팅 프로모션, 병원 정보 시스템 그룹웨어 등의 컨설팅 업무를 전개하고 있다.

일본경영그룹의 업무 유형은 보건·의료·복지기관을 대상으로 한 '사업전략 및 경영개선 컨설팅'과 '조직전략 컨설팅'으로 구분할 수 있다.

기업·보건·의료·복지기관의 사업전략 및 경영개선 컨설팅의 주요업무는 병원 개축, 병상 재편, JCI인증 지원, 생산성향상 지원, DPC데이터분석 지원, M&A지원 등이다.

기업·보건·의료·복지기관을 위한 조직전략 컨설팅은 인사관리시스템의 설계 및 구현, 의사 인사관리시스템의 설계 및 구현, 제3자 평가인증 지원, 조직 활성화의 측정·지원, 관리자 연수·직원 연수, 인재개발, 조직개발 등이다.

특히 "일본경영 월 세무사법인"(긴끼 세무사회·도쿄 세무사회 소속)에서는 세무자문, 회계자문, 세무신고 업무(소득세·법인세·소비세·상속세), 상속대책·사업 승계대책, 의업 회계, 사회복지법인 회계, 공익법인 회계, 조직개편 세무·연결납세 국제 세무사업, 사업 승계사업 재생, M&A, IPO(기업 공개), 신탁 등의 업무를 다루고 있다.

"사회보험 노무사법인 일본경영"은 노무자문, 노무전략의 수립 추진, 사회보험·노동보험에 관한 제반 수속 및 상담, 연금 상담 등의 업무를 다루고 있다. 또한 행정 서사법인 일본경영은 유언장 작성 및 유언 집행, 상속절차 지원 업무 등의 업무를 다루고 있다.

일본경영그룹(日本經營グループ)의 연혁

일본경영그룹은 각 분야의 프로페셔널 펌(professional firm)의 총
칭이며, 주요 회원사는 각각의 업무를 전개하고 있다.

일본경영그룹의 연혁은 아래 〈표 1-17〉과 같다.

'경영회의'의 "제안 서비스" 제공

일본경영그룹은 중장기 사업전략(사업구조)을 수립하고, 영업 전
략을 기반으로 경영회의를 재구성했다.

경영회의의 "제안 서비스"에 제시한 예산(세금별도)은 사업규모
와 난이도에 따라 개별적으로 견적을 내고 있으며, 그 내용은 〈표
1-18〉과 같다.

우량기업의 사업승계 제안 서비스

〈표 1-19〉와 같은 조치를 취하고, 효과적인 사업승계 제도를 설
계 및 제안한다. 필요한 예산은 사업규모와 난이도에 따라 개별적
으로 견적을 낸다(세금별도).

기업의 사업승계 예산은 난이도, 볼륨, 체계의 복잡성 등에 따라
크게 달라지며, 그 내용에 따라 개별적인 제안을 하게 된다.

<표 1-17> 일본경영그룹의 연혁

1967年	菱村종합세무 회계사무소 개업
1972年	주식회사 매스브레인 설립
1976年	긴끼 리스크 관리 유한회사 설립
1982年	긴끼 중소기업 노무협회 설립
1984年	주식회사 적산 설립
1986年	주식회사 일본경영소프트 설립
1987年	菱村종합세무 회계사무소 긴끼 합동회계사무소로 사명 변경 위 6개(주식회사 MAS 브레인 긴끼 리스크 관리 유한회사, 긴끼 중소기업노무협회, 주식회사 적산, 주식회사 일본경영소프트, 긴끼 합동회계 사무소)의 시너지 효과를 도모하기 위해 주식회사 일본경영컨설턴트그룹을 발족
1993年	본사 신사옥 완공 주식회사 일본경영컨설턴트그룹에서 주식회사 일본경영으로 사명 변경
1996年	창업자 菱村카즈히코가 주식회사 일본경영 대표이사 회장으로 취임 코이케由久가 주식회사 일본경영대표 이사장으로 취임
1999年	주식회사 일본경영에스디지원 설립
2000年	주식회사 일본경영도쿄사무실 설립
2001年	(현) 주식회사 일본경영전략인사 컨설팅 설립
2002年	(주)아이 에스오컨설팅 설립 긴끼 합동회계사무소 세무사법인 긴끼 합동회계 사무소에 조직 변경 주식회사 일본경영 동경지사 설립 전자의료기록 쇼룸 "MEDiPlaza" 오픈(도쿄) ISO9001 인증
2003年	"MEDiPlaza WEST(오사카)" 오픈
2006年	창업자 菱村카즈히코가 주식회사 일본경영이사회 의장에 취임
2007年	코이케由久가 주식회사 일본경영대표 이사회장으로 취임 후지사와功明가 주식회사 일본경영대표 이사사장으로 취임
2008年	메디캐스트 주식회사 설립
2010年	JCI와 파트너십 체결
2012年	세무사법인 긴끼합동회계사무소 세무사법인 일본경영에 사명 변경 윌 세무사법인이 일본경영그룹에 가입
2013年	주식회사 일본경영 후쿠오카 사무소 설립
2014年	후지사와功明가 주식회사 일본경영대표 이사회장으로 취임 히라이 마사토시가 주식회사 일본경영대표 이사사장으로 취임

출처 : 日本經營グル_プ의 홈페이지 참조 : https://nkgr.co.jp

<표 1-18> '경영회의'의 "제안 서비스"

국면	테마	내용
1	사업전략의 책정 (2~4개월)	사업구조에 어떤 변화가 나타나고 있는지?, 시장에 맞게 향후 사업구조를 어떻게 전환해 나가야 하는지?, 사업전략 수립을 지원
2	영업전략·목표· 행동계획 (2~3개월)	사업전략을 바탕으로 우선 영업전략에 집중하고 누가, 언제, 무엇을, 어디까지 할 것인지를 명확히 구분 영업전략을 전술·전투 레벨에 입각하여 고려
3	실적·지표 관리의 구축(2~3개월)	전략·전술을 수치 목표화하여 PDCA(PLAN, DO, CHECK, ACTION)사이클에서 실적·지표관리가 기능한 구조를 구축
4	경영회의의 지원	경영회의를 다시 작성하고 매월 운영 지원

출처 : 日本經營グル_プ의 홈페이지 참조 : https://nkgr.co.jp

<표 1-19> 우량기업의 사업 승계 "제안 서비스"

국면	테마	내용
1	탑히어링(トップ· ヒアリング)	경영자에 대한 인터뷰를 실시, 기업의 미래 방향에 대한 문제점을 정리.
2	자사주·추정 상속세액	자사주 평가와 상속 세액 추정을 통해 납세자금이나 회사 지배권의 관점에서 사업승계의 문제점을 정리.
3	계획 설계	자사주 대책, 지주회사 등의 설립, 주식 교환 및 이전·회사 분할 등기·업 구조조정, M&A·신주 예약권의 제안, 신탁의 활용 등 전문적인 체계를 이용하여 최적의 안을 제시.
4	프로젝트의 운영 및 실행	각 연도마다 실행 계획을 설정하고, 중점 시책에 연동시켜 실행을 지원함. 테마에 따라 사내·사외 프로젝트운영, 후계자에게 재산기반과 경영기반을 이행.

출처 : 日本經營グル_プ의 홈페이지 참조 : https://nkgr.co.jp

〈표 1-20〉 고객에게 제공할 수 있는 가치 제안 서비스

과제	내용
안고 있던 과제	· 실적도 성장, 후계자도 현장을 잘 장악하고 있지만 차세대 간부들이 아직 역량을 크게 키우지 못하고 있다. · 주식 평가액의 상승 대책이 필요하다는 것은 알고 있지만, 모든 경영권을 승계시키기에는 시기상조라고 주저하고 있다.
당사가 수행한 개선책	· 가장 먼저 고객의 이야기를 경청하고 경영승계와 재산승계 시점이 언제가 좋을지 고려한다. · 재산승계에 적절한 시기를 명확히 하고, 여러 방식을 결합하여 최적의 플랜을 제안한다. · 외부 관계자도 섞어가며 후계자 중심의 프로젝트를 발족하고 재산승계 및 경영승계의 실행을 지원한다.
개선 결과	· 컨설턴트가 참여하여 가장 주저하고 있던 문제를 세분화하여 분석·해결하였다. · 프로젝트를 통해 후계자를 돕는 차세대 간부의 충성도가 높아졌다. · 평가액이 증가한 주식을 후계자에게 무사히 증여할 수 있었다.

출처 : 日本經營グル_プ의 홈페이지 참조 : https://nkgr.co.jp

고객에게 제공할 수 있는 가치 제안 서비스

후계자에게 힘을 보태는 멤버를 중심으로 향후 10년을 계획·설계하고, 사업 승계를 실현할 수 있는 구체적인 방안을 제시한다.

※ 실제 사례를 바탕으로 하고 있지만 내용이 특정되지 않도록 적절히 변경하여 소개하였다.

사례2.

츠지 · 혼고(辻 · 本郷) 세무사법인

회사의 개요

1929년에 설립된 츠지 · 혼고 세무사법인은 10,000개 이상의 고문 대상 기업을 보유한 풍부한 경험과 실적, 전문집단의 조직력을 바탕으로 고객이 만족하는 최고 수준의 서비스를 제공하고 있다. 또한 고객의 다양한 요구에 부응하기 위해 각 분야별로 특화된 전문팀을 구성하고 있다.

츠지 · 혼고세무사법인은 "글로벌 전문 특화형 세무사법인"이라는 경영이념을 실천하기 위해 윤리강령 및 행동강령의 준수를 일상 업무의 근간으로 자리매김하고 있으며, 이를 통해서 공정하고 확실하게 행동하는 기업문화를 만들어 나가고 있다.

5개의 사명

츠지 · 혼고세무사법인은 다음과 같은 5개의 사명을 선언하고 있다.[83]

첫째, 세무사법인으로서의 사명으로, 세무에 관한 전문가로서

---

[83] 츠지 · 혼고(辻 · 本郷) 홈페이지 참조 : http://www.ht-tax.or.jp/

독립 공정한 입장에서 납세 의무의 적정한 실현을 도모하고 있다.

둘째, 신뢰성 구축으로, 사회적 책임의 무게를 충분히 인식하고 정보 관리를 철저히 하여, 건전하고 적정한 업무 운영을 통해 사회에서 확고한 믿음을 확립하는 것을 도모하고 있다.

셋째, 고객 본위의 철저함으로, 항상 고객 중심으로 생각하고, 충분한 커뮤니케이션을 통해 고객의 요구에 부응하며, 항상 최고 수준의 서비스를 추구한다. 최대한의 노력을 아끼지 않는 전문가 집단으로서 고객의 만족과 지지를 받을 수 있도록 노력하고 있다.

넷째, 법령의 엄격한 준수로, 모든 법령과 규칙을 엄격하게 준수하고 사회 규범에 어긋나는 일은 하지 않는 공정하고 성실한 업무 활동을 수행하는 한편, 글로벌 세무 법인에서 국제적으로 통용되는 기준도 존중하고 있다.

다섯째, 인권과 환경의 존중으로, 서로의 인격과 개성을 존중하고, 인류 공동의 자산인 지구 환경 보호를 중시하여 사회와의 조화를 도모하고 있다.

운영 및 제공 서비스

츠지·혼고세무사법인은 글로벌 거점으로 아시아(캄보디아 세무회계 사무소, 태국 세무회계 사무소, 미얀마 세무회계 사무소), 남아시아(방글라데시 세무회계 사무소), 미국(로스앤젤레스 세무회계 사무소, 하와이 세무회계 사무소)에서 운영되고 있다.

제공 중인 서비스는 다음과 같다.

〈표 1-21〉 제공 서비스

구분	내용
법인	법인세무 자문서비스, 세무 세컨드 오피니언 사업 승계(파견 직원) · 상속사업, 재생 · 기업 회생 · M&A, 사업재편, 인사 · 재무 · 회계 아웃소싱, 소규모사업자를 위한 업무 · 기장 · 신고서비스(회계택배(R)), 증권화 · 유동화 회계 · 세무서비스, IT지원컨설팅, 회계 · 세무세미나 기획 · 개최 · 강사 파견, 상속세 대책 · 신고 서비스
개인	상속세 대책 · 신고 서비스, 회사설립 지원, 혼고의 확정 신고 택배 서비스
해외 법인 소유자	국제 조세자문 서비스, 이전가격 컨설팅, 해외 지부 안내
클리닉 의료법인	의원(클리닉)개업 지원, 지원의료법인 설립지원, 의료법인을 위한 사업상속 지원 및 회계 · 세무지원, 치과용 업무 · 기장 · 신고 서비스(치과 · 경리택배), 사회의료법인 · 특정 의료법인 전환 지원
공익법인 · 일반법인	공익법인 컨설팅, 공익법인 · 일반법인 회계 및 세무 고문, 기타 비영리법인 · 기타지원 일반법인 설립업무, 공익인정 신청지원업무, 조세특별조치법 제40조 신청업무, 공익법인 · 일반법인 세무자문, 인증 · 인가 후 법인운영 지원, 재무회계시스템 지원, 아웃소싱 회계 · 세무세미나 기획 · 개최 · 강사 파견 및 기타 비영리법인 지원
사회복지 법인	사회복지법인 컨설팅, 회계업무 아웃소싱 감사 업무, 사회복지충실계획 대응 각종 공모신청 지원, 상속/사업 승계
지자체	새로운 지방공공 회계제도 도입지원, 새로운 지방 공영기업회계제도 도입지원, 고정 자산대장(공공회계 관리대장) 정비지원, 지자체를 위한 스터디 그룹 세미나 및 컨설팅 및 기타 라인업
환경비즈니스 기업	환경 컨설팅(태양광발전 관련 서비스)

출처 : http://www.ht-tax.or.jp/

① 법인세무 자문서비스

츠지 · 혼고의 법인세무 자문서비스는 전문 특화형 조직형태를 채택하고 있으며, 각각의 고객의 상황을 파악한 후 발전에 기여하는 컨설팅을 제안한다. 항상 적시에 정보를 제공하며, 면밀한 커뮤니케이션을 기본으로 섬세하게 대응하고 있다.

법인세무 자문은 손익계산서뿐만 아니라 현금흐름을 중시한 세금 납부를 기획하고, 전략적 세무자문 업무를 수행한다. 법인세무 결산신고뿐만 아니라, 사업승계대책이나 합병·분할 등의 구조조정, 내부 통제 등과 같은 다양한 분야에 대한 대응 전략을 제공한다.

주요 제공 서비스는 법인세 신고업무, 기업 공개 컨설팅, 연결납세 지원서비스, 세무조사 대응, 경영컨설팅 등이다. 기타 상속·사업승계 대책, 의료법인지원, 기업 공개 컨설팅, 이전 가격 세제 컨설팅 등을 한다. 이밖에도 모든 고객의 요구에 대응한 서비스를 제공하기 위해 노력하고 있다.

② 세무 세컨드 오피니언 서비스

츠지·혼고 세무사법인의 심리실에는 9,000개 이상의 고객 기업 신고서를 최종적으로 점검하는 전담부서가 있다. 타 법인의 공인 회계사·세무사가 판단을 위해 고뇌하는 동안, 츠지·혼고 세무사법인은 더 올바른 견해를 제공하기 위해 심리실을 이용하고 있는 것이다.

매년 개정되는 세법 조항이 적지 않다. 세무 관련 환경은 점점 더 복잡해지고 있으며, 항상 최신 정보를 파악하고 분석해야 한다. 따라서 일상 업무에 바쁜 일반 세무사의 업무는 날이 갈수록 어려워지고 있다.

그러나 세컨드 오피니언 전담 세무사는 실무경력이 있는 것은 물론, 매일 최신 정보를 분석하고 연구실적을 쌓고 있다. 법인 전체의 세무처리를 심리하고 계속해 온 대규모 세무사법인이기 때문에 존재하는 '세컨드 오피니언 전임자'가 합리적인 결론을 도출하여 세무사법인에서의 나침반 역할을 담당하고 있다.

상담에 있어서는 개별 상담(재무·세무 등의 상담, 법인세 상속세 등 세무신고서의 확인, 고문세무사의 조언에 대한 세컨드 오피니언, 세무조사 대응)과 전문화를 위한 자문(일반·개별 세무 상담, 세무조사 대응, 각종 신고서의 확인, 주가평가 체크, 세미나 강사 집필 활동 등)이 있다.

③ 사업승계·상속 서비스 지원

사업승계·상속 서비스는 아래와 같이 다양한 상황들을 유형화하여 지원 및 제공하고 있다.

a. 사업인계 준비 : 사업인계 준비를 시작하고 싶은 고객에게 사업승계를 위한 최적의 방법과 준비를 제안하고 지원한다. 츠지·혼고 세무사법인은 사업승계 준비를 시작하려는 모든 고객에게 최신 법제를 감안한 최적의 방법을 제안한다.

b. 임원 직원에게 사업체 인계 : 츠지·혼고 세무사법인은 임원 또는 직원에게 사업체를 인계하고 싶은 고객에게 사업체 인계 지원 서비스를 제공한다. 회사의 경영권을 임원 또는 직원에게 원활하게 물려줄 수 있도록 종합적인 지원을 하고 있다.

c. 폐업·퇴직 시 회사에 가장 적합한 방향성 지원 : 장기 불황으로 인해 회사의 실적이 악화되어 사업의 지속이 어려운 경우, 오너의 컨디션 악화로 더 이상 경영을 계속할 수 없어서 사업에서의 퇴직 또는 폐업을 고려하는 경우, 실적악화로 폐업을 고려하는 경우 등이 지금 이 순간에도 발생하고 있다. 츠지·혼고 세무사법인은 오너, 직원, 고객 등 이해 관계자 모두의 관점에서 현상을 분석한 후, 고객에게 최선의 방법을 제안한다.

d. 후계자를 찾을 때까지 고객이 해야 할 일 : 경영자는 후계자를 어떻게 찾거나 선택해야 할지를 결정해야 하지만, 후계자에게 사업을 넘길 때를 대비해서 미리부터 준비해야 하는 것들도 있다.

츠지·혼고 세무사법인에서는 이와 같은 상황에 처한 경영자가 해결책을 모색하고 방향을 설정할 수 있도록 돕고 있다.

e. 최적의 회사매각방법을 제안 : 회사 매각의 기술은 다양하다. 매각기술에는 주식 양도· 회사의 합병 분할·사업 양도·주식 교환·주식 이전 등이 있으며, 각각의 매각 기술과 방법에는 장단점이 존재한다. 츠지·혼고 세무사법인은 오너, 직원, 고객 등 이해 관계자 모두의 관점에서 현상을 분석한 후, 고객에게 최선의 방법을 제안하고 있다.

f. 사업 재생·기업 회생· M&A 지원 : 기업 간 경쟁에서 살아남기 위해서는 M&A를 통한 기업집단의 결집과 재편이 필요한 경우가

많다. 또한 새로운 시장 진입을 위해서도 M&A 전략이 중요시되고 있다. 츠지·혼고 세무사법인은 경영전략 수립과 기업조사뿐만 아니라 회계 및 세무까지 지원한다. 주요 M&A 자문 업무에는 주식 양도/ 사업 양도/ 합병, 주식 이전/ 주식 교환/ 회사 분할, 비상장화, 실사(영어·중국어 대응 가능), MBO/ MEBO/ MBI/ LBO 등이 있다.

사업가치 평가 자문 서비스 관련 업무는 조직개편 분석, 스톡옵션 평가, 주주가치 분석 등이 있으며, 사업자본 정책·자금조달 자문 서비스에는 인수금융 포장, 사업회사 차입조달 조언, 펀드 조성 및 이용 상담 등이 있다.

이러한 서비스는 업종, 형태, 기업규모를 불문한 모든 M&A에 대한 대응, M&A 매칭과 실사, M&A 이후의 세무회계 컨설팅까지 포함하는 원스톱 서비스를 제공한다. 이와 같이 업무 분야와 계열에 얽매이지 않고, 중립적인 입장에서 고객에게 최적의 플랜을 제안하는 것이 특징이다.

구조조정의 목적은 인수·합병, 회사 분할, 주식교환, 주식 이전, 사업 양도 등의 방법으로 기업의 가치를 높이는 것이다. 츠지·혼고 세무사법인은 법 개정 이후 다양한 계획을 검토·실행함으로써 고객사의 구조조정과 M&A를 도와왔다. 이러한 풍부한 경험과 노하우가 있기 때문에 각각의 사안에 최적화된 구조조정 방식과 M&A 방식을 제안하는 것이 가능한 것이다.

효율적인 구조조정을 위해서는 각 분야 전문가의 협업이 요구되고 있다. 그러나 다른 분야의 전문가에게 협업을 의뢰하는 것만으로는 구조조정이나 M&A를 성공시킬 수 없다.

츠지·혼고는 이런 점을 분명히 인식하고 있다. 그래서 관련 회사들과 조밀하게 제휴하고, 각각의 사안에 따라 별도의 전문가팀을 구성하여 재편계획의 제안에 임하고 있다.

　g. 인사·재무·회계 아웃소싱 : 인사·재무·회계 아웃소싱은 맞춤형 인사· 재무· 경리 원스톱 아웃소싱으로 지원된다. 일상 회계업무는 물론 월차결산 및 급여, 회계· 재무· 인사업무 등의 회계 업무 전반을 아웃소싱할 수 있다. 이와 같이 시간과 인력이 필요한 업무를 위탁함으로써 고객사는 인건비를 절감할 수 있다. 또한 전문 세무사·노무사가 참여하여 보다 정확한 서비스를 제공하고 있다.

　츠지·혼고는 세무회계 업무에 그치지 않고 인사 및 비용 정산 등과 같은 일상 업무까지 지원하고 있으며, 외국계 기업 등을 위한 전문 회계 대행, 급여 업무 및 사회보험 업무대행 등의 서비스도 제공하고 있다.

　또한 효율적인 업무를 위해 BPO(Business Process Outsourcing)와 같은 시스템을 도입하였다. BPO는 클라우드와 SaaS(사스, Software as a Service) 등과 같이 인터넷을 이용한 비즈니스 시스템이다.

　츠지·혼고는 재무 회계, 영업 관리, 고객 관리에서 비용 정산에 이르기까지, 고객에게 맞는 시스템을 다음과 같이 제안한다.

　첫째, 세무사·공인 회계사·사회보험 노무사를 중심으로 각종 컨설팅을 수행하고, 이를 통해 업무 분석 및 시스템 설계 서비스를 제공한다.

둘째, IT 전문팀이 사내 네트워크에서 업무 시스템의 개발까지 고객의 시스템을 지원한다.

셋째, 업무 시스템 전문 강사가 운영을 섬세하게 지원한다.

인사·재무·회계 아웃소싱은 맞춤형 원스톱 아웃소싱이다. 인사 관련 업무, 급여(타임카드 집계에서 계산 ~ 급여 입금까지), 사회보험 수속에서 인사 제도에 이르기까지 광범위하게 적용된다.

또한 소규모 사업자를 위한 회계관리 및 판매관리 서비스를 제공한다. 특히 초기 단계의 벤처기업과 음식점, 미용 관계 사업자 등에 최적화된 "세무회계 패키지"를 제공하고 있다. 이 패키지는 클라우드 서비스이기 때문에 사용자가 세무회계 패키지 소프트웨어를 구입할 필요가 없다. 급여계산과 인보이스 발행, 고객관리 등을 위한 무료 소프트웨어도 있다.

기본 제공 서비스를 보다 구체적으로 살펴보면, 매월 200건까지 무료 기장 대행, 월별계산표 작성, 결산서 작성, 법인세, 소득세, 소비세, 상각자산 세금 신고, 회계 소프트웨어 입력 지원, 세무 상담 각종 상담(전화·메일·내사에 의한 면담) 등이 있다.

h. 증권화·유동화 회계·세무서비스 제공 : 츠지·혼고 세무사법인은 SPV의 최적 계획의 검토에서 조성·관리·해산까지의 업무(익명조합-유한 책임 회사, 특정 조합 또는 목적회사의 조성에서 세무위험에 따른 여론의 작성 등)를 원스톱으로 제공하고 있다. 또한 다수의 업체와 제휴를 맺어 다양한 증권화 서비스를 제공한다.

i. 지원컨설팅 제공 : IT지원 컨설팅은 IT지원을 통해 고객의 요구에 폭넓게 대응한다. '회계·재무의 IT지원'은 법인세 자문, 계약기업 고객을 위한 무료 ASP 회계 소프트웨어인 'CSA재무' 등 제공/'ERP(전사적 자원 관리)'의 IT지원/ 컨설팅/ 운영 관리 IT지원 등을 제공한다.

j. 회계 및 세무 세미나기획·개최·강사 파견 : 고객의 요청에 따라 회계·세무 세미나를 세무사·공인회계사가 기획·개최하며, 강사는 회계·세무 전문가인 츠지·혼고 세무사법인의 세무사·공인 회계사가 담당한다.

결산서 입문강좌에서 가르치는 내용은 다음과 같다. 결산서 읽는 법, 그룹법인 세제의 기초지식, 법인세 신고 강좌, 결산서 분석 입문, 계열회사 임원의 급여와 세금, 연결 납세강좌, 결산서에서 읽어내는 현금 흐름, 중소기업회계의 개요, 회사법의 기초지식, 계열회사 임원간의 거래 및 세금, 결산서의 읽는 법(업체의 결산서를 읽는 경우), 세제 개정의 개요 등.

k. 회사 설립 지원 : 회사의 설립을 전문가와 함께 지원하며, 세금 서비스도 지원한다. 회사의 설립에는 다양한 서류의 작성이 필요하다. 츠지·혼고세무사법인의 회사 설립 지원 패키지는 개인이 회사를 직접 설립하는 것보다 훨씬 더 싸고 빠르다고 광고하고 있다.

이 서비스의 내용은 다음과 같다. 회사 설립 기본 업무 : 정관의 작성, 공증인 사무소에서 정관 인증, 설립 등기 관계 서류의 작성,

법무국에 제출, 개업 신고 등.

세무사의 기본 업무 : 기장 대행, 월차 시산표 작성, 결산서 작성, 법인세·소비세·상각 자산 세금 신고 등 세무사의 기본 업무에는 확정 신고에 관한 상담도 포함된다. 확정 신고란 1월 1일부터 12월 31일까지 벌어들인 소득을 계산하여 다음 해 3월 15일까지 관할세무서에 신고서를 제출하고 세금을 내는 것이다.

l. 상속세 대책·신고 서비스 제공 : 츠지·혼고 세무사법인은 다량의 정보와 풍부한 경험을 가진 전문 인력으로 구성된 조직을 보유하고 있다. 이를 통해 중장기적인 관점에서 상속인이 납득할 수 있는 상속세 신고 대책을 제안하는 등, 고객의 문제를 해결하기 위해 성실하게 대응하고 있다.

츠지·혼고세무사법인의 상속세 신고 서비스 제공을 위한 상담 절차는 〈표 1-22〉와 같다.

m. 국제 조세 자문 서비스 제공 : 경제의 글로벌화에 따라 기업의 해외진출과 국제무역은 더 이상 드문 일이 아니다. 츠지·혼고 세무사법인의 국제 조세전문 세무사·회계사들이 고객의 해외진출을 최선을 다해 지원하고 있다.

n. 이전가격 컨설팅 지원 : 츠지·혼고 세무사법인은 이전가격 라이프 사이클이라는 4개의 박스를 사용, 고객과 일체가 되어 업무를 진행한다.

〈표 1-22〉 제공 서비스에 대한 상담의 절차

단계	내용
STEP1 초회면담 (무료)	- 전화나 메일로 문의 시 이야기하기 쉬운 전문가가 정중하게 응대한다. 고객의 상황을 방문하여 파악해야 한다면 면담 약속을 정한다. 초기 면담 시에는 금전적인 보상을 일절 받지 않는다.
STEP2 개요 일정 설명	- 면담 시에 우선 상속세 신고 여부를 검토한다. 신고가 필요한 고객에게는 대략의 납세액을 알려준다. 고객 면담 시, 신고 기한에 따라 계약 후의 신고 · 납세 C27일정을 설명한다. [계약에서 상속세 신고서를 작성하기까지 일정의 예] * 첫 계약시점 1. 유언장 유무 확인, 2. 상속인의 확인, 3. 유산 · 채무의 청각, 4. 신고에 필요한 서류의 제출 *부동산 소유 시, 별도의 현지 조사 실시 * 제2회 협의(계약에서 1.5개월 이내) 1. 유산 및 상속 세액의 대략적인 보고, 2. 상속세 납세 자금의 준비, 3. 유산분할 방법 제안 * 제3회 협의(계약 후 3개월 이내) 1. 상속세 신고서, 유산 분할 협의서 등에 서명 날인, 2. 세무서 조사에 응하는 마음가짐 확인 * 마지막 1. 세무서에 상속세 신고서 제출(당사에서 실시), 2. 고객의 상속세 납세완료 확인, 3. 보관 서류의 반환
STEP3 견적	- 유산의 총액 · 상속인의 수 · 토지 및 비상장 주식의 평가 건수 등으로부터 당사규정의 보상목록을 바탕으로 견적을 낸다. - 부동산 등기부 등본(법무국), 고정자산의 납세통지서(시청), 예금 · 유가증권 등의 금액을 알 수 있는 증빙(거래금융 기관)을 가지고 계신 분들은 처음 면담 시 예상도 가능하다.
STEP4 계약	고객이 견적 내용에 만족하면 계약을 체결한다. 계약 후 신고 및 납세 상담뿐만 아니라, 이후 세무조사 대응까지 성의껏 돕는다.

출처 : http://www.ht-tax.or.jp/

우선 고객, 그리고 고객이 속한 산업을 상세히 분석하고(STEP1), 이전 가격정책(이전가격에 대한 고객의 생각)을 구축하고 실제로 그

정책에 따라 업무를 수행하며(STEP2), 그 결과를 바탕으로 문서화하는(STEP3) 것이다.

그 후, 세무조사 및 사전확인(STEP4)이 열리는 것으로, 수명주기가 한 바퀴 순환한다. 이 라이프 사이클을 반복함으로써 계열사 간에 벌어지는 거래를 모니터링할 수 있다.

o. 의원(클리닉)개업 지원 : 300개 이상의 의원 개업 지원에서 얻은 노하우를 바탕으로 병원개업을 전면 지원한다. 개업 계획의 입안에서 개업장소·물건의 선정, 의료 기기의 선정·도입, 직원채용, 의원(클리닉)개업까지, 필요한 모든 작업을 풍부한 개업경험을 바탕으로 종합적으로 지원한다.

개업 지원 흐름은, 우선 정기재산평가보고서 작성과 문제해결을 위해 적절한 컨설팅을 실시하고, 고객을 정기적으로 방문하며, 영수증 등의 서류정리와 신고, 세무 및 그 외의 분야에 해당하는 각종 신고서 제출을 대행한다. 이를 통해 고객의 재산관리를 지원한다.

의료법인 설립지원, 의료법인을 위한 사업, 상속지원, 의료용 사업 승계지원 등에 있어서, 사업 승계의 방법에 대한 관심이 높아지고 있으며 실제로도 상속지원을 받아야 할 필요성을 느끼는 고객들이 늘어나고 있는 추세이다. 츠지·혼고 세무사법인에서는 수많은 실적을 바탕으로 최선의 사업 승계 플랜을 제공하고 있다.

또한 의료법인을 위한 회계·세무지원에 있어서는 의료 전문 세무사법인 특유의 회계 및 세무 서비스를 제공한다. 현재 300개 이상의 의료기관에 세금 관련 조언을 하고 있으며, 지금까지 쌓아 온 풍부한 경험과 노하우를 활용하여 의료전문회계 관련 조언 및 세무처리, 세무조사대책을 제안하고 있다.

츠지·혼고 세무사법인은 풍부한 경험과 확실한 노하우로 치과용 업무·기장·신고서비스(치과·경리택배)지원을 수행하고 있다. 전문 직원의 파견과 방문을 제공하며, 영수증이나 서류를 우편으로 보내기만 해도 기장 대행 + 월차 시산표 작성 + 결산서 작성 + 신고서 작성을 통째로 대행해주고 있다. 업계 최대 세무사법인에 의한 치과전문 회계·세무 원스톱 서비스 '치과·경리택배'의 전국적인 서비스가 가능한 것이다. 츠지·혼고 세무사법인의 치과의료 서비스에는 다음과 같은 특징이 있다.

첫째, 판매·공급·비용 전표를 봉투에 넣어 우송하면 영수증이 필요 없다.

둘째, 월차 시산표·결산서 등을 회계 소프트웨어에 입력할 필요가 없다.

셋째, 세무서에 신고(소득세)를 위해 회계 소프트웨어에 입력할 필요가 없다.

넷째, 메일이나 전화로 모든 세무 상담이 가능하다.

다섯째, 매달 25,000엔의 저비용으로 결산·신고를 세무사가 수행한다.

사회의료법인·특정의료법인 전환지원에 있어서도, 경험과 실적이 있는 직원이 의료법인 각각의 실정에 따라 사회의료법인·특정의료법인으로의 전환을 사전 준비 단계에서부터 지원한다. 그뿐만 아니라 각종 신청 및 마이그레이션(migration) 이후까지 전면적으로 지원한다.

p. 기타 서비스 지원 : 츠지·혼고 세무사법인은 경험이 풍부한 감사법인 출신 공인회계사를 중심으로, 지방자치단체 및 공공사업, 제3 섹터 등에 대한 정확한 감사를 실시할 수 있는 체제를 갖추고 있다. 또한 태양광 발전의 도입에서 신고까지 원스톱 서비스를 제공한다.

사례3.

딜로이트 토마쯔(デロイト トーマツ) 세리사법인

개요

딜로이트(Deloitte) 토마쯔 세무사법인은 일본 전국을 대상으로 하는 세무사법인으로 2002년에 설립되었다. 딜로이트 토마쯔 세무사법인의 일본 내 네트워크는 계속해서 확대되어 왔으며, 현재 전국 16개 도시에 사무소를 개설하고 있다. 딜로이트 토마쯔 세무사법인은 뛰어난 전문가들로 구성된 거대 전문가 집단을 보유하고 있으며, 이를 통해 고품질의 전문 서비스를 제공하고 있다.[84]

딜로이트 토마쯔 세무사법인은 전 세계 150개국 이상에 글로벌

---

84 https://www2.deloitte.com/jp/ja/pages/about-deloitte/articles/dtc/dtc.html

네트워크를 가지고 있다. 이 네트워크에는 고급 지식과 풍부한 경험을 갖춘 전문가 집단이 구축되어 있다. 딜로이트 토마쯔 세무사법인은 이러한 네트워크를 십분 활용함으로써, 고객의 요구에 부합하는 다양하고 종합적인 세무서비스를 제공하고 있다.

일본과 세계를 연결하는 글로벌 네트워크인 딜로이트 토마쯔 세무사법인은 세계 4대 회계법인 중 하나인 DTTL(Deloitte Touche Tohmatsu Limited)의 멤버이다. 최근 급증하는 국가 간 이슈에 대응하기 위해, 딜로이트 토마쯔 세무사법인은 자신의 강점인 글로벌 네트워크를 활용하여 세계 각국에 실시간 서비스를 제공하고 있다.

제공하는 서비스와 관련 기술

딜로이트 토마쯔(デロイト トーマツ)세리사법인에서 제공하는 서비스는 〈표 1-23〉과 같다.

딜로이트의 한국 글로벌 사업본부(KSG: Korean Services Group)

딜로이트는 기업의 해외 진출을 돕고 성공적인 글로벌 경영을 지원하기 위해 전 세계 주요 도시에 코리아 데스크(Korea Desk)를 설치하여 운영하고 있으며, 이에 대한 효율적인 운영을 위해 글로벌 사업본부를 두고 있다.

글로벌 사업본부는 전 세계 코리아 데스크에 대한 창구로, 효율적인 지원 및 조정을 통해 전 세계에서 활동 중인 우리 기업에 대

<표 1-23> 딜로이트 토마쯔 세리사법인의 서비스

구분	내용
M&A세무 서비스	- 변모하는 국내외 시장에서 재무 바이어들(buyers')의 목표와 과제를 달성하고 M&A를 성공으로 이끄는 데에는 깊은 전문 지식과 광범위한 실무경험이 필요하다. - 딜로이트 토마쯔 세무사법인의 M&A 및 조직재편 서비스는 이러한 고객의 요구에 정확하고 신속하게 부응하기 위해, 해당 업무에 정통한 세무전문가 서비스를 제공한다."
아웃소싱 (비즈니스 프로세스 솔루션)	- 일본에서 신규 사업을 시작하려고 하거나, 기존 사업을 확대하려고 하는 외국 기업에 세무 아웃소싱 서비스를 제공한다. - 재무 회계법인·개인과세, 이전가격 및 간접세, 관세 등의 세금, 인적자원 관리, 기타 전략적 컨설팅 서비스를 포괄적으로 제공한다. 또한 그분야의 지식과 경험이 풍부한 전문가가 사업체의 사업 개시일이나 첫 직원을 고용하는 단계에서부터 업무를 효율적으로 수행할 수 있도록 지원한다.
Global Employer Services	- 글로벌 임플로이어 서비스(GES : Global Employer Services)는 세계 100개국 이상에 4,000여 명의 이동성(세무, 인사, IT)전문가를 갖춘 조직이다. - 국제인사·세무에 대한 풍부한 지식과 경험을 바탕으로, 글로벌 인재 이동성, 글로벌 리스크 관리, 글로벌 운용체제 구축, 글로벌 보상체계 구축 등과 같은 기업의 국제화를 포괄적으로 지원한다.
글로벌조세 서비스	- 글로벌 조세 서비스(GTS : Global Tax Services)는 글로벌하게 활약하는 기업의 국제 조세, 국내외 M&A 관련 세무 및 조직 개편, 국내외 기업 오너(소유자)들과 부유층에 대한 세금 관련 조언 등에 대해, 딜로이트의 글로벌 네트워크를 활용하여 포괄적인 세무서비스를 제공한다.
부정 (不正)대응· 분쟁 지원	- 기업이 사업 활동을 수행함에 있어서, 회계부정 및 분식회계, 자산횡령, 뇌물수수, 정보누설, 부정 액세스, 지적 재산권 침해 등의 부정 위험이 존재한다. 이와 같이 기업과 관련된 잠재적인 부정 위험은 광범위하게 퍼져 있다. - 또한 최근 기업 간의 분쟁은 증가 추세에 있을 뿐만 아니라 날이 갈수록 복잡해지고 있다. 기업들은 분쟁 및 소송에 관한 기술과 경험을 필요로 하고 있으며, 이에 따라 변호사 이외에도 재무 및 데이터수집 전문가에 대한 수요가 증가하고 있다. - 딜로이트 토마쯔 세무사법인 그룹은 부정 위험에 대한 거버넌스, 위험 평가, 예방, 발견, 부정 조사, 재발 방지 등을 활용하여, 기업의 부정대응을 종합적으로 지원한다.

구분	내용
세무 쟁송 지원 서비스	- 세무조사에 제대로 대응하지 못하면 예상치 못한 거액의 경정을 받게 될 수도 있다. 따라서 적절한 대응이 필수적이다. 만약 경정을 받았더라 도, 내용에 불만이 있는 경우에는 이의 제기나 소송(쟁송제도라 칭함)에 의하여 시정을 요청 할 수 있다. - 딜로이트 토마쯔 세무사법인은 세무조사·준비조사의 대응에 관한 자 문 및 불복신청, 세무소송 지원 등의 서비스를 제공한다."
비즈니스세 금 서비스	- 비즈니스 세금에 대한 최신 정보, 지식, 해설 기사, 서비스 정보 등을 소 개한다. 전 세계에 150개 이상의 네트워크를 가지고 있는 딜로이트의 강점 을 살려서, 세무 컨설팅 및 컴플라이언스 업무를 폭넓게 제공한다.
간접세 서비스	- 간접세에 대한 최신 정보, 지식, 해설 기사, 서비스정보 등을 소개한다. 딜로이트 토마쯔 세무사법인은 간접세 서비스에 대한 글로벌 네트워크, 풍부한 지식과 경험을 활용하여 간접세 관리 분야에서 기업의 비즈니스 경쟁력을 지원하고 있다.
이전(移転) 가격 서비스	- 경제의 국제화에 따라 국외 관련자와의 거래가 복잡해지고 있으며, 그 내용 또한 유형자산, 무형자산 및 서비스 거래로 확대되고 있다. - 또한 '이전가격 세제'의 적용이 전 세계적으로 강화되고 있다. 딜로이 트 토마쯔 세무사법인 그룹은 해외사업을 수행하는 기업이 각국의 이전 가격 세제를 준수하고, 이전가격 경쟁위험 또는 지원비용을 줄이기 위한 컨설팅 서비스를 제공한다."
외국 계좌 세금 준수법 (FATCA)자 문 서비스	- 외국계좌세금 준수법(FATCA : Foreign Account Tax Compliance Act) 은 해외 계좌를 이용한 미국인의 조세 회피를 방지하기 위해, 미국 이외 의 금융 기관에 고객계좌의 본인 확인 및 보고 의무를 부과하는 미국법 이다. 2010년 3월 18일에 설립되어 2014년 7월 1일에 시행되었다. *** FATCA의 대상이 되는 '금융기관'** - FATCA의 대상이 되는 '금융기관'은 광범위하게 정의되어 있으며, 미 국인 계좌의 유무에 관계없이 은행, 증권, 보험, 농협, 수협, 신용 금고· 신용 조합, 투신투자조합, 부동산회사, 헤지펀드, 뮤추얼펀드, 사모 펀드 등과 같이 많은 일본의 금융기관에 영향을 미칠 수 있다. - 미국 이외의 금융 기관은 계좌 개설시 FATCA에서 정한 본인 확인을 해야 한다. 특정 미국인과 FATCA에 의한 금융거래를 한 외국 금융 기 관은, 해당 계좌정보를 일본의 국세청에 해당하는 미국의 국세청(IRS : Internal Revenue Service)에 매년 보고해야 한다.

구분	내용
외국 계좌 세금 준수법 (FATCA)자 문 서비스	*** 미국 투자에 30%의 원천세 :** - FATCA을 준수하지 않는 경우, 미국인의 투자에 의해 발생하는 이자, 배당, 자산 매각 및 상환금액에 30%의 세금이 원천 징수된다. *** 미국정부와의 계약체결 금융계좌의 본인 확인 및 보고 의무** - 30%의 원천 징수 세금을 피하기 위해서는 IRS(미국 국세청)와 FFI(외국 금융 기관)계약의 체결이 필요하지만, 모든 계좌를 대상으로 본인 확인절차 및 보고 의무, 외부 검증 등의 다양한 의무를 져야만 시스템 지원 등을 할 수 있다. - 딜로이트 토마쯔 세무사법인은 미국 세무 서비스그룹인 '유한 책임감사법인 토마츠 금융산업그룹'과 협력 체제를 구축하였으며, 이를 통해 양질의 FATCA 대응 서비스를 제공하고 있다. 또한 IRS와 강한 연결을 가지고 있으며, 국제세무 및 미국 원천징수 제도에 풍부한 경험을 가진 딜로이트의 FATCA 글로벌 팀과의 협업을 통해, 미국 세금 및 IRS에 대한 최신정보를 입수하여 신속하게 대응한다."
경영 승계 지원	- 딜로이트 토마쯔 세무사법인 그룹은 오너 기업의 본질적인 경영승계의 솔루션을 원 스톱으로 제공한다. *** 원스톱 경영승계 지원을 지속적으로 제공** - 오너 기업의 가장 중요한 과제인 경영승계는 사업승계에 따른 상속세 대책에 한정되어서는 안 된다. 진정한 경영승계 지원이란, 오너 경영자와 함께 사업의 현상과 장래의 재고량 등을 통찰하고, 이를 통해 기업가치 향상을 위한 근본적인 솔루션과 최선의 자본정책을 제공하는 것을 의미한다. - 딜로이트 토마쯔 세무사법인 그룹에 소속된 각 분야 전문가들의 종합능력 및 광범위한 네트워크뿐만 아니라, 다양한 외부 전문가의 식견을 적극적으로 도입함으로써 오너 기업의 경영 승계 문제 해결에 종합적인 솔루션을 제공하는 동시에 기업의 지속적인 성장을 지원한다. *** "경영승계"란?** 딜로이트 토마쯔 세무사법인 그룹은, 다음의 3가지가 모두 충족되어야만 성공적인 경영 승계가 이루어진 것으로 판단한다. 1. 사업(기업가치)의 지속적인 성장 : 기존의 '주가대책'성 사업 승계가 아니라, 사업의 발전과 성장을 달성하고 지역 경제 발전에도 기여해야 함.

구분	내용
경영 승계 지원	2. 최적의 자본정책 : 오너 기업의 미래를 경영할 인물이 기업을 계승·발전시키기 위해서는 최적의 자본정책이 필요하다. 3. 소유자들의 풍요로운 삶의 실현 : 사업을 성장시키고 고용기회를 만들어온 오너 경영자가 풍요롭게 살아갈 수 있어야 한다. * 서비스 내용 • 성장전략 및 사업계획수립을 위한 실태 파악 및 개발지원 비즈니스 환경의 분석·성장전략을 위한 전략 옵션 검토를 통해 중장기적인 사업계획과 적합한 후계자 후보의 경영승계 액션 플랜을 제안하고, 소유자들의 재산 승계·운용·관리 관점에서의 본질적인 경영승계 계획을 수립한다. • 승계구조 수립지원 사업의 통합과 정리 등을 목적으로 한 기업그룹의 재편, M&A를 통한 기업 구조조정 및 경영 안정화 등을 지원하고, 미래의 주주구성을 제안함으로써 후계자의 기업지배력 강화를 돕는다. • 세무영역의 업무 세무영역에서는 개인이 소유한 기업 세무에 관한 모든 영역(상속세·증여세, 가치평가(주가산정업무), 법인세, 조직재편세제 지원, 개인 소득세, 국제조세, 이전(移転) 가격 등)에 대한 서비스를 제공한다. • 재산의 운용·승계·관리 계획 수립 소유자의 자산을 보전하기 위한 근본적이고 종합적인 컨설팅 서비스를 제공한다. • 기간한정 CEO/CFO 파견에 의한 경영체제 구축지원 실현 가능한 사업계획안의 작성, CEO/CFO 파견을 통한 포괄적 관리 및 사업개혁의 실행까지 최선을 다하고 있다. 임시경영진 파견→ 기간한정 CRO가 CEO, CFO 업무까지 수행 • 경영승계 지원서비스 경영승계 제도는 본래 단순한 것이다. 사업이 성장하고 현금 흐름을 늘려가는 가운데, 장기적으로는 경영 승계비용도 그 현금 흐름으로 충당하는 것이 본연의 모습이다. 이런 생각을 바탕으로 '비즈니스'와 '가족'이라는 두 가지 관점에서 경영승계를 종합적으로 지원한다.
세금 경영 컨설팅 (TMC)	– 빈번한 세제 개정, BEPS Base Erosion and Profit Shifting에 대한 대응 등과 같이, 세금을 둘러싼 환경은 크게 변화하고 있다. 이로 인해 다국적 기업이나 기업집단의 세무 상황을 파악하는 것이 한층 어려워지고 있으며, 복잡성 또한 계속해서 증가하고 있다.

구분	내용
세금 경영 컨설팅 (TMC)	- 딜로이트 토마쯔 세무사법인 그룹은 150개 이상의 국가·지역에 거점을 가진 딜로이트와 연계하여, 전 세계 기업들에게 세금 및 리스크 관리에 관한 조언을 제공하고 세무과제 해결을 지원한다. - 기술을 활용하여 컴플라이언스의 질과 기업 가치를 높이는 서비스를 제공한다. - 세금 관리(Tax Management)가 필요성 대두. 최근 일본 국세청을 포함한 각국 세무 당국은 세금과 관련하여 기업 지배 구조의 충실화를 위해 노력해 왔다. OECD가 마련한 BEPS 행동계획에 대응해야 하는 등, 세금을 둘러싼 환경은 나날이 크게 변화하고 있으며 복잡성도 심해지고 있다. 이에 따라 세무 대응을 위한 글로벌 수준의 세금관리체제 구축이 요구되고 있다. 이는 기존의 일본계 기업이 실시하지 않았던 것이다. BEPS 지원에 대응 예시 - 글로벌 수준의 정책 수립, 검토(마스터 파일, 로컬 파일 책정) - 국가별 보고서(Country-by-Country Report) 대응을 위한 세무 자신의 보고 라인 확립, 정보 수집 체제의 정비 일본 기업의 글로벌화와 해외 M&A 증가로 인해, 해외 자회사의 세무 관계 사항을 일본 본사에서 명확히 파악하지 못하는 경우가 늘어났다. 이로 인해 국가 간 거래에 대한 사전 세무 검토 체제가 충분히 기능하지 않음으로써, 사후에 추궁당하는 경우가 증가하고 있다."
	아웃 바운드 M&A, 해외 진출 증가 - 인수한 해외 자회사 그룹은 일본 본사 입장에서는 손자 회사보다도 아래 계층에 위치하기 때문에, 일본은 해외 자회사의 세금 상황을 정확히 알지 못하는 경우가 증가하고 있다. - 해외 위험 정보는 큰 문제가 되고 나서야 본사에 보고되는 경우가 많다. - 이로 인해 일본 내의 세금 처리에 대한 사전 검토 체제가 충분히 작동하지 않음으로써, 사후에 그 대응에 쫓기고 있다. 이러한 문제에 대응하기 위한 인적자원 부족이 심각하다. 이를 경영과제로 인식함으로써, 경리·재무부의 한 부분에 불과한 것으로 취급되어 온 세무부의 의식과 체제를 바꾸는 것이 급선무라 할 수 있다. 세무부문은 전통적인 부문이며 큰 변화에 노출되지 않았던 부문이지만, 최근에는 기술 발전을 비롯한 다양한 변화를 겪고 있다. 세무조직 본연의 자세 - 자원, 예산부족, 인력 부족(특히 영어 대응)

구분	내용
세금 경영 컨설팅 (TMC)	- 글로벌 과제를 해결하기 위해 기존의 틀을 벗어난 변혁이 필요 - 기술의 활용(세무자체 기술범용기술의 활용)을 통해 자원부족, 예산부족에 대응해야 한다. - 세금과 관련된 상황 변화에 대처하는 것을 경영과제의 하나로 인식해야 한다. 일본 기업은 세무부가 재무부의 일부에 불과하다고 여겨왔다. 세무부 자신부터 이러한 의식과 체제를 바꾸어야 한다. **공급서비스** - 딜로이트 토마쯔 세무사법인은 세계 150개국에 거점을 가진 딜로이트 투시토 마츠리미티드 회원 펌과 함께 전 세계를 대상으로 세금 준수 관리, 세무 리스크 관리에 관한 조언을 제공하고, 세금 관련 문제 해결을 지원하고 있다. 또한 최신기술을 활용하여 컴플라이언스의 질과 기업의 가치를 높이는 서비스를 제공한다. 세무전략, 리스크 관리 및 운영 모델, 세무기술, 글로벌 세금 준수 아웃소싱, RPA for Tax(세금업무에 RPA 활용) RPA가 적용 가능한 세금 작업에는 법인세, 소비세, 법정조서, 상각 자산세 원천징수 납부 등이 있다. 이러한 RPA에 전자신고를 결합하면 세금 작업의 대부분을 완전 자동화할 수 있다." **RPA란?** RPA(로봇 프로세스 자동화)는 기업의 회계·세무부문 등에서 실시되는 정형업무·반복 업무를 사람을 대신하여 자동 실행하는 소프트웨어이다. 예를 들어, 회계시스템에서 경비 데이터를 종이로 출력하여 집계하고, 그 결과를 신고용 소프트웨어에 입력하는 것과 같은 일상적인 업무를 담당자 대신 수행할 수 있다. **RPA의 혜택** - 정확성 : 휴먼 에러의 감소에 따라 업무의 정확성이 향상된다. 또한 작업 로그를 저장하여 컨트롤 정확도를 높일 수 있다. - 속도 : RPA는 인간의 5배 이상의 속도로 작업을 할 수 있는 것으로 알려져 있다. 또한 기존의 시스템처럼 몇 개월 단위가 아니라, 주 단위로 작업의 자동화를 실현하는 것이 가능하다. - 비용 : RPA 도입 비용과 대체되는 업무 비용을 비교해 보면, 케이스 바이 케이스지만, RPA의 도입 쪽에 비용 우위가 있는 경우가 더 많다. 또한 인간과 달리 24시간 365일 가동시킬 수 있는 점도 큰 매력이다.

구분	내용
세금 경영 컨설팅 (TMC)	- 고부가가치화 : 비교적 간단한 작업을 RPA로 수행함으로써, 고부가가치 세무 부문의 비중을 높일 수 있다. 결과적으로 회사에 대한 세무부문의 기여도가 높아질 수 있다. 또한 RPA가 단순 작업으로부터 세무 종사자를 해방시킴으로써, 세무 종사자의 업무에 대한 만족도도 향상될 것으로 전망된다. **RPA의 세무업무 적용 예** 법인세·지방세, 부가세신고 등의 세금 업무는 ""데이터 수집·집계·가공, 신고서작성·신고서제출""이 대부분을 차지하고 있다. 이러한 일련의 업무 중에서, 전문적인 판단을 요하지 않는 업무에 대하여 RPA를 적용할 수 있다. **법인세·지방세, 소비세 신청** RPA를 적용하여 세무업무를 대폭 자동화할 수 있는 세금작업에는 법인세, 소비세뿐만 아니라 법정조서, 상각 자산세 원천징수 납부 등이 있다. RPA에 의해 자동화한 후에 전자신고와 결합시키면, 대부분의 세무업무를 완전히 자동화할 수 있다. 또한 국세청도 세무행정의 스마트화를 목표로 효율화를 도모하고 중점 과제에 집중하는 체제를 갖추기 시작했다. 기업들도 고차원적인 세무 판단에 집중할 수 있는 체제를 만드는 것이 필수적이다. **세무전략, 리스크 관리 및 운영 모델** 날이 갈수록 세무 문제가 복잡해지고 있다. 기업의 세무부문은 기업의 안팎에서 이해 관계자의 다양한 요구와 기대에 부응해야 한다. 각국 세무 당국의 요청은 더 정교해지고 있으며, 이사회 등으로부터의 압력도 증가하고 있다. 특히 국가 기관 간에 발생하는 '세금 줄다리' 때문에, 세무부문은 그 어느 때보다 개별 안건에 집중해야 할 필요를 느끼고 있다."

출처 : https://www2.deloitte.com/jp/ja.html

한 전문 서비스를 제공하고 있다.

글로벌 사업본부 및 각국의 코리아 데스크는 해외에 진출하고자 하는 한국기업의 법인·지점 설립 컨설팅부터 법인설립 후의 세무

자문, 감사업무, M&A 자문, 전략 컨설팅 등이 현지에서 보다 원활하게 제공될 수 있도록, 한국어 원스톱 서비스를 제공하고 있다.

또한, 세계 각지의 딜로이트 회원사와 직접적인 네트워크를 구축하고 있어 현지 실정에 부합하는 서비스를 제공하고 있다. 향후 아시아, 미주, 아프리카의 주요 도시로의 지속적인 네트워크 확장을 통해 고객 서비스를 강화해 나가고 있다.

딜로이트의 다양한 세무서비스 제공

① M&A/조직재편 서비스

M&A는 종합 예술(Art)로 간주되고 있다. 전문지식과 경험이 뒷받침된 창의적이고 유연한 접근 방식을 활용하여, M&A에 대한 고객의 다양한 요구에 적절히 대응하는 과정이 종합 예술과 비슷하기 때문이다.

딜로이트의 M&A/조직재편 서비스는 클라이언트와의 긴밀한 소통을 도모하고, M&A의 목적을 구조 및 비즈니스의 양면에서 이해하고 종합적인 관점에서 다양한 서비스를 제공한다.

이때 아래와 같은 4단계의 절차를 통해 M&A 및 조직재편 서비스를 제공하고 있다.[85]

---

85 https://www2.deloitte.com/jp/ja.html

a. 1 단계 : 전략 수립 시 세무관련 조언
- 경영전략이 기업세무에 미치는 영향 분석
- 조직재편 세제의 관점에서 전략을 조언한다.

예를 들어 모회사로부터의 독립을 목적으로 경영매입을 고려하는 경우, 거래(Transaction)에 참가하는 회사와 모회사, 구매자의 과세관계를 분석하는 것은 거래의 실행가능성 및 거래 후 현금 흐름을 고려하는데 중요하다.

조직재편 세제는 합병·분할·현물출자·현물분배·주식교환·주식이전을 대상으로 적격 또는 부적격을 정하고 있다. 적격 조직재편은 비과세 거래지만 부적격 조직재편은 원칙적으로 과세거래이다. 경우에 따라서는 거래의 실행가능성을 위협할 정도의 세금이 발생할 수도 있다. 적격조직재편의 경우에도 이월결손금이나 자산의 평가에 대해 일정한 제약이 발생할 수 있다.

따라서 조직재편 당사자가 받을 세금영향은 조직재편세제의 관점에서 분석하는 것이 중요하다. 또한 그룹법인세제가 도입되었으므로, 100% 법인간의 거래로 인한 세금영향에 대해서도 고려해야 한다.

b. 2단계 : 인수·통합 방법에 대한 세무 자문
- 구조에 대해세금 관련 조언
- 기업평가관련 세무자문
- 크로스보더(Cross Border) 거래의 국제세무조언

M&A는 인수 측과 피인수 측 쌍방의 세액이 크게 다를 수 있다.

비과세 거래인 적격 조직재편이 세무상 유리한 방법이라고 생각하기 쉽지만, 재편 당사자의 이월 결손금과 평가손익 상황, 앞으로의 이익 계획에 따라 의도하지 않은 결과를 가져올 수도 있다. 이 점은 그룹 재편에서도 마찬가지이며, 그룹 내 거래라고 해도 신중한 계획이 필요하다. 또한 이러한 거래를 진행함에 있어 세무 목적으로 주식 평가 등의 기업 평가가 필요할 수 있다.

국제 거래(Transaction)에서는 조세조약, 외국 세액공제 또는 과소 자본세제, 조세 피난처 대책세제 등 국제 조세에 대한 대응이 필요하다.

예를 들어 인수자금을 조달하는 지역과 사업 활동에서 발생하는 현금 흐름의 발생지가 다른 경우, 사업 활동에서 발생하는 현금 흐름을 인수 자금 조달 지역에 환류할 때 뜻밖의 세금 부담이 생기지 않도록 국제 조세를 고려하여 조세 구조를 구축해야 한다.

c. 3 단계 : 세무실사 및 구조방안 분석
- 대상 기업의 세무위험 분석
- 구조안의 갱신
- 대안분석
- 매매계약서 등의 검토

이러한 사항들은 인수·통합대상 기업에 숨어있는 세무위험을 사전에 분석하고, 인수 후 경제적 손실을 피하기 위해 사전에 조치를 취할 중요한 수단이다. 이러한 세무실사의 과정에서 숨겨져 있던 세무위험이 드러나기도 한다. 대상 기업의 세무위험분석은 세무신고서를 사열하는 것만으로는 불충분하다. 기업의 속성(상장 기업/소유자 업체, 소재지, 업종, 비즈니스 흐름, 세무포지션 등)을 고려한 종합적인 분석이 필요하다.

또한 대상 기업의 세무위험과 세무위치에 따라 인수가액을 조정하거나, 진술과 보증 조항에서 수당 구축방안을 검토하는 등의 세무위험 완화방안을 고민할 필요가 있다.

d. 4 단계 : 인수·합병 세무상담

• 조직개편 관련 조언

• 연결납세 관련 조언

• 출구전략 조언

인수·합병된 사업을 중심으로 조직을 개편하고, 연결납세 제도를 도입하는 것 등이 인수·합병을 위한 세무전략이라고 할 수 있다.

인수·합병된 사업이 성공하여 이익과 잉여 현금 흐름이 발생하는 경우, 이 잉여 현금을 회수하고 다른 사업에 재투자하는 것도 생각할 수 있다. 이러한 전략을 수립하기 위해서는 세금효율성의 관점에서도 분석이 필요하다.

특히 금융 바이어즈[86]에서는 출구전략이 중요하며, 투자기업 매각에 따른 세금 처리 방안을 분석해야 한다.

---

86 수출입금융 바이어즈 크레디트(buyer's credit): 수출국의 금융 기관이 수출업자를 통하지 않고 직접 상대국의 수입업자(buyer)에게 신용을 부여하거나 자금을 대부하는 거래 형태

② 글로벌 임플로이어(employer) 서비스 지원

해외 부임자의 세무·처우·운영에 관한 설문 조사를 매월 실시하여, 글로벌 임플로이어 서비스(GES)를 제공하고 있다.

이 서비스의 주요 내용은 조직재편세무서비스, 부정대응·분쟁 지원(세무쟁송서비스), 비즈니스세금 서비스, 국제조세 서비스, 간접세 서비스, 이전(移転)가격 서비스, FATCA자문 서비스, 경영승계 지원, 세금 경영 컨설팅(TMC) 등이다.

③ 아웃소싱(Business Process Solution) 지원

일본에서 새로 비즈니스를 전개하거나 사업을 확장하려는 외국 기업에게 회계 세무 아웃소싱 서비스를 제공한다.

재무 회계법인·개인과세, 이전 가격 및 간접세, 관세 등의 세금, 인적 자원 관리, 기타 전략적 컨설팅서비스를 포괄적으로 제공한다. 그 분야의 지식과 경험이 풍부한 전문가가 고객의 사업 개시일 이나, 첫 직원을 고용하려고 할 때 업무의 효율적인 수행을 위해 지원을 실시한다.

세무 및 재무회계 업무에는 법인 또는 지점의 설립 및 설치 지원, 기장 대행, 신용 관리, 총계정 원장 등 작성, 재무보고 작성, 세금 준수, 관리보고서, 외상 매입금, 지불청구관리, 고정 자산대장관리, 원가계산, ERP도입 회계지원 등이 있다.

인사관리 업무로는 급여, 취업 규칙 등의 정비 지원, 입·퇴사 절차, 스톡옵션 관리, 외국인 주재원의 급여(그로스 업), 규정준수 보고, 인사사무 지원 등이 포함된다. CFO를 위한 서비스에는 재무체

제개선 지원, 재무시스템 및 프로세스의 검토 지원, 재무보고 지원, 내부통제 지원, 정보의 시각화 등을 통한 프로세스 개선 지원 등이 있다.

④ 導入事例紹介 : 급여 아웃소싱 도입 사례

고객의 요구에 맞추어 도입에서 운용까지 최적의 급여 아웃소싱 제안을 제공하고 있다. 도입 사례는 다음과 같다.

a. 회계 아웃소싱 도입 사례 : A 사 /서비스업 /종업원 150명 규모. 파트타임 근로자의 수가 많고 각 지점을 통해 타임카드 및 근무표를 관리해야 하는 어려움이 있었다. 급여 계산·지급·관리 등에 실수도 많았다. 이러한 업무흐름을 재검토하고 연간 비용을 절감하기 위해, A 사는 급여회계 아웃소싱을 고려하였다. 딜로이트 토마쯔 세무사그룹은 근무 실적 서류를 검토하고, 통일된 업무 흐름 개선을 제안하였으며, 전국 지점마다 별도 관리되어 왔던 근무표를 표준화하고, 근무표 검사에서부터 급여업무까지 아웃소싱 함으로써 업무 효율화를 실현하였다.

아웃소싱 결과, 급여업무에 관한 전문지식을 보유한 인재 고용, 교육비용 절감 등의 효과가 나타났다.

b. 회계 아웃소싱 도입 사례 : B 사 / 제조업 / 직원 800명 규모. 회사 규모가 커지면서 직원 수가 급증하는 와중에 주요 급여 담당자가 퇴직하였다. 인사·급여 업무는 항상 그 직원에게 일임하고 있

었기 때문에, 직원의 퇴직 후에 안정적인 인사·급여 관리가 어려운 상황이었다.

일상적인 작업에서 외주화가 가능한 범위를 제안하여 급여, 상여금 계산, 일당 계산, 잔업 계산, 입·퇴사에 따른 사회보험 수속 지원 등을 아웃소싱 하였다.

근태관리 시간기록계에서 데이터의 추출이 가능했기 때문에, 원활하게 처리할 수 있었으며, 결과적으로 안정적인 운용에 성공했다.

c. 회계 아웃소싱 도입 사례 : C 사 / 제조업 / 매출 50 억 엔 규모. 경리부장의 정년퇴직을 계기로 세무회계 장부의 불투명성과 업무 집중 문제를 개선하고자 하였다.

회계업무 현황조사를 실시하고 흐름도를 작성, 개선해야 할 문제점을 보고한 결과, 업무문서 전표 기표·입력 작업, 계산처리, 재무제표의 작성(합계 잔고 시산표, 총계정 원장, 과목별 보조 집계표, 업무일지, 손익추이표, 부문별 손익계산서, 소비세계산서) 등을 아웃소싱할 수 있음을 알게 되었다.

전표 기표에서 회계자료 작성까지를 외부에 위탁하고 업무를 분업화하여 세무회계처리의 투명성을 확보하였다.

d. 회계 아웃소싱 도입 사례 : D 업체(매장10개) / 매출 30억 엔 규모. 업무량이 매년 증가 추세에 있어 기존 경리직원만으로는 한계에 봉착해 있었다. 처리 데이터에 오류가 발생할 때마다 다시 체크하여 수정하는 번거로운 작업을 해야 했다.

루틴작업을 포함한 일상적인 경리업무, 부문별 회계, 고정자산 관리 등과 같이 볼륨이 큰 부분을 아웃소싱하는 것을 검토하고 있었다.

규정의 재검토(회계규정, 회계규정세칙, 품의(稟議)규정, 계좌취급 요령 등) 및 업무흐름의 순차적인 검토 후, 회계시스템을 재구축하여 문제를 해결하였다. 또한 루틴작업을 단계적으로 아웃소싱하였다.

매출·소액현금 출납업무는 각 매장의 매출일계 데이터와 현금 출납 데이터를 서버에 업로드해주고, 당사에서 내용 확인 후 회계시스템 데이터를 캡처했다. 급여업무는 노무사에 의뢰했다.

회사의 회계·급여 업무 전체를 동시에 아웃소싱함으로써 경리업무를 효율화할 수 있었다. 또한 회계직원이 본연의 업무에 집중할 수 있게 되었다.

e. 회계 아웃소싱 도입 사례 : F 사 / 외국계 / 매출 10억 엔 규모. 해외 거래가 증가하는 가운데 정확한 과목을 판단하지 못하고 기말 잔액도 불분명하여, 정확한 시산표가 작성되어 있지 않기 때문에 아웃소싱을 통한 재무회계를 희망하고 있었다. 매출증가에 따른 근본적인 회계처리의 인력부족도 느끼고 있었다.

이에 회계업무 체제의 재검토와 해외거래에 대한 전문적인 회계조언, 딜로이트의 지원 등을 제안했다. 부문별 수지를 확인할 수 있도록 과목·보조과목, 거래처 코드를 통일하고 새롭게 분류하였다. 정확한 회계과목을 판단할 수 있도록 정기적인 업무를 패턴화하여 부정기적인 업무와 구별하고, 이를 매뉴얼화하였다. 이로써 F

사가 직접 업무전표를 기표하는 것이 가능해졌다.

현금·예금·대체분개 전표 체크·입력 처리, 판매 관리, 구매 관리를 일괄적으로 아웃소싱함으로써, 종종 숫자가 맞지 않던 문제도 해결되었다. 대차 대조표(B/S), 손익계산서(P/L), 고객원장, 공급업체 원장도 매월 확인할 수 있게 되었다.

사례4.

야마다(山田) 컨설팅그룹

개요

야마다 컨설팅그룹은 일본에서 네 번째로 큰 세무법인으로, 2000년 7월에 창립되었다. 각 분야의 전문가집단에 의한 서비스를 제공하고, 고객사의 성장을 위해 다양한 각도에서 원스톱 서비스를 지원하고 있다.

경영 컨설팅 사업은 야마다 비즈니스 컨설팅(山田ビジネスコンサルティング株式会社 (2017年7月1日付で山田FAS (株) と合併))과 Spire Research and Consulting Pte. Ltd.가 맡고 있다.

야마다 컨설팅그룹은 경영컨설팅 사업(자본·주식·주주에 관한 컨설팅 사업과 통합), 부동산컨설팅 사업, FP관련 사업, 투자·펀드 사업을 실시하고 있으며, 총 인원은 2017년 6월 1일 현재 725명이다.[87]

부동산컨설팅 사업은 야마다 부동산컨설팅 주식회사와 코난 부동산 주식회사가 맡고 있으며, FP관련 사업은 주식회사 도쿄파이낸셜 플래너, 상속 안심 서포트 주식회사, 야마다 파이낸셜서비스 주식회사가 담당하며, 펀드투자 사업은 캐피탈솔루션㈜이 맡고 있다.

야마다 컨설팅그룹은 FP의 선구자로서 오랫동안 쌓아온 경험을 살린 FP 관련 사업을 전개하고 있다. 다수의 해외 거점을 활용하여 기업의 해외 진출과 국제적인 감사·세무를 지원하고 있다. 해외 현지에 일본인 직원이 주재하고 있어 세부적이고 신속한 대응이 가능하다.

야마다그룹의 해외 거점 기업에는 ㈜야마다컨설팅그룹, 세무사법인야마다& 파트너, 변호사법인 Y&P 법률 사무소, 사법서사법인 야마다 법률 컨설팅, 행정서사법인 야마다법률 컨설팅, 야마다&파트너스 회계주식회사, 야마다 & 파트너스 컨설팅주식회사, Y & P 컨설팅주식회사, 우성감사법인이 있다.

야마다 컨설팅그룹의 마음과 행동규범(준수규정)

야마다 컨설팅 그룹은 '마음과 행동규범'을 지키고 실천하며 조직과 개인이 사회에 기여하는 것을 목표로 하고 있다. 사회에 적합한 조직과 개인이 되도록 하는 것을 목표로 삼고 있는 것이다.

야마다 컨설팅그룹은 "건전한 가치관, 사회 공헌, 개인과 조직의 성장"을 기본이념으로 하고 있다. 부가가치가 있는 정보를 창조·

---

87 https://www.yamada-cg.co.jp/

제공하여 고객의 발전뿐만 아니라 사회의 발전에도 기여함으로써, "존재의 의미가 있는 조직"으로서 계속 발전해 나가는 것을 목표로 하고 있다.

야마다 컨설팅그룹은 "건전한 가치관"에 근거한 조직문화를 유지하기 위해 계속 노력하고 있다. 건강한 성장·발전을 지속하여 "존재의 의미가 있는 조직"으로 남기 위해 사회 공헌에 힘쓰고 있다.

야마다 컨설팅그룹의 경영진은 직원 개개인의 성장이 조직의 성장에 직결된다는 생각으로 '개인의 성장'을 가장 중요한 과제로 인식하고 있다. 중장기적으로는 이익의 극대화를 도모하여 기업 가치를 높이는 것이 중요하다고 생각하고 있으며, 자기자본 이익률(ROE) 20% 달성을 목표로 하고 있다.

그 때문에 야마다 컨설팅그룹은 그룹의 기본 이념인 "건전한 가치관, 사회 공헌, 개인과 조직의 성장"을 실현하고, 사회에서 환영받는 집단이 될 수 있도록 준수 규정(마음행동규범)을 실천하는 회사가 될 것을 선언[88]하고 있다.

① 야마다 컨설팅그룹의 기본 이념 및 조직과 개인의 지향점

야마다 컨설팅그룹은 기본 이념인 "건전한 가치관, 사회 공헌, 개인과 조직의 성장"을 실현하고, 조직을 구성하는 개개인의 "행복", 즉 "사회에 기여하는 존재여야 함"을 목표로 사업 활동을 수행하고 있다.

---

88 ttps://www.yamada-cg.co.jp/

② 조직과 개인의 실천지침

"그룹 기본이념" 등을 실현하기 위해 이 그룹의 모든 임직원이 일상 업무를 수행할 때 "그룹 기본이념 및 조직과 개인의 지향점"을 실현하기 위한 구체적인 지침 중에서 특히 중요하다고 생각되는 것을 이해 관계자별로 정리하고 있다.

③ 그룹 기본 이념 등과 실천지침을 침투·정착시키기 위한 체제 및 운영

그룹 기본이념, 조직과 개인의 지향점 및 그 실천지침을 그룹의 직원 한 사람 한 사람에게 침투·정착시키는 것이야말로 불상사를 방지하고, 사회의 신뢰를 얻을 수 있는 가장 중요한 전략이라고 보고 있다.

경영 컨설팅 사업

재무·경리·인사·법무에 대한 실무 경험이 풍부한 전문가 집단이 중소기업, 병의원 등의 경영개선, 사업승계, 재생조직재편 등의 다양한 컨설팅을 제공하고, 경영 과제를 해결해주고 있다.[89]

① 사업승계 컨설팅

사업승계 문제는 세금문제뿐만 아니라 소유자들의 마음, 후계자 문제, 복잡하게 얽힌 인간관계와 회사의 미래사업 전망도 포함한

---

89 https://www.yamada-cg.co.jp/

문제이며, "이것만 하면 해결된다."라는 만능 해법은 존재하지 않는다.

야마다 컨설팅그룹은 고객이 원하는 것을 이해한 뒤, 필요에 따라 다양한 솔루션을 함께 제안한다.

② M&A 컨설팅

야마다 컨설팅그룹은 사업 승계·성장전략 등으로 어려움을 겪고 있는 경영자를 지원하는 M&A 서비스를 제공하고 있다. 안건이 크든 작든, 국내이든 해외이든 관계없이 고객과 함께 꾸준히 목표를 추구한다. 지원사업의 매각·인수, 그룹재편, 사업재생 등 자본정책에 관련된 모든 경영과제를 컨트롤 한다.

③ 주식 기준 보상 도입 컨설팅, 신주 예약권 평가 등

a. 스톡옵션 도입 컨설팅 : 스톡옵션을 도입할 경우, 인사 보수 제도와의 정합성이나 회사법·금융 상품 거래법 등에도 유의해야 한다.

야마다 컨설팅그룹은 스톡옵션 제도가 회사법 시행 전에 도입되었던 때부터 서비스를 제공해왔다. 세금·회계·법무 조언뿐만 아니라 인사제도 및 주주의 성향을 배려한 서비스를 제공한다.

b. 스톡옵션의 공정 가치 평가 : 스톡옵션에 대한 회계기준 및 회사법에 따라, 상장 회사는 스톡옵션 발행에 따른 공정 가치를 산출하고 비용을 계상하는 것이 의무화되어 있다.

최근에는 스톡옵션의 시가 발행, 즉 유상 스톡옵션을 발행하는 회사도 늘고 있다. 야마다 컨설팅그룹은 블랙 숄즈 모델과 이항 모형, 몬테카를로 시뮬레이션 등의 옵션 평가 모델을 사용하여 다양한 스톡옵션의 가치평가를 실시하고 있다.

④ 부동산 컨설팅 사업

법인·개인을 불문하고 다양한 고객의 요구를 듣고 연구한 후, 각 분야의 전문가와 프로젝트 팀을 결성하여 최적의 부동산 처분·구매·투자·활용 방안을 제안한다. 또한 고객이 안심하고 확실하게 부동산을 거래할 수 있도록 돕는다.

부가가치가 높은 부동산에 대한 원스톱 컨설팅을 통해 클라이언트의 재산을 보호하고 있다.

a. 자산분석 : 부자와 고위 경영진은 자신들이 보유한 부동산의 소재와 예금 등은 대부분 파악하고 있다. 그러나 해당 부동산에 대한 행정처분의 가능성, 현재 시가와 최저 가격일 때 발생하는 각각의 상속 세액 등과 같은 세부적이고 가변적인 자산상황은 정확히 파악하지 못하고 있는 경우가 많다.

야마다 컨설팅그룹은 자산 전체의 조사·분석을 실시함과 동시에 고객이 처한 문제와 위험 요소를 추출하고, 이에 대한 대책을 제안하고 있다. 또한 일정 작성·감리 및 각종 전문가와의 코디도 실시하고 있다. 자산 상황의 정기적인 진단은 환경의 변화를 이용한 자산형성을 가능하게 해준다.

b. 부동산 활용 : 절세를 주목적으로 하는 토지 활용뿐만 아니라, 그 토지의 본래 가치에 상응하는 수익을 내는 것이 중요한 목표가 되고 있다.

이러한 고객의 목적과 요구에 따라, 누가?(사업 주체), 왜 실시하는지?(사업목적), 어떤?(업종·업태), 어떤 방법으로?(사업방법), 자산상황(자산·부채상황), 재무계획(자금계획·세무전략) 등을 확인하고, 고객의 요구에 맞는 전문가 활용을 제안한다.

또한 마케팅, 사업수지 예측, 자금조달, 건설관리 등을 지원한다. 빈집, 빈방 등의 활용과 우량부동산의 교체 등도 적극적으로 제안하고 있다.

c. 상속·사업 승계 및 대책 : 자산가와 경영자에게 상속과 사업승계는 극히 중요한 문제이다. 상속 및 사업승계 대책은 크게 평가 인하, 유산 분할, 재산의 양도, 세금의 4가지로 구분될 수 있다. 이러한 대책들이 균형 있게 결합하여 최선의 자산승계가 이루어지도록 지원한다. 야마다 컨설팅그룹은 실무에 근거한 노하우와 전문가와의 연계를 통해, 원활하고 안정적인 상속·사업승계 방안을 제시한다. 실행에 많은 시간이 소요되는 사안은 사전에 준비함으로써 상속 분쟁이 발생하지 않게 해야 한다. 상속 이후에는 물납에 의한 납세자산 처분까지 지원하고 있다.

사례5.

KPMG 세무사법인

개요

KPMG 세무사법인은 다양한 기업경영의 국면에 대응하기 위해, 각각의 전문분야에 정통한 세무 전문가팀에 의한 포괄적인 세무조언을 제공하고 있다.

1954년에 KPMG 세무법인의 세무부문이 일본에 진출한 이래, 반세기 이상에 걸쳐 일본 세무전문가 집단의 선구자로서 글로벌 네트워크를 활용한 고품질의 세무서비스를 제공하고 있다.

KPMG는 1987년 Peat Marwick International(PMI) Klynveld Main Goerdeler(KMG) 및 그 일원 펌(firm)의 합병으로 탄생했으며, KPMG라는 이름은 주요 창립 멤버의 이니셜에서 유래한 것이다.

1949년에 KPMG의 전신 중 하나인 PMM(Peat, Marwick, Mitchell)이 일본사무소를 개설하고 감사 업무를 개시하였다. 1954년에는 PMM 일본 사무소에 국제세무 부서가 개설되었고, 1987년에는 PMM과 KGM(Klynveld Main Goerdeler)이 국제 합병에 의해 KPMG으로 탄생하였다. 이후 2004년에 KPMG 세무사법인이 설립되었다. KPMG 일본은 KPMG 인터내셔널의 일본멤버 기업의 총칭이다. KPMG 일본 소속 기업들은 KPMG의 글로벌 네트워크를 활용하여 감사, 세무, 자문 등 3개 분야의 서비스를 제공하는 7

개의 전문기업으로 구성되어 있다.

이들 7개 전문기업은 •KPMG 세무사법인, •아즈사(あずさ)감
사법인, •KPMG 컨설팅, • KPMG FAS, •KPMG 아즈사(あずさ)
지속가능성, •KPMG 헬스케어재팬, •KPMG 사회보험 노무사
법인 등이다.[90]

일본 유수 세무사법인인 KPMG 세무사법인의 장점은, 모든 세
금회계의 요구에 부응할 수 있는 탁월한 서비스 제공능력이라 할
수 있다.

KPMG 세무사법인의 클라이언트(고객 회사) 수는 약 2,800개
이다.[91] 각국의 멤버 기업은 법률적으로 독립된 별도의 조직이
며, 스위스에 위치한 KPMG International Cooperative(KPMG
International)에 각각 가입되어 있다.

KPMG는 세계 154 개국의 회원 기업에 약 200,000명의 전
문가를 보유하고 있다.[92] KPMG는 감사(Audit), 세금(Tax), 자문
(Advisory) 서비스를 제공하는 전문 기업들의 글로벌 네트워크이
며, 세계 4대 회계법인(Big4) 중에 하나이다.

KPMG 세무사법인은 최고의 서비스를 지속적으로 제공함으로
써 사회, 고객, 조직원으로부터 항상 선택되는 존재가 되는 것을
목표로 하고 있다. 업계 최상위 기업이라는 자부심을 바탕으로 사
회적으로 인정받고 있을 뿐 아니라, 다양한 업계의 클라이언트들

---

90 https://home.kpmg.com/jp/ja/home/about/sus.html
91 https://home.kpmg.com/jp/ja/home.html
92 https://home.kpmg.com/jp/ja/home/about/sus.html

로부터 두터운 신뢰를 얻고 있다.

일본 업계 최고 수준의 매출을 달성하고 있다. 클라이언트로부터 서비스 품질에 대한 압도적인 평가를 받고 있다는 것이 무엇보다도 큰 장점이다.

KPMG 세무사법인의 비전

① "단연 No. 1 "큰 기업을 목표로 함께 도전하자!"

KPMG 세무사법인이 내세우는 비전은 "To be the Clear Choice"이다. 사회에서 확실히 선택되는 존재가 되는 것이다. 우수한 인재가 모여드는 조직이 되기 위해서는 먼저 최고의 기업이 되어야 한다. 사람의 성장 없이는 조직의 성장도 없으므로 인재에게 최대한의 투자를 하고, 그 성장에 따라 "No.1 기업"을 만드는 것을 목표로 하고 있다.[93]

전 세계가 하나의 비즈니스 필드가 된지 오래되었지만, 일본어라는 언어와 세금, 글로벌 거버넌스 등의 장벽 때문에 세계시장에서 뒤져 왔음을 부인하기는 어렵다.

그러나 최근 일본 기업의 글로벌화로 인해 세금에 대해 파악하는 방법에도 글로벌한 관점이 적용되기 시작하였다. 이로 인해 국제 조세 분야에서 압도적인 품질을 유지하고 있는 KPMG 세무사법인의 컨설팅에 대한 수요가 높아지고 있다. 앞으로 세금을 둘러

---

93 https://home.kpmg.com/jp/ja/home.html

싼 글로벌 환경 변화의 물결 속에서 KPMG의 활약은 더욱 확대될 것이다.

② 고객의 진정한 요구에 부응

세무컨설팅 분야에서 활약하기 위해 필요한 자질은 무엇인가? 전문지식을 갖춘 사람이라면 이러한 질문에 대해 누구나 "Yes or No"로 답할 수 있다. 하지만 이것만으로는 클라이언트의 진정한 요구를 만족시킬 수 없다.

진정한 전문가는 클라이언트의 질문에 숨은 배경과 의도까지 정확하게 파악하여 대답할 수 있어야 한다. 그러므로 때로는 최고의 제안 뒤에 보조적인 또 하나의 최적의 제안을 준비해 두는, 그런 철저한 고객 지향 서비스를 할 수 있어야만 진정한 전문가라 할 수 있다.

KPMG 세무사법인이 지난 12년간 업계 매출 No.1이라는 실적을 남겨 온 것도 철저하게 '고객 우선의 자세'를 고수해왔기 때문이다. 앞으로도 계속 "단연 No.1"을 유지하기 위해서는, 고객우선의 자세를 공유하는 전문 인재를 지속적으로 영입해야 한다고 생각하고 있다.

서비스라인(SERVICE LINE)~종합적 · 횡단적인 세무서비스 제공

KPMG 세무사법인은 국내기업 및 외국기업의 일본 자회사들이 직면하고 있는 기업경영의 다양한 국면에 효율적으로 대응하기 위해, 각각의 전문분야에 정통한 세무 전문가 팀을 통해 다양한 서비스를 제공하고 있다. 서비스 라인은 ■국제세무 서비스, ■국내세무 서비스, ■M&A 관련, ■조직 개편/기업 회생, ■부동산 관련, ■증권화/임대관련, ■이전가격 서비스, ■거래액, ■금융 및 기술, ■관세/간접세 서비스, ■글로벌 모빌리티 서비스(개인 소득세, 인사부문을 위한 세무 서비스), ■아웃소싱 서비스, ■공공부문/의료기관을 위한 세무 서비스, ■중견기업을 위한 세무 서비스 등이다.

① 국제 세무서비스

국제 경쟁에서 살아남기 위해서는 기업 활동의 성과를 극대화하고 현금 흐름을 최적화하는 것이 필수적이다. 기업의 성과를 극대화하기 위해서는, 무엇보다 글로벌 세무비용 절감을 위한 연결기준 세무비용 관리체제 구축이 선행되어야 한다.

이에 KPMG에서는 다양한 기업의 세무비용 관리를 종합적으로 지원하기 위해 다음과 같은 서비스를 제공하고 있다.

- 해외 진출/ 해외 지점·자회사의 설치 등에 관한 세무 자문
- 글로벌 세무 전략 수립 자문
- 해외 지주 회사·통괄 회사의 효과적인 이용에 관한 조언
- 조세 피난처 세제 대책/ 외국 세액 공제계획
- 국경 공급망의 효율 개선에 관한 세무 자문
- 가치 사슬의 재구성에 관한 세무 지원
- 해외 세무 상담

② 국내세무 서비스

경제 환경의 다변화로 인해 기업 활동과 관련된 회계 기준, 금융 상품 거래법, 회사법 등의 기업법제가 잇따라 개정되고 있다. 이에 따라, 법인세를 중심으로 한 기업관련 세제도 점점 더 복잡하게 개정되고 있다.

기업세무를 둘러싼 이러한 복잡성 속에서, KPMG는 풍부한 경험과 정보수집능력을 바탕으로 다음과 같은 국내 세무 서비스를 제공하고 있다.

- 국내 세무 상담
- 연결납세 도입 검토 · 지원. 연결납세 도입 후 세무 신고서 작성 서비스
- 세무처리의 세무당국 사전확인, 세무 조사에 대한 사전대책 · 대응
- 불복심판 제기 및 세무소송 지원
- 각종 세무신고서 작성

2010년에 그룹 법인 세제가 도입된 후, 연결 납세를 적용한 경우와 적용하지 않은 경우의 차이가 줄어들었다. 이전에는 연결 납세를 적용할 경우 자회사의 연결 납세 적용 전에 발생한 결손금의 사용이 제한되었지만, 같은 해에 세법이 개정됨에 따라 일정한 요건을 갖춘 자회사의 결손금에 대해서는 제한이 완화되었다. KPMG 세무사법인은 연결납세 제도 도입 초기부터 많은 기업에 연결납세 관련 서비스를 제공해 왔으며, 연결납세 전문팀은 오랫동안 축적된 노하우를 활용하여 기업의 다양한 요구에 부응하

고 있다. 연결납세 관련 서비스로는 • 연결납세 도입 지원 업무, • 연결납세 신고서 작성(또는 검토) 업무, • 연결납세를 활용한 조직 재편성에 관한 자문 업무, • 세무 조사 대응 등이 있다.

③ M&A 관련 조직개편 / 기업 회생

KPMG 세무사법인은 국내 및 해외 M&A, 구조조정과 기업재생에 관한 세무 서비스를 제공하고 있다. M&A 관련 서비스는 국내 및 해외 M&A에 대한 실사 업무 및 자문 업무를 수행하며 쌓아온 풍부한 실무경험과, KPMG만의 광범위한 글로벌 네트워크를 통하여 제공된다.

조직개편과 기업재생 서비스에 관한 최신 세제를 신속하게 업데이트하여 제공하고, 풍부한 실무경험을 바탕으로 가치 있는 서비스를 제공한다.

기업 경영전략의 중요한 방법으로 M&A가 널리 활용되고 있으며, 사모 펀드 등의 금융 구매자에 의한 M&A도 활발해지고 있다. 특히 해외 기업에 대한 M&A 및 투자는 일본 기업의 해외 진출 수단으로서 적극 활용되고 있으며, 이에 따라 해외 M&A가 비약적으로 증가하고 있다. KPMG는 M&A에 특화된 세무 전문가가 기업의 M&A 전략을 종합적으로 지원한다. 특히 일본계 기업의 해외기업 인수의 경우, KPMG 일본 사무소와 해외 사무소가 밀접하게 연계하여 해외 세무실사를 지원한다. 또한 일본 및 해외에서의 기업인수 계획 자문, 인수 후 조직개편 계획수립 등의 다양한 서비스를 제공한다.

• M&A / MBO / LBO 계획 수립 및 세무 상담

- 인수 후 조직개편 계획수립 및 세무상담
- 인수에 따른 세무실사 업무
- 해외투자 프로젝트의 세무실사, 해외기업 인수계획에 관한 세무 상담 (해외 사무소와 협력)

④ 조직 개편/ 기업 회생

기업의 "선택과 집중"을 지원하는 "조직 재편성 세제", "연결납세 제도", "그룹 법인 세제" 등이 최근에 정비되었다. 이로써 사업 통합이나 M&A를 통한 사업재편 또는 사업재생에 대한 세무 비용을 대폭 절감할 수 있게 되었다. 이는 향후 기업 경영에 있어서 중요한 세무 전략이 될 것으로 예상된다. KPMG는 이러한 분야에 특화된 세무 전문가가 기업의 세무 전략을 지원하며, 최신 세제에 대한 신속한 정보와 풍부한 실무 경험을 바탕으로 다양한 자문 서비스를 제공하고 있다.

- 기업 그룹의 국내외 조직 재편에 관한 세무자문
- 합병, 분할, 주식 이전, 주식 교환, 현물출자, 영업양도 등과 같은 각종 계획 수립
- 회사재생법 등에 의거하여 기업 또는 사업의 재생 계획 수립
- 기업 재생 목적의 세무실사 업무

⑤ 부동산 관련 증권화 및 임대관련서비스

부동산시장에 참여하는 고객의 다양한 요구를 정확하게 파악하여 전문적인 세무 서비스를 제공한다. 부동산 증권화 및 임대관련

서비스에는 고급 재무기법을 활용하여 부동산을 채권으로 전환하는 증권화 거래, 대형 동산 등을 대상으로 한 국제 리스거래 등이 있다. KPMG의 전문가들은 수많은 사례에 대한 경험을 바탕으로 최적의 서비스를 제공하고 있다.

⑥ 이전가격 서비스

도쿄·오사카·나고야에 상주하는 120여명의 이전가격 세제 전문가들이 KPMG 글로벌 네트워크와 연계하여 각종 이전가격 문제에 대해 종합적인 서비스를 제공한다.

또한 최신 경제분석 기법을 이용하여 기업 및 사업의 가치를 평가한다. 이전가격 정책 설정, 성과평가시스템구축 등에 대한 지원 및 자문을 제공하며, 기업그룹 내의 소득분배정책, 현금 흐름정책의 최적화를 지원한다.

⑦ 국제 법인세 서비스

국제 세금 조언을 제공하는 프로젝트 팀 및 관리자를 다양한 산업 분야의 고객에게 지원한다.

해외 프로젝트를 담당하는 해외 KPMG 사무국과 협조 및 연락, 고객 서비스 팀의 일원으로 고객 계약에 협조, 팀 선배 및 관리자의 지도 등을 제공한다. 이들은 국내 및 국제 세금 문제에 관해 클라이언트에게 조언하고, 세금 관련 연구 및 초안의 작성, 세금 계획 및 조세 절감 서비스를 제공함으로써 시기적절하고 효과적으로 대응하고 있다.

이러한 사업에 대한 적격자로는 ■네이티브 수준의 영어 실력 및 비즈니스 수준의 일본어 실력(JPLT 수준 N1 선호)을 갖춘 자, ■학사 학위자 (회계, 재무, 경제 또는 기타 관련 분야의 선호), ■뛰어난 분석 기술과 우수한 서면 / 구두 의사 소통 기술을 갖춘 자, ■리더십 기술과 탁월한 대인 관계 능력을 가진 자, ■PC 사용에 능숙한 자, (Microsoft Excel, Microsoft Word 등), 세금, 회계 또는 관련 분야에 경험이 있는 자 등이다.

⑧ 거래 자문 서비스

KPMG는 부동산, M&A, 재생 에너지 및 인프라를 포함한 모든 주요 자산 클래스에 대한 국제 거래와 국내 거래를 대상으로 사전 예방적인 지원을 제공한다.

국내외 거래에 대한 국제 세금 자문을 제공하는 프로젝트 팀원이 투자, 구조조정, 거래문서 검토, 고객과의 토의 및 산출물 준비 등의 서비스를 담당하게 된다.

KPMG의 전문가들이 클라이언트 서비스 팀의 일원으로서 해외 KPMG 사무국과의 조정 및 연락을 통해 여러 고객의 계약을 동시에 지원한다. 또한 번역 지원, 영어 지원 등을 시기적절하고 효과적으로 제공한다. 이와 같은 프로세스를 통해서 효과적인 세금 계획 및 조세 절감 서비스를 고객에게 제공하게 된다.

사례6.

EY 세리사법인

개요

EY세리사법인은 수년 동안 쌓아온 경험과 글로벌 네트워크를 활용하여, 최고의 파트너로서 양질의 글로벌 서비스를 고객에게 제공하고 있다. EY 세리사법인은 세계 150개국에 50,000명의 세무 전문가를 보유하고 있는 EY 네트워크의 회원 펌으로서, 일본 국내외 기업 및 개인에게 국제 세무, M&A, 구조조정, 이전가격 등과 관련된 양질의 세무서비스를 제공하고 있다.

EY 세리사법인의 업무

2002년(세리사법 개정에 따른 설립)에 설립된 EY세리사법인의 업무는 비즈니스 세금 서비스와 기업자문 서비스로 나눌 수 있다.[94] 그 내용은 〈표 1-24〉와 같다.

EY 비즈니스 세금자문그룹의 기업세무 자문 부문은 기업의 세무조언 요구에 부응하는 것을 주목적으로 하고 있다. 다양한 분야에서 경험을 쌓은 인력들이 일본의 세무에 관한 조언 및 세무계획

---

[94] https://www.eytax.jp/

〈표 1-24〉 EY 세리사법인의 업무

구분	업무	내용
비즈니스 세금	기업세무 자문	- 변화하는 비즈니스 환경에 대응하기 위해, 기업은 그룹 내에서 구조조정과 신규 투자사업 철수와 같은 다양한 활동을 하고 있다. - 세금 요구 수준이 높아짐에 따라 자회사를 포함한 그룹 전체의 지배 구조가 요구되고 있다. - EY는 기업단체의 세무뿐만 아니라 그룹전체의 세무 거버넌스를 내다보고, 다양한 분야에서 경험을 쌓은 전문가들의 깊은 지식을 바탕으로 회계처리를 포함한 세무조언을 정확히 한다.
	세무 조사 대응	- 당국의 세무조사 시에 제대로 대응하지 못하면 예상치 못한 세금부담이 발생할 수 있다. 사실관계를 잘 정리하고, 거래의 실태를 제대로 설명할 법령, 조약의 취지에 대한 정보를 파악하고 거래사실을 신중하게 적용하는 것이 중요하다. - 풍부한 경험이 뒷받침된 EY의 전문가들은 세무조사 시의 대응뿐만 아니라, 세무조사의 준비 과정에서부터 고객사를 지원한다.
	국제 무역	- 경제가 점점 글로벌화 되는 가운데, 국내 기업들도 적극적으로 해외에 진출하여 비즈니스 기회를 확대하고 있다. - 해외 진출의 국경거래는 광범위하고 고차원적인 세무지식이 요구되며, 많은 기업은 과세에 불안을 안고 있다. - EY는 모든 분야를 커버하기 때문에, 소득 관련 세금뿐만 아니라 간접세 등의 세금에 대해서도 종합적으로 분석 및 조언할 수 있다.
기업세무 자문	기업세무 자문	- 비즈니스 세금 자문그룹은 기업의 세무 조언 요구에 부응하는 것을 목적으로 하고 있다. - 본 그룹은 다양한 분야에서 경험을 쌓은 인력으로 구성되어 있으며, 일본의 세무행정에 관한 조언과 세무계획의 수립을 전문으로 한다. - 변화하는 경제 환경 속에서 기업그룹의 재편과 신규 투자사업 철수 등의 다양한 거래가 이루어지고 있다. 이러한 거래에 따른 세금 비용도 경영 판단을 위한 중요 요인이다. 따라서 효율적인 세무구조를 구축하는 것이 필수적이다. - 매년 중요한 세제 개정이 이루어지고 있다. 이러한 개정 내용을 신속하고 적절하게 파악하고, 이를 바탕으로 세무전략을 고려하는 것도 중요하다.

출처 : https://www.eytax.jp/

수립을 전담하고 있다.

변화하는 경제 환경 속에서 기업그룹의 재편과 신규투자사업 철수 등의 다양한 거래가 이루어지고 있다. 이러한 거래에 따른 세금 비용도 경영 판단에 중요한 변수로 작용할 수 있다. 따라서 효율적 세무구조의 구축이 필수적이다.

매년 중요한 세제 개정이 이루어지고 있는 작금의 상황을 감안하여, 개정의 내용을 신속하고 적절하게 파악하고 이를 바탕으로 세무전략을 수립 또는 수정하는 것도 중요하다.

비즈니스 세금 서비스, 기업 세무 자문을 통해 사업 승계, 공익 자문, 조세 정책 및 세무 당국에 대한 대응 지원, 글로벌 준수 및 보고, 기업 세금 준수, 금융 서비스, 세금 회계 및 리스크 자문 서비스(TARAS), 국제 조세 관련 서비스, 이전가격 세금 자문 서비스 등을 제공한다.

사례7.

마이쯔(マイツ) 그룹

개요

마이쯔 그룹은 회계사무소 계통의 전문가 그룹이다. 고객사의 회계, 세무, 인사·노무, 경영 등에 대해 폭넓은 서비스를 제공하고 있다. 마이쯔 그룹은 개인 고객의 자산 및 상속 관련 문제에 대해,

법률과 세무를 망라하는 종합적인 서비스를 제공한다. 또한 중소기업의 회계, 세무, 경영, 인사·노무 등에 대한 폭넓은 전문서비스를 원스톱으로 제공하고 있다.

마이쯔 그룹은 일본 및 중국에 여러 사무소를 두고 일본과 중국 양국에서 종합적인 전문 서비스를 제공하고 있다.

회계 및 세무 지원 서비스

① 회계 및 세무 자문서비스(개인 사업자·사업법인 전용)

<표 1-25> 회계 및 세무 자문서비스(개인 사업자·사업법인 전용)

구분	내용
1. 회계 및 세무 자문 (개인 사업자· 사업법인 전용)	• 월별 결산서의 작성, 결산서·신고서 작성을 종합적으로 지원 • 기장의 자동 합계화 지원 • 월별 결산 및 월별 실적을 정확하게 파악하여 지원 • 월간 단위로 처리내용을 확인하고 수정사항을 적시에 처리 • 월 1회 방문, 매월 결산 내용의 설명과 원 포인트 어드바이스 • 손익·소득에 대한 결산 예측과 결산 대책 협의 (세금 기획 등) • 각종 세액 경감 특례 적용에 관한 조언 • 관련 회사 간 거래의 세무위험의 현황 조사와 리스크 회피 제안 • 연도 결산 내용의 분석보고와 원 포인트 어드바이스 • 정기적인 전문 정보 제공(경영, 세무, 노무 정보 중심) • 세무 조사 입회하여 납세자 이익 방어
2. 상속세 신고 지원	• 유산을 평가하고 목록을 작성 • 유산평가일람표에 따라 유산분할 협의 지원 • 상속세 신고에 관한 각종 경감 특례에 관한 조언 • 납세자금 확보에 관한 조언(보상분할의 활용, 연납·물납의 활용) • 세무 조사 대응에 배려한 신고서 첨부 서류 작성

구분	내용
3. 상속 대책 지원	• 유산에 대해 상속세 평가 및 상속세액 납세자금의 과부족을 시산 • 다투지 않기 위한 대책을 제안하고 실행을 지원 • 현재뿐만 아니라 미래수익을 포함한 대책 제안, 실행을 지원
4. 사업 승계에 관한 세무지원	• 자사주 상속세 평가액을 시산 • 주가 인하 방안의 기획 • 자사주 매입 주식 물납 등에 의한 납세자금 대책수립 • 자사주 승계계획에 대한 최적 방안을 기획 • 자사주 정리통합계획에 대한 최적 방안을 기획 입안 • 명의 주식정리에 관한 기획 • 상기 각 방안의 실행지원
5. M&A, 구조조정지원	• 재무조사 · 평가 • 합병비율 등의 산정 • 세제 자격 요건 확인 • 세무 법률 수속
6. 병의원에 대한 회계 및 세무 등의 지원	• 상기1에 준한 회계 및 세무서비스 제공 • 의료사업 특유의 세무에 정통한 서비스 제공 • 경영 · 재무 · 노무에 대한 원포인트 어드바이스 • 개업에 관해 종합적 지원(개업시뮬레이션, 영업을 위한 제반 수속 지원, 개업 후 운영자문 등) • 의료법 관련 종합지원(법인 설립 후의 시뮬레이션, 장단점 분석, 의 료법인화를 위한 제반 수속지원, 법인 성후 운영 자문 등) • 부모와 자식 사이 등의 업 승계 지원
7. 비영리 법인에 대한 회계 · 세무 등의 지원	• 상기1에 준한 회계 및 세무 자문서비스 제공 • 비영리 법인 특유의 수익사업과세와 소비과세제도에 서비스 제공 • 각종 비영리 법인의 법인 설립 및 개폐에 관한 조언 및 절차 대행
8. 회계패키지 지원	• 각종 회계패키지 소프트웨어의 도입 운영 지원

출처 : http://www.myts.co.jp/

180

② 국제회계 · 세무지원서비스

〈표 1-26〉 국제회계 · 세무지원서비스

구분	내용
1. IFRS 전면 적용에 대한 조언	• 일본 회계기준에서 IFRS로 전환하는 데에 따른 영향분석 (재무 보고 차이, 업무프로세스, 시스템, 내부 통제, 인력 교육 등) • IFRS로 변환하기 위한 로드맵 작성 지원 • IFRS 프로젝트 관리지원(회원에 대한 교육기획자 육성 등) • 회계정책 매뉴얼 책정 지원 • IFRS대응 회계시스템의 구축 운영 지원
2. 이전 가격 세제에 관한 조언	• 일본의 이전가격 세제지원 • 중국의 이전가격 세제지원(중국마이쯔 소속 중국인 전문가에 의해 일본어 또는 영어 대응가능) • 리스크 기능 분석, 이전가격 산정 방식의 결정, 비교 대상 기업 검색을 코어로 이전가격 관련 문서작성 지원 • 기업의 사내 계몽 활동, 이전가격 가이드 등의 작성 지원 • 세무 조사에 대한 대응(일본, 중국 양국에서 풍부한 경험을 가지고 있다. 또한 상호협의 사안도 다루고 있다.) • 각국 사전확인제도(APA)에 대한 대응(중국에서는 2005년부터 본격적으로 APA 체결 중)
3. 모회사 세무문제 조언지도	• 원천세에 대한 대응 • 외국 세액 공제적용에 대한 대응 • 간주외국세액 공제적용에 대한 대응 • 해외거래에 관한 세무위험분석 • 세금 계획에 대한 상담지원
4. 해외 근무자 세무 대응	• 해외파견자의 개인 소득세 과세 대응 • 해외파견자에 관한 취업 규칙의 검토 및 작성
5. 해외송금 상담	• 배당금 · 로열티 · 수수료에 세금지원 • 부모대출의 세무 지원
6. 해외 세제 대응	• 적용 제외 요건에 관한 조언지도 • 중국위탁 가공문제에 대한 대응
7. 미국 본사 서비스	• 개인 소득세신고 지원 • 미국의 증여세, 상속세 신고 지원

출처 : http://www.myts.co.jp/

③ 중국 진출기업에 대한 종합 지원서비스

〈표 1-27〉 중국 진출기업에 대한 종합 지원서비스

구분	내용
1. 중국 진출에 관한 상담지도	• 중국 진출형태(주재원 사무소·독자·합자·합작 등)에 관한 상담 • 법인설립에 관한 조언(마이쯔 그룹의 중국 현지 법인과 연계해 대응)
2. 중국 현지 법인의 회계·세무·노무 서비스	• 마이쯔 그룹의 중국 법인을 통해 중국 진출기업의 친자회사간의 연계 강화를 지원 • 중국 회계·세무에 대한 조언 및 지원(중국 개인 소득세 대응 방안 등) • 중국 인사·노무에 관한 조언 및 지원(노동 계약법에의 대응 등) • 중국의 물류에 관한 조언 및 지원
3. 중국 자회사에 대한 지원 서비스	• 내부통제 구축에 관한 조언 및 지원 • 회계기준 통일에 대한 조언 및 지원

출처 : http://www.myts.co.jp/

④ 경영지원 서비스

〈표 1-28〉 경영지원 서비스

구분	내용
1. 경영 개선 (기업 회생)지원 서비스	• 현상 분석 및 개선되어야 할 항목의 추출 - 재무제표 등의 재무데이터 기반의 적절한 재무분석(실태 파악)실시 - 내부관리 데이터 유효성 검사에 의한 관리상황 파악 - 경영자 및 직원의 다양한 의견 경청 • 개선방법 검토 및 사업계획(경영개선, 재무개선계획) 수립 - 타당성 검토 - 실현을 위한 제약조건 확인 - 실시 책임자의 명확화 - 실시시기(개선항목이 여러 개 있는 경우에는 우선순위) 확인 • 거래금융 기관대책 지원 - 거래금융 기관을 위한 자료작성(자금계획 등) - 거래금융 기관에 보고 및 동석

구분	내용
2. M&A지원	• M&A목적에 맞는 다양한 방법(인수·합병·분할·영업 양도·주식교환 등)에 관한 기획 입안(사업기획, 재무기획, 세무기획) • 실태 파악을 위한 인수 감사(재무내용 등의 조사) • 평가(주식평가·사업가치 평가) • 합병조건에 관한 기획 입안 • M&A중개 • M&A절차(법무·노무)에 대한 통보, 서류작성 지원 • M&A에 관한 회계처리
3. 사업 승계 경영 지원	• 주식대책(경영권확보) • 새로운 조직체계 구축 • 후계자의 경영지원
4. 기업 그룹의 사업·조직 개편 지원	• 재편 목적에 맞는 다양한 수법의 기획 입안(상기 1~3의 일환으로) • 실태 파악을 위한 기업조사(재무내용 등의 조사) • 재편조건(합병비율 등)에 관한 기획 입안 • 재편절차(법무·노무)에 대한 통보, 서류작성 지원 • 재편에 관한 회계처리
5. 경영 계획 수립 및 추진	• 사업계획 수립지원 - 비전·미션의 명확화 - 현상 분석(강점·약점·기회·위협의 관점에서) - 경영전략 수립(재무, 고객, 업무프로세스, 인력의 관점에서) - 액션 플랜(실천 계획)작성 • 중기 계획추진 지원
6. 경영시스템 구축·운영 지원	• 역할책임 체제(조직 체계)의 구축 및 운영 지원 • 손익 및 자금계획 실적 관리시스템의 구축·운영 지원 • 관리회계 시스템 구축 및 운영 지원 • 계획실적 검토회의, 운영관리 시스템 구축·운영 지원 • 내부통제 제도 구축·운영 지원
7. 각종 금융 조사 (재무 실사)	• 경영지원 업무의 일환으로 재무조사 • 부정발견을 위한 재무조사 • 그룹 전체의 재무내용 파악을 위한 재무조사

출처 : http://www.myts.co.jp/

⑤ 인사 노무 지원 서비스

<표 1-29> 인사 노무지원 서비스

구분	내용
1. 노무 자문 서비스	*** 상담 업무** • 정기적인 방문(매월 방문)을 통한 상담지원 • 법 개정에 대한 신속한 대응 • 현행인사 노무제도의 운용 상담지원 • 고용조건고용계약 상담지원 • 퇴직금 제도의 재검토에 관한 상담 대응 • 노동법 연차협정서의 업데이트 관리지원 • 노동기준감독서, 공공직업 안정소, 사회보험 사무소 출입조사 대응 • 해고절차를 포함 노무관리에 관한 상담지원 • 정년 연장에 따른 고령자의 고용지속에 관한 상담대응(최적임금 시뮬레이션포함) • 기타 노무문제에 대한 상담지원 *** 수속 대행업무** • 직원 퇴사에 따른 사회보험·노동보험 관계 수속 대행 • 노동보험 연도갱신 산정, 기초신고상여금 지급신청서 등의 서류 작성절차 대행 • 노동보험·사회보험 혜택신청 수속대행 • 각종 보조금 신청수속 대행
2. 노무 규정 운용 지원	• 규제 준수와 리스크 관리(실제운용)의 관점 단, 규정의 정비를 제안 • 운영을 위한 인적자원 관리서식 정비
3. 인사 제도 구축 및 운영 지원	• 급여체계, 인사평가, 목표관리 제도의 구축 및 운영 지원(인사규정·노무규정 작성 포함) • 퇴직금제도 구축, 검토 및 운영 지원 • 조직체제 구축 및 운영 지원(직무 분리·직무권한규정 등의 작성·정비포함) • 인사평가 제도의 구축에 따른 평가자(관리자) 연수 실시

구분	내용
4. 노무 실사	• 합병 등의 구조조정, 회사 인수(M&A)를 위한 노무분야 조사 및 분석 - 취업규칙 및 임금규정의 확인 - 퇴직금 제도의 내용, 지급수준, 적립방법, 적립 부족여부 확인 - 인사 관련 계약서 및 서식 확인 - 기타 규정 확인 - 초과 근무에 대한 임금지급 여부 확인 - 직원 도덕성 체크 - 과거 인사·노무 문제 실태파악, 재발방지책 제안

출처 : http://www.myts.co.jp/

제2장

제4차
산업혁명과
세무사업

1 제4차 산업혁명시대의 도래와 세무사업 환경변화

제4차 산업혁명의 개념

　인류 역사의 큰 변화에는 언제나 새로운 기술과 혁신이 자리하고 있었다. 새로운 기술은 기술적인 영역을 뛰어넘어 사회 전반에 큰 영향과 변화를 주곤 했다. 그러한 변화들 중에서도 압도적으로 거대한 변화를, 우리는 산업혁명이라고 부르고 있다.

　산업혁명은 당대의 사회·경제적 구조에 커다란 변화를 초래했다. 그러한 변화가 인류를 지속적으로 성장시켜왔다. 첨단 과학기술의 등장과 확산을 통해 우리 사회는 매우 빠르게 진화하고 있다.

　현대 과학기술의 영향력이나 파급효과는 과거 그 어느 때보다도 크고 강력하다. 새로운 기술의 등장과 혁신은 인류역사와 함께 이루어져 왔으며, 시간이 지날수록 그 영향력이 증가하고 있다.

　산업혁명이라는 개념이 일반화된 것은 불과 50여 년 전이다. 영국의 토인비(Arnold Toynbee)가 1760년부터 1840년까지 영국에서

발생한 폭발적인 경제발전을 설명하는 과정에서 시작되었다.[95]

　제1차 산업혁명은 증기기관의 발명으로 인해 농업중심의 경제 체제가 공업 중심의 경제체제로 전환된 것을 말한다. 제2차 산업혁명은 전기를 이용한 대량생산 체제를 주요 특징으로 하며, 제3차 산업혁명은 IT기술을 통한 지식정보 사회로의 변화를 가져왔다.[96]

　제4차 산업혁명은 2010년대를 전후하여 간헐적으로 거론되었으나, 제4차 산업혁명에 의한 경제·문화·사회의 변화에 대비해야 한다는 생각은 2016년 1월 스위스 다보스에서 개최된 세계경제포럼(World Economic Forum)에서 본격적으로 논의되기 시작했다.

　위키피디아 백과사전에 따르면 제4차 산업혁명은 '제조기술 뿐만 아니라 데이터, 현대 사회 전반의 자동화 등을 총칭하는 것으로써 Cyber-Physical System과 IoT, 인터넷 서비스 등의 모든 개념을 포괄하는 것'이다. 세계경제포럼(WEF) 회장 클라우스 슈밥(Klaus Schwab)은 제4차 산업혁명은 우리의 생활과 노동, 그밖에 유관한 모든 것을 근본적으로 바꿀 것이라고 언급한 바 있으며, 인류가 이제까지 경험한 그 어떤 것과도 다른 새로운 혁신이라고 역설했다.[97]

　제4차 산업혁명의 실체는 아직 완전히 드러나지 않았다. 그러나 최근 등장하고 있는 빅 데이터(Big Data), 인공지능(AI, Artificial

---

95　Deane, Phyllis(1965), "The First Industrial Revolution", Cambridge University Press.

96　S. H. Ahn and M. Lee, "제4차 산업혁명이 일자리에 미치는 영향", 2016.

97　Klaus Schwab(2016), The Fourth Industrial Revolution, World Economic Forum.

구분	특징	동력
1차 산업혁명 (1784년)	- 석탄/석유 등 고에너지 화석연료에 기반한 증기기관 발명 - 증기기관차가 발명되고 운송과 이동을 확대시키는 다리, 터널, 항만 등의 건설로 연결성 촉진 - 기계발명을 통한 초기 자동화 시작"	기계생산, 증기기관
2차 산업혁명 (1870년)	- 품질기준, 운송방법, 작업방식 등의 표준화 및 컨베이어벨트 생산방식 도입 - 대량생산에 기반한 기업 간, 국가 간 연계로 글로벌 공급체인이 구축되어 국제적인 연결성 확대 - 기계제 대량생산의 확대로 노동의 분업과 연결성 촉진	대량생산, 전기에너지
3차 산업혁명 (1969년)	- 1969년 아르파넷 개발 이후 인터넷 기술이 급속하게 발전 - 고성능 컴퓨터의 등장과 모바일 기기의 발전으로 IT시대 대두 디지털 자동화의 확대와 사람과 사람, 사람과 사물, 사람과 기계 간의 연결성 급증	전자장치, IT
4차 산업혁명 (현재)	- 자동화와 연결성이 극대화되면서 국가 간 경계와 장벽이 없어지고, 초연결성에 기반한 비즈니스모델과 플랫폼경제 확대 - 육체노동뿐 아니라 빅데이터의 분석 및 처리 등을 포함한 인간의 지적인 사무노동까지 인공지능 로봇이 대체 - 연결성이 사물과 사물에게까지 확대되어, 인간이 필요 없는 스마트공장으로 생산방식이 혁명적으로 전환됨	인공지능, 빅데이터, 사이버 물리시스템

Intelligence), 로봇(Robot), 사물인터넷(Internet of Thing), 자율주행 자동차, 클라우드(Cloud)와 같은 새로운 기술들에 대한 논의가 진행 중이며, 이러한 기술을 통해 발생할 사회적 변화에 대한 다양한 담론들이 전 세계적으로 확산되고 있다.

이와 같이 제4차 산업이라는 개념은 전 세계에서 다양한 형태와

---

98   김은경, 문영민(2016), 제4차 산업혁명에 대한 경기도의 대응방향, 경기연구원.

점을 맞추고 있으며, 많은 사람들이 디지털 공급망이라는 용어를 사용하고 있다.

유럽에서는 Industry 4.0라는 용어를 주로 사용하는데, 스마트 공장을 중심으로 생각하는 경향이 있다. 이와 같이 제4차 산업혁명을 지칭하는 용어는 각기 다를 수 있으나, 전반적인 개념은 거의 동일하게 유지된다. 즉 용어는 다르지만 동일한 기술 및 응용 프로그램을 의미하는 것이다.   제4차 산업(Industry 4.0)은 Industrial Internet of Things의 한계를 훨씬 뛰어넘는다. 제조 및 생산 영역을 넘어 파트너, 공급 업체, 고객, 노동력 등으로 구성된 전체 생태계에 집중하는 것이다.

앞으로 모든 조직은 제4차 산업혁명이 무엇인지, 그리고 그것이 비즈니스를 어떻게 변화시키는지를 전체론적 관점에서 고찰하고 숙지해야 한다. Industry 4.0은 단순한 고급 기술에 그치지 않고, 이러한 기술을 통합하는 방법과, 기업이 운영과 성장을 주도할 수 있는 방법에 관한 것이다.

제4차 산업혁명의 특징

제4차 산업혁명의 대표적인 두 개념은 초연결성(Hyper-Connected)과 초지능화(Hyper-Inteligent)이다. 초연결성은 사물인터넷에 의해 구현되고, 초지능화는 인공지능 기술을 통해 구현된다.

제4차 산업혁명 시대에는 초연결성을 통해 모든 것이 상호 연결되고, 상호 연결된 것들이 초지능화를 통해 상호작용함으로써 지능화된 서비스를 제공한다. 그러므로 제4차 산업혁명의 핵심기술은 사물인터넷과 인공지능이라 볼 수 있다.

하지만 제4차 산업혁명이 융합 또는 결합에 의한 기술의 고도화를 지향한다는 점에서, 사물인터넷과 인공지능은 서로 분리해서 설명될 수 없다. 즉 사물인터넷은 제4차 산업혁명의 실현을 위한 인프라(Infrastructure)로서의 성격이 강하며, 실질적인 서비스 제공이나 사용자의 복지 증대는 인공지능을 통해 구현된다.

초연결성은 제4차 산업혁명의 주된 특징 중 하나로써, 고도의 네트워크 특성과 밀접하게 연관되어 있다.[99] 초연결성은 모든 사물이 하나로 연결되어 상호작용함으로써 지금보다 월등히 고도화된 네트워크가 형성됨을 의미한다.

이전의 산업혁명이 사람 사이의 연결성에 초점을 두었다면, 제4차 산업혁명을 통한 초연결성은 사람과 사람뿐 아니라 사람과 사물, 사물과 사물 간의 연결에 초점을 두고 있다.

사물과 사물 간의 연결은 사물인터넷(IoT)을 의미한다. 정보통신기술(ICT)의 발전에 따라 사회 전반에 걸쳐 연결성이 기하급수적으로 증가함으로써, 전통적인 사회가 초연결성 사회로 진화할 것으로 예상된다.

고도의 ICT는 향후 엄청난 수의 사물과 사람, 데이터, 인공지능이 연결되는 초연결성 사회로 이행하는데 매우 중요한 역할을 수행할 것이다. 예컨대 스마트 홈(Smart Home)이나 스마트시티(Smart

---

99 이동면(2017), 제4차 산업혁명의 기반, 지능형 초연결 네트워크. TTA Journal. 169.

City), 원격 로봇을 통한 원격의료, 그리고 자율주행차량(Smart Car) 등은 모두 초연결성을 기반으로 하는 기술들이다.

ICBM(IoT, Cloud, Big data and Mobile)과 AI(Artificial Intelligence)로 대표되는 제4차 산업혁명의 핵심기술은 〈표 2-2〉와 같다.

글로벌 IT 리서치 회사인 Gartner는 IoT로 연결된 사물이 빠르게 증가하고 있으며, 2020년에는 지금의 두 배 이상이 될 것이라고 전망했다.[100]

이는 IoT를 통한 사물 간의 정보교환이 더욱 빈번해지는 것을 의미한다. 따라서 스마트폰, 스마트워치와 같은 모바일 디바이스의 활용도는 더욱 증가하게 될 것이다.

클라우드는 인터넷상의 데이터 저장소로, 데이터를 사용자가 원하는 시간에 언제든지 이용할 수 있다는 특징이 있다.[101] 현재 네이버, 구글 등의 포털 사이트가 사진, 동영상, 파일 등을 저장할 수 있는 클라우드 서비스를 제공하고 있다.

빅데이터란 한마디로 대량으로 축적된 데이터를 의미한다. 운전을 예로 들면, 사용자가 직접 기입하여 저장하는 데이터 즉, 나이, 주소와 같은 정보 이외에도 총 주행시간, 운전하는 시간대, 브레이크를 밟는 속도 등을 데이터화하여 축적할 수 있다. 이렇게 축적된

---

100 Rob van der Meulen(2017), Gartner Says 8.4 Billion Connected "Things" Will Be in Use in 2017, Up 31Percent From 2016. (최종접속일: 2018. 2. 17.), http://www.gartner.com/newsroom/id/3598917

101 Lee, J., Lapira, E., Bagheri, B., & Kao, H. (2013). Recent Advances and Trends in Predictive Manufacturing Systems in Big Data Environment.

<표 2-2> 제4차 산업혁명의 핵심기술

기술명	설 명
IoT	Internet of Things. 사물인터넷 사물과 사물을 인터넷을 기반으로 연결하여 사물 간 정보의 소통을 가능케 하는 기술
Cloud	데이터를 인터넷상에 저장하여 사용자가 인터넷에 접속하면 데이터를 사용할 수 있도록 하는 기술
Big Data	대규모 데이터를 축적, 분석하는 일련의 활동을 의미
Mobile	소비자가 소지하는 웨어러블 디바이스, 스마트폰, 노트북 등 모바일 기기
AI	Artificial Intelligence. 인공지능 클라우드와 빅데이터를 활용하여 대량의 데이터를 이용하여 새로운 정보를 인식·분석·출력하여 고객서비스, 의료서비스, 가전제품 등의 다양한 분야에서 서비스하는 것

<표 2-3> IoT units installed based by category(millions of units)

category	2016	2017	2018
consumer	3,963.00	5,244.30	7,036.30
business : cross-industry	1,102.10	1,501.00	2,132.60
business : vertical-specific	1,316.60	1,635.60	2,027.70
grand total	6,381.80	8,380.60	11,196.60

출처: Rob van der Meulen(2017)

데이터는 사용자의 운전 습관 등으로 분석 및 재가공된 후, 자동차 보험료율 조정 등의 용도로 활용될 수 있다.

모바일은 스마트폰, 스마트워치 등과 같이 직접 착용할 수 있는 웨어러블 디바이스뿐만 아니라, 노트북이나 태블릿PC처럼 사용자가 소지할 수 있는 기기도 포함된다. 인공지능(AI)은 소프트웨어로 하여금 지능을 가진 인간처럼 느껴지도록 한다. 정보습득, 미래계획, 원인파악, 의사결정, 문제해결 등의 사고를 할 수 있기 때문이다.

인공지능은 빠른 속도로 발전하고 있다. 과거의 인공지능은 처리할 수 없었던 사진 인식이나 음성 인식뿐만 아니라, 구조화되지 않고 분류되지 않은 데이터의 분석도 가능하게 되었다.[102]

인공지능은 단일한 기술이라기보다는 다수의 기술의 집합체로 보아야 한다. 이러한 인공지능이 할 수 있는 일은 실로 다양하다. 이미지로 이미지를 검색하는 구글 이미지 검색과 같은 비교적 간단한 기능에서부터, 인간의 질병을 인식하는 등의 기술집약적인 분야까지도 적용 가능하다.

지금까지 제4차 산업혁명의 핵심기술들을 살펴보았다. 이러한 기술들은 개별적으로 작동하기보다는, 2개 이상의 기술이 상호작용하며 협업하는 형태로 작동할 것이다.

우선 IoT가 사물로부터 데이터를 수집하여 클라우드에 저장한다. 클라우드는 인터넷상의 데이터 저장소이다. 사용자가 원하면 언제든지 정보를 꺼내어 활용하거나 저장할 수 있다. 이렇게 형성된 클라우드가 모여서 빅데이터가 된다. AI는 이렇게 축적된 빅데이터를 가공, 처리하여 출력한다. 이러한 일련의 과정은 정보를 인지·수집하고, 축적된 정보를 바탕으로 판단을 내리는 인간의 뇌와 매우 유사하다고 할 수 있다.

인간의 사고 프로세스를 빼닮은 제4차 산업혁명의 핵심기술들

---

102 Silverberg, K., French, C., Frenzy, D., Van Liebergen, B., & Van den Berg, S. (2016). Innovation in Insurance : How Technology is Changing the Industry.

은, 4차 산업사회에 다음과 같은 특징들을 부여한다.

첫째, 사람과 사람이 대면하는 행위 자체가 감소하는 경향이 있다. 인공지능이 인간을 대신하여 고객과 상담한다. 스마트 냉장고의 식재료가 떨어지면 자동으로 식료품을 주문한다. 스마트 팩토리에는 인공지능을 탑재한 생산설비가 설치된다. 이렇듯 제4차 산업혁명 시대에는 인간이 하는 일이 줄어들 것이고, 인간과 인간이 만나는 일도 줄어들 것이다.

둘째, 개인별 맞춤형 상품의 증가를 들 수 있다. IoT를 활용한 빅데이터의 수집이 가속화됨에 따라, 빅데이터를 활용한 마케팅 기법이 더욱 다양해 질 것이다.

셋째, 기술의 복합적 활용이 두드러질 것이다. 사용자가 소지한 모바일 디바이스에서 생산된 빅데이터가 IoT를 통해서 클라우드에 저장될 것이다. 기업은 이렇게 축적된 데이터를 활용하여 인공지능 상담원을 구축하여 고객에게 맞춤형 서비스를 제공할 수 있게 된다. 이처럼 제4차 산업혁명의 핵심기술들은 개별적으로 활용되기보다는 융합하여 시너지 효과를 낸다.

현대경제연구원의 '초연결 시대 산업 전략: 독일 스마트 산업화의 내용과 시사점'이라는 보고서에 따르면, 2015년에 49억 개였던 전 세계 사물인터넷(IoT) 개수는 2020년까지 3배 이상 늘어나서 208억 개에 이를 것이라고 한다. 이는 전 세계 인구 1인당 2.7개에 해당되는 수치이다.

보고서는 "최근 산업 내에서도 네트워크화된 기계와 정보 등을 활용해 새로운 혁신과 가치를 창출하고자 하는 노력이 가속화되고 있어, 제조업뿐만 아니라 서비스업의 스마트화도 촉진될 것"이라고 전망했다. 또한 정보통신기술(ICT) 발전으로 모든 사람과 사물이 네트워크에 연결되는 초연결 시대에 대비하여, 우리나라도 스마트 산업에 대한 경쟁력을 제고해야 한다는 분석을 내놓았다.[103]

인공지능과 빅데이터의 융합을 통해 기계, 기술, 산업구조가 지능화된다는 개념이 바로 초지능화이다.[104] 네트워크를 기반으로 수집된 다양한 정보, 즉 빅데이터를 효율적으로 분류·가공하여 최적의 서비스로 제공하기 위해서는 초지능화가 필수적이다.

사람, 기계, 데이터, 지능, 서비스가 상호 연결되는 초연결의 환경에서는, 누구나 접근 가능하도록 서비스를 제공해야 그 서비스의 잠재력이 극대화된다.[105] 따라서 초연결성은 초지능화와 매우 밀접한 연관이 있다고 볼 수 있다. 4차 산업시대에는 인터넷을 기반으로 초연결·초지능화된 디지털 유기체 생태계가 생겨날 것이다.

초연결성과 초지능화에 따라 산업 간 경계가 소멸될 것이다. 혁신적이면서도 창의적인 신산업에 의해 초연결 지능정보사회가 도래할 것이다. 그렇게 되면 실재하는 사물과 공간뿐만 아니라, 가상공간과 가상의 사물과도 연결될 수 있을 것이다.[106]

---

103 김경민, 파이낸셜뉴스, "현대경제硏 "2020년 1인 2.7개 IoT 연결, 우리도 대비해야", 2016. 02. 02.
104 김진하(2016), 제4차 산업혁명시대, 미래사회 변화에 대한 전략적 대응방안 모색. R&D InI, 15.
105 최계영(2016), 제4차 산업혁명 시대의 변화상과 정책 시사점. KISDI Premium Report.
106 권동승, 황승구(2017), 초연결 지능 플랫폼 기술, 전자통신동향분석. 제32권 제1호 통권 163호, 한국전자통신연구원

출처: 권동승, 황승구(2017)

　　결국 제4차 산업혁명은 선진적인 생산·운영 기술과 스마트 디지털 기술을 결합함으로써, 의사소통 및 데이터 분석 등을 바탕으로 지능적으로 운영되는 자율적인 디지털 기업을 창출하는 것을 포함한다.

　　제4차 산업혁명은 스마트하게 네트워크화된 기술이 조직, 사람 및 자산에 포함될 수 있는 방법을 나타낸다. 로봇공학, 데이터 분석, 인공지능 및 인지기술, 나노기술, 양자컴퓨팅, 웨어러블 디바이스 등의 출현이 4차 산업시대의 특징이라고 할 수 있다. Industry 4.0의 뿌리는 상품의 생산과 제조에 있다. 그러나 단순한 생산 이상의 의미를 가지고 있다. 스마트하게 연결된 기술은 부품 및 제품의 설계, 제조, 사용 및 유지 방법을 혁신할 수 있다. 그것들은 또한 조직 자체를 변화시킬 수도 있다. 즉 우수한 성과를 달성하기 위해서는 어떻게 정보를 이해하고 운영해야 할지를 고민하고, 소비자 및 파트너와의 관계를 지속적으로 개선하기 위해 정보를 어떻게 활용할지를 고려하는 것이다. 요컨대, Industry 4.0은 상품의 생산, 공장 및 기업의 운영, 노동의 방식, 심지어 사회의 규칙까지 바꿀 수 있는 잠재력을 가지고 있는 것이다.

제4차 산업혁명과 사회변화

세계경제포럼(WEF)의 글로벌 어젠다 카운슬(Global Agenda Council)에서는 전 세계 경영진들을 대상으로 '거대한 기술 변화의 티핑 포인트와 사회적 영향'이라는 설문조사를 실시하였다. 이 보고서는 2025년까지 일어날 티핑 포인트를 21개로 정리하고, 각 항목별로 응답자의 비율을 제시하였다.

이후 세계경제포럼 회장 Schwab의 저서(2016)[107]에서는 21개의 티핑 포인트에 2개의 항목을 추가하였다. 그리하여 총 23개 분야에 대한 전반적 개요, 사회에 미치는 긍정적 효과와 부정적 효과, 예측 불가능한 영역, 현재의 동향 등 상세한 분석을 하였다.

〈표 2-4〉를 보면 23개의 미래기술 또는 유망분야의 다수를 차지하는 것은 제품이 아니라 서비스 또는 정책임을 알 수 있다. 또한 대부분이 제4차 산업혁명에서 강조하는 사물인터넷, 빅데이터,

---

107 Schwab, K. (2016), The Fourth Industrial Revolution, World Economic Forum: 송경진 옮김, 「클라우드 슈밥의 제4차 산업혁명」, 메가스터디.

로봇, 인공지능 등과 같은 신기술 및 그 파생분야에 속하고 있음을 알 수 있다.

　제4차 산업혁명은 다양한 분야에 걸쳐 많은 영향을 미치게 될 것으로 예상되고 있다. 특히 경제구조와 사회구조의 측면으로 나

〈표 2-4〉 세계경제포럼의 유망분야

구분	티핑 포인트 등	응답비율(%)
티핑포인트 21개	웨어러블 인터넷	91.2
	누구나 사용가능한 저장소	91
	사물 인터넷	89.2
	로봇공학과 서비스	86.5
	새로운 인터페이스로서의 시작	85.5
	디지털 정체성	84.4
	3D 프린팅 기술과 제조업	84.1
	빅 데이터를 활용한 의사결정	82.9
	체내 삽입형 기기	81.7
	3D 프린팅 기술과 소비자 제품	81.1
	주머니 속 수퍼컴퓨터	80.7
	유비쿼터스 컴퓨팅	78.8
	자율주행자동차	78.2
	3D 프린팅 기술과 인간의 건강	76.4
	인공지능과 화이트칼라	75.4
	정부와 블록체인	73.1
	커넥티드 홈	69.9
	공유경제	67.2
	스마트 도시	63.7
	비트코인과 블록체인	57.9
	인공지능과 의사결정	45.2
추가 2개	맞춤형 아기	
	신경기술	

출처: Schwab(2016)에서 재작성

누어 생각해 볼 필요가 있다.

먼저 경제구조 측면에서 보는 제4차 산업혁명의 영향은, 경제의 효율성과 생산성의 향상을 통한 경제 성장을 들 수 있다. 그 동안 글로벌 경제는 저성장과 생산성의 하락으로 산업경쟁력이 약화되는 상황이 지속되어왔다. 하지만 제4차 산업혁명은 새로운 경제성장을 이룩할 수 있는 발판을 구축할 것으로 예상된다.

제4차 산업혁명이 경제성장을 촉진시킬 것이라는 근거는 다음과 같다.

첫째, 제4차 산업혁명으로 인한 ICT 플랫폼 기반의 글로벌 공급체인 구축, 제품과 공정의 혁신, 그리고 이로 인한 물류와 글로벌 공급체인의 효율성 제고로 인한 생산성 증가를 근거로 들 수 있다.

둘째, 경제구조의 초연결성과 빅데이터 및 인공지능 기반의 초지능화가 결합된 새로운 산업생태계의 구축, 기술기반 플랫폼 발전으로 인한 공유경제(Sharing Economy)[108] 및 온디맨드경제(On-Demand Economy)[109]의 확대와 비즈니스모델 촉진 등을 근거로 들

---

[108] 한 번 생산된 제품을 여럿이 공유해 쓰는 협업 소비를 기본으로 한 경제를 의미한다. 쉽게 말해 "나눠쓰기"란 뜻이다. 자동차, 빈방, 책 등과 같이 활용도가 떨어지는 물건이나 부동산을 다른 사람들과 함께 공유함으로써 자원의 활용을 극대화하는 경제 활동이다. 소유자 입장에서는 효율을 높이고, 구매자는 싼 값에 이용할 수 있게 하는 소비 형태인 셈이다. 2008년 미국발 경제 위기의 충격 이후 새롭게 탄생한 개념이다. 로렌스 레식 하버드대 법대 교수가 처음 만들어 냈다. 대량생산과 대량소비가 특징인 20세기 자본주의 경제에 대비해 생겨난 개념이다. 미국 시사 주간지 타임은 2011년 '세상을 바꿀 수 있는 10가지 아이디어' 중 하나로 공유경제를 꼽았다. [출처: 한국경제신문]

[109] 온디맨드 경제는 각종 서비스와 재화가 앱이나 온라인 네트워크 등의 IT 기술을 통해 수요자가 원하는 형태로 즉각 제공되는 비즈니스를 말한다. 온디맨드 경제는 기존 오프라인 시장을 앱(온라인) 시장으로 끌어오는 O2O(Online to Offline) 서비스의 중심축 역할을

수 있다.[110]

또한 스마트공장(Smart Factory)[111]에 초점을 맞춰, 생산의 자동화와 로봇의 도입으로 인해 개별 고객을 위한 맞춤형 설정, 공정 및 소량생산이 가능해질 것이라는 점도 근거로 들 수 있다.

스마트공장은 새로운 제품을 생산하기 위해 새로운 생산라인을 구축하거나 설정할 필요가 없다. 필요할 때마다 신속한 생산이 가능하기 때문에 생산의 높은 유연성이 확보되고, 디지털 디자인이 생산과정에 즉각 반영되기 때문에 생산 시간을 획기적으로 감소시킬 수 있다.[112]

그러므로 스마트공장은 빅데이터를 통한 소비자 파악과 디자인의 구축, 제품 제조에서부터 생산 및 유통에 이르는 전체 생산 공정에 혁신을 가져오게 될 것이다.

기업의 측면에서도 새로운 비즈니스모델의 출현이 예상된다. 앞으로 기업 간에 벌어지는 경쟁의 핵심은 비용이 아니라 혁신이 될 것이다.

하고 있다. 스마트폰은 사용자가 어느 곳에 있든 상관없이, 현재 위치에서 모든 것을 온라인으로 주문 및 소비할 수 있게 해주었다. 외국에서는 우버와 에어비앤비 같은 공유경제 서비스가 O2O 기반 온디맨드 경제의 문을 열었다면, 국내에서는 음식배달 앱을 시작으로 부동산, 맛집, 택시, 세차, 주차, 세탁, 청소, 피트니스 등 오프라인 전 업종으로 O2O 기반의 온디맨드 서비스 열풍이 본격적으로 퍼져나가고 있다. 모바일 온디맨드형 O2O 서비스가 주목받는 이유는 앱을 통한 주문·결제로 생활의 불편을 즉시 해결할 수 있는 편리함 때문이다. O2O와 핀테크 기반의 서비스가 결합되어 소비자에게 편리함을 제공하고 있다. 또한 사용자들의 평가와 후기를 실시간으로 참조할 수 있고, 세세한 요구사항도 쉽게 주고받을 수 있는 소셜 기능이 제공되기 때문에, 소비자가 양질의 서비스를 편리하게 이용할 수 있다. [출처: 지형 공간정보체계 용어사전]

110 김은경, 문영민(2016), 제4차 산업혁명에 대한 경기도의 대응방향, 경기연구원.

즉 기업은 노동비용을 줄이기보다는 신제품의 신속배달, 고객주도 생산, 고객맞춤형 디자인 및 품질, 자동화 및 관리를 통한 결점 축소 등을 통해 경쟁력을 강화해 나갈 것이다.

또한 제품의 생산 및 이용 과정에서 발생하는 데이터를 활용함으로써, 제품의 결점이나 약점을 줄이고 장점을 강화할 수 있게 된다. 이를 통해 기업의 비즈니스 기회와 수입을 증가시킬 수 있을 것으로 예측되고 있다.[113]

제4차 산업혁명은 경제구조의 변화를 야기할 것이다. 경제구조의 변화는 사회구조의 변화를 불러온다. 이와 같이, 제4차 산업혁명의 영향이 긍정적일 것이냐, 아니면 부정적일 것이냐에 따라 사회변화의 양상이 달라질 것이다.

먼저 사회구조의 측면에서 볼 때, 기술융합을 통해 생산성이 향상됨으로써 생산과 유통에 투입되는 비용이 감소될 것이다. 이는 소득의 증가와 삶의 질 향상으로 이어질 가능성이 높다.

---

111 설계·개발, 제조, 유통·물류 등 생산 전체 과정에 정보 통신 기술(ICT)를 적용하여 생산성, 품질, 고객만족도 등을 향상시킬 수 있는 지능형 공장. 사이버 물리 시스템(CPS : Cyber Physical Systems)을 이용하여 실제와 똑같이 제품 설계 및 개발을 모의 실험하여 자산을 최적화하고, 공장 내 설비와 기기 간에 사물 인터넷(IoT)을 설치하여 실시간 정보를 교환하게 하여 생산성을 증가시키고 돌발 사고를 최소화한다. 그리고 제품 위치, 재고량 등을 자동 감지하여 인적·물적 자원 절감 등 공장의 효율성을 향상시킨다. [출처: 한국정보통신기술협회]

112 Davis, R.(2015), Industry 4.0 digitalization for productivity and growth, European Parliamentary Research Services.

113 김은경, 문영민(2016), 제4차 산업혁명에 대한 경기도의 대응방향, 경기연구원.

114 Bessen, J. (2016), The automation paradox. The Atlantic, Jan 19. Remus, D. & Levy, S. F. (2016), Can robots be lawyers?, Computers, Lawyers, and the Practice of Law, November 27.

제4차 산업혁명에 대해 낙관적인 전망을 가진 연구자들[114]은 Author의 비관론이 노동현장의 자동화가 가진 보완적인 특성을 간과하고 있다고 비판하였다. 이들은 제4차 산업혁명을 통해 시장이 확대되고, 노동수요도 그에 맞춰 증가할 것이기 때문에 고용의 변화가 그리 크지 않을 것이라고 주장하였다.[115]

제4차 산업혁명에 대한 낙관론자들은 제4차 산업혁명에 의한 자동화를 일반적인 발전의 한 형태로 간주한다. 이들은 제4차 산업혁명이 일자리 부족이나 고용감소, 노동시장의 불안정성을 야기할 이유가 없으며, 오히려 지능 기반 자동화로 인한 노동의 보완 효과가 생산성 증대와 노동수요의 증대로 이어질 것이라고 주장하였다. 즉, 자동화와 직무변화는 직업의 대체보다는 시장의 확대를 이끌어낸다는 것이다.[116]

한편, 비관론자들은 제4차 산업혁명으로 인해 사회적 불평등이 가속화되고 빈부격차가 심화될 것이라고 생각한다. 더 나아가, 기계가 사람을 대신함으로써 노동시장의 축소나 붕괴가 일어날 것이라고 예측하고 있다.

특히 노동시장의 경우에는 기술과 임금의 격차가 커짐으로써 일자리가 양분되고, 그에 따라 중산층의 지위가 축소될 가능성이 제기되고 있다.[117] 또한 전문기술직에 대한 수요가 증가하는 데 반해, 저숙련 단순직종의 고용 불안정성은 더욱 심화될 것이고, 결과적

115 Remus, D. & Levy, S. F. (2016), Can robots be lawyers?, Computers, Lawyers, and the Practice of Law, November 27.
116 최계영(2016), 제4차 산업혁명 시대의 변화상과 정책 시사점, KISDI Premium Report.

으로 계층 간 격차는 더욱 벌어질 것이라고 보고 있다.

세계경제포럼(WDF)은 제4차 산업혁명으로 향후 5년간 과학 및 기술 분야의 고용증가가 기대되지만, 노동력을 대체하는 기술의 발달로 전체 일자리는 줄어들 것이라 전망하고 있다.

기술의 변화로 인해 선진국과 신흥국을 포함한 15개국에서 약 200만 개의 일자리가 새로 생겨날 것으로 예상된다. 그러나 그와 동시에 약 700만 개의 일자리가 소멸될 것으로 예상되므로, 전체적으로 보면 약 500만 개의 일자리가 사라질 것이라고 보는 것이다.

2015년부터 2020년까지 일자리가 가장 많이 사라지는 직업군은 사무 및 행정(475만 개)분야인 반면, 일자리가 가장 많이 생기는 직업군은 사업 및 재정운영(49만 개)이라고 한다.[118]

실제로 제4차 산업혁명과 사회구조 변화에 대한 담론의 핵심은 일자리의 축소라고 볼 수 있다. 초연결성과 초지능화로 인해 일자리가 축소·대체됨으로써 노동시장이 붕괴할지도 모른다는 주장이다.[119]

제4차 산업혁명으로 인해 노동시장이 붕괴할 가능성이 높다고 보는 사람들은, 4차 산업시대의 초기에는 육체노동자를 중심으로 일자리 대체가 발생하여 고용불안정성이 높아질 것이라고 생각한

117 현대경제연구원(2016), 제4차 산업혁명의 등장과 시사점, 경제주평, 705.

118 UBS(2016), Extreme automation and connectivity: The global, regional, and investment implications of the fourth industrial revolution. UBS White Paper for the World Economic Forum Annual Meeting 2016.

119 Frey, C. B. & Osborne, M. A.(2013), The future of employment: How susceptible are jobs to computerization?, Oxford Martin School.

다. 그리고 그 이후에는 지식노동 분야로 확대되어 감으로써, 결국 로봇이 모든 영역에서 인간의 일자리를 대체할 것이라고 보고 있다.

컴퓨터나 수학, 건축공학과 같은 영역의 일자리는 인공지능에 기반을 둔 로봇으로 대체되고, 그와 동시에 인간의 판단과 경험을 복제하는 스마트알고리즘 시장이 발전할 것이라는 주장이다.

향후 스마트알고리즘의 정확성이나 생산성이 확인될 경우, 화이트칼라로 불리는 전통적인 직업군이 스마트알고리즘에 의해 대체될 것이다. 이에 따라 회계, 보험, 법률 분야 등의 실업과 고용불안정성도 증가할 것이라고 예상하는 것이다.[120]

제4차 산업혁명을 사회구조 변화의 측면에서 보면, 고용불안정성의 증가와 일자리 축소, 그에 따른 노동시장의 붕괴로 인한 사회적 불평등의 심화 및 계층 간 갈등의 확대 등이 예상된다. 이 경우, 사회 전반에 걸쳐 양극화가 심화될 수밖에 없다.

초지능화된 제조용 로봇은 기업 및 고용주의 생산성과 노동유연성을 강화시켜줄 것이다. 뿐만 아니라 생산비와 유통비가 감소하고, 로봇의 일자리 대체로 인해 인건비가 감소하며, 제품의 불량률까지 감소함으로써 엄청난 부의 축적이 가능할 것으로 예상된다.

그러나 노동자들의 근로소득은 크게 감소할 것이다. 이로 인해 부익부 빈익빈 현상이 더욱 심화될 것으로 전망된다.

---

120 UBS(2016), Extreme automation and connectivity: The global, regional, and investment implications of the fourth industrial revolution. UBS White Paper for the World Economic Forum Annual Meeting 2016.

제4차 산업혁명과
일자리

제4차 산업혁명 시대의 도래로 산업 간의 경계가 허물어지고, 수요자 중심의 서비스 경제 체제로의 구조 전환이 촉진될 것으로 전망된다. 산업 구조의 변화는 일자리 구조와 밀접하게 관련되어 있다. 따라서 우리는 현재 일자리 구조의 급격한 변화의 초입에 있다고 할 수 있다.

제1, 2, 3차 산업혁명으로 인한 기술혁신은 기존 경제의 중심축을 뒤흔들며 새로운 산업, 시장, 상품, 아이디어를 만들어내 왔다. 핵심 산업이 바뀔 때마다 기존 일자리가 줄어들었다. 이로 인해 일자리 감소에 대한 우려는 산업혁명 도입기마다 제시되어 왔다.

미국의 시사 잡지 Time[121]은 1960년 2월 24일에 "자동화는 기존 일자리를 없앨 뿐만 아니라, 이를 대체할 직업을 충분히 창출해내지 못할 것이다. 과거에는 자동화 때문에 제조업에서 없어진 일자리가 서비스업으로 대체되었지만, 작금에는 새로운 산업이 중간

---

121 Time(1961) "Business: The Automation Jobless", http://content.time.com/time/ magazine/article/0,9171,828815,00.html(최종접속일: 2018. 1. 23.)

기술의 직업을 없앨 것이다."라고 보도한 바 있다.

　산업혁명이 있을 때마다 전문가들은 일자리에 대한 비관적인 전망을 해왔다. 그러나 일자리는 그 형태가 변하였을 뿐, 그 수에는 큰 영향이 없었다. 기계가 인력을 대체했지만 기술혁신으로 인한 생산성이 증가하면서 소득의 증대를 가져왔고, 기존에 없던 수요가 늘어남으로써 새로운 일자리가 생성되었다. 결과적으로 전체 일자리의 수는 이전보다 증가하였다.

일자리의 변화

　인간의 일자리를 빼앗는 기계에 저항하려는 움직임은 오랜 역사를 가지고 있다. 영국에서 '러다이트 운동(Luddite Movement)'이라 불린 기계 파괴 운동이 일어난 시기는 정확히 200여 년 전(1811~1817년)이다.

　러다이트운동은 수공업자들보다 더 빨리, 정교하게 직물을 짜내는 기계를 없애버리자는 움직임에서 시작되었다. 그러나 이러한 저항에도 불구하고 직물 공장은 빠르게 확산되었고, 방직 공장의 자동화는 면직물 가격을 하락시켰다. 결국 면직물 수요의 증가로 1830년부터 1900년 사이에 방적공의 수는 오히려 4배나 증가하였다.

　1865년 영국이 제정한 '붉은 깃발법(Red Flag Act)'은 자동차의 상용화에 반발하는 마부들을 달래기 위해 제정되었다. 한 대의 자동차가 운행되려면 운전사와 기관원, 기수가 반드시 따라붙어야 한다든지, 기수가 붉은 깃발을 들고 55m 앞에서 자동차를 선도해야한다는 등의 규제였다.

그러나 이 법은 21년 동안이나 영국 자동차 산업의 발전을 방해하였다. 정부의 이 같은 노력에도 불구하고 마부라는 직업은 결국 없어졌으며, 영국이 자동차 산업의 패권을 잡지 못하게 되는 결과를 초래하고 말았다.[122]

한편 미국의 경우, 1790년대 미국 인구의 90%가 농업에 종사했다. 1960년부터 1987년 사이의 농촌 인구는 1,500만 명 이상에서 600만 명으로 줄었으며, 1990년에는 전체 인구의 2%만이 농업에 종사하는 것으로 나타났다. 농업인구의 수는 지난 200년 동안 어마어마하게 줄어든 것이다.[123] 이 수치는 농산물 관련 유통 인구까지 감안한 것으로, 순수 생산인구는 2%에도 미치지 않는다. 농업 자동화 기계의 등장으로, 90%의 농업 인구가 하던 일을 2%도 안 되는 인구가 대신할 수 있게 된 것이다.

결과적으로 농업인구의 수는 감소했지만, 1차 산업혁명의 결과로 기계가 등장함으로써 전체 산업의 생산성은 증가하였다. 이로써 제조업이 부상하였고, 결국 부의 증가와 일자리의 증가를 낳았다.

2차 산업혁명기에는 전기가 발명되어 대량생산이 시작되었다.

---

122 중앙일보 [취재일기] 러다이트 운동의 교훈, 미래는 피할 수 없다, 2017. 9. 21. http://news.joins.com/article/21956420. (최종접속일: 2018. 1. 18.)

123 Stephen S. Birdsall and John Florin (1998). "Outline of American Geography", Bureau of International Informaition Programs United Stated Department of State.

이 시기에도 일자리는 더욱 늘어났다. 기술의 발달하자 기존에 없던 세탁기, 냉장고 등과 같은 가전기기 수요가 폭발적으로 늘어났고, 이것은 곧 생산성의 증가로 이어졌다.

1980년대는 기술혁신이 단기적인 고용감소를 야기했지만, 곧 회복되었기 때문에 장기적으로는 거의 영향을 주지 않았다는 실증적인 분석도 나왔다.

또한 미국의 경우 1960년부터 2014년 사이에 공장에서 일하는 인구의 비중은 3분의 2나 감소했지만, 생산성은 획기적으로 증가한 것으로 보고되었다. 이것은 제조업에 종사하던 인력이 서비스업으로 옮겨갔기 때문이었다.[124]

1973년부터 2014년 사이의 기술발달을 통해 노동자들의 시간당 평균 생산성이 108% 증가했다. 노동에 따른 시간당 평균 보상금액도 85% 늘어났다.[125]

제러미 리프킨(Jeremy Rifkin)은 2012년 그의 저서[126]에서 2차 산업혁명이 끝나고 있다고 주장하였다. 커뮤니케이션 기술(인터넷 기술)의 발달과 새로운 에너지 체계(재생에너지)가 결합함으로써, 수평적 권력을 기반으로 삼는 3차 산업혁명을 이끈다고 주장했다.

재생에너지는 모든 사람이 함께 누릴 수 있는 자원이다. 인터넷

---

124 U.S. Department of Labor, Bureau of Labor Statistics and Haver Analytics, Establishment Survey, Table B-1, 1960-2014

125 U.S. Department of Labor, Bureau of Labor Statistics, and Haver Analytics, "Labor Force Statistics from the Current Population Survey"

126 Jeremy Rifkin(2012), The Third Industrial Revolution.

은 수많은 사람을 수평적으로 연결한다. 결국 3차 산업혁명으로 인해 소유 중심의 수직적인 권력구조가 공유 중심의 수평적 권력구조로 재편될 것이라고 주장한 것이다.

리프킨은 3차 산업혁명의 대표산업으로 사회적 기업을 꼽았다. 대표 주거형태로는 주거지와 미니 발전소의 결합(빌딩의 발전소화)을 꼽았고, 협업경제와 분산 자본주의 경제구조를 3차 산업혁명 시대의 특징으로 제시하였다.

3차 산업혁명 시대에는 컴퓨터와 인터넷의 등장으로 타이피스트(Typist)와 같은 직업들이 사라졌다. 그러나 다양한 정보관련 직업들과 SNS(Social Network Service)와 같은 새로운 의사소통 및 정보교환의 통로가 생겨났다.

특히 스마트폰의 발전과 확산으로, 애플리케이션이 만들어내는 경제 생태계인 '앱 경제(App Economy)'[127]가 등장하였다. 애플리케이션만으로 PC, 인터넷, 구매자, 판매자, 생산자, 전통경제 등이 연결되었고, 이를 통해 거시경제뿐만 아니라 개인의 일상생활에도 커다란 변화가 야기되어 왔다.

2011년 9월, 메릴랜드(Maryland) 대학의 Robert H. Smith 경영대학 교수진은 Facebook 및 모바일 기술 응용 프로그램의 결합

---

127 이동통신사로부터 독립된 새로운 모바일 인터넷 생태계로 구축된 앱스토어 중심의 경제. 고용 창출 등 긍정적 경제 효과가 막대한 규모로 성장함에 따라 미래 신성장 동력과 사람들의 일상생활마저 변화시키는 혁신산업으로 자리매김하고 있다. 넓은 영역에 걸쳐 이용자에게 매력적인 경험을 제공하기 위하여 참여 개발자들이 이용 방법 등을 다양하게 변형시킬 수 있도록 플랫폼을 개방하는 특징을 갖고 있다. [출처: 한국정보통신기술협회]

으로 적어도 182,000개의 새로운 일자리가 창출되었고, 121억 9천만 달러 이상의 경제효과가 발생했다고 발표했다.[128]

산업혁명은 당대의 고유한 시대적 상황 속에서 탄생했다. 사람들의 우려와 달리 일자리는 축소되지 않았다. 오히려 삶의 질을 향상시키고 수요를 증가시켜 새로운 일자리를 창출해왔다.

일자리는 그 형태가 변했을 뿐이며, 기술혁신 때문에 감소한 예는 없었다. 그러나 2000년 이후부터는 생산성의 증가속도가 고용 성장 속도보다 더 빠르게 진행되고 있는 실정이다.[129]

UBS 보고서는 ①노동시장의 유연성, ②기술의 숙련도, ③교육시스템, ④사회 인프라(SOC)수준, ⑤법적 보호 등의 5개 지표에 따라 제4차 산업혁명을 준비하는 국가별 점수를 산정하고, 가중 평균치에 의거하여 국가 순위를 정한다. 우리나라는 제4차 산업혁명에 대한 적응준비수준 순위가 세계 139개국 가운데 25위를 기록했다. 우리나라는 노동시장 유연성에서 89위에 머물렀으나, 기술 수준 23위, 교육시스템 19위, SOC 20위로 중간 이상의 평가를 받았다.

스위스, 싱가포르, 네덜란드, 핀란드, 미국 등이 1~5위를 차지했

---

128 이동통신사로부터 독립된 새로운 모바일 인터넷 생태계로 구축된 앱스토어 중심의 경제. 고용 창출 등 긍정적 경제 효과가 막대한 규모로 성장함에 따라 미래 신성장 동력과 사람들의 일상생활마저 변화시키는 혁신산업으로 자리매김하고 있다. 넓은 영역에 걸쳐 이용자에게 매력적인 경험을 제공하기 위하여 참여 개발자들이 이용 방법 등을 다양하게 변형시킬 수 있도록 플랫폼을 개방하는 특징을 갖고 있다. [출처: 한국정보통신기술협회]

129 http://thedailyrecord.com/2011/09/19/facebooks-impact-on-u-s-economy(최종 접속일: 2018. 2. 11.)

으며, 아시아 국가로는 일본(12위), 대만(16위), 중국(28위)의 순으로 나타났다.[130]

일자리 논란

제4차 산업혁명에 따른 일자리 변화에 대해서는 크게 두 가지의 견해가 있다. 제4차 산업혁명시대에는 전체 일자리가 감소할 것이라는 주장과, 지금까지와 같이 산업혁명으로 인한 일자리 감소는 발생하지 않을 것이라는 의견이 그것이다.

제4차 산업혁명이 일자리 감소를 일으킨다고 보는 사람들은 인공지능, 자동화, 로봇 기술 등이 단순 노동만을 대체하는 것이 아니라, 그동안 자동화로부터 안전하다고 여겨졌던 전문직 일자리까지 위협하기 때문에 기존 산업혁명들과는 다르다고 주장한다. 즉 의사, 변호사, 기자 등의 전문직 일자리들까지도 로봇에 의해 대체된다는 것이다.

이미 다보스포럼에서 2020년까지 500만 개의 일자리가 없어질 것이라고 경고한 바 있다. 일자리가 감소할 것으로 전망되는 직업에는 사무행정직, 건설채광업, 제조업생산 등이 꼽혔다. 현재 초등학교에 입학하는 아이들의 65%가 기존에 존재하지 않는 새로운 직종에서 일하게 된다고 내다보기도 했다. 이러한 예측도 기계가 인간의 일자리를 차지한다는 논리에 근거하고 있다.

---

130 UBS(2016) 4th industrial revolution report, World Economic Forum.

옥스퍼드 대학의 Frey와 Osborne는 미국 노동부의 O*NET 조사통계(2010)와 연구진의 정성적 평가를 결합한 후, 지도학습 방법론을 적용하여 702종의 일자리를 대상으로 자동화 가능성을 도출하였다.[131]

〈표 2-5〉에서 1위에 랭크된 직업은 가장 살아남을 확률이 높은 직업이다. 전체 702개의 직업 중 1위를 한 직업은 레크리에이션 치료사로, 사라질 확률은 불과 0.28%였다. 그 다음은 비상경영이사(응급상황 관리사), 치과의사, HR매니저 등의 순서였다.

한편, 〈표 2-6〉를 보면 702개의 직업 중에서 텔레마케터, 세무대리인, 도서관 사서 등이 사라질 확률이 가장 높은 직업으로 선정되었다. 그 다음은 보험조정인, 법률비서 등이 차지했다.

〈그림 2-2〉은 미국의 직업 중 47%가 향후 10~20년 사이에 70% 이상의 확률로 자동화될 것임을 보여주고 있다. 임금과 교육 수준이 낮을수록 자동화에 의한 대체의 가능성이 높다고 분석되었다. 이 수치는 각 직업별 업무전산화 대체 확률을 모든 직업에 대한 백분율로 추정한 결과이다. 70개 대표직업의 업무전산화 대체 확률을 계산하고, 나머지 632개의 직업에 이 패턴을 적용하여 산출하였다.

반면 지난 3차 산업혁명이 우려와 달리 일자리의 증가를 가져왔던 것처럼, 제4차 산업혁명 또한 일자리를 증가시킬 것이라는 낙

---

131 Frey, C. B. & Osborne, M. A.(2013), The future of employment: How susceptible are jobs to computerization?, Oxford Martin School.

〈표 2-5〉 The ranks occupations according to their probability of computerisation

Computerisable		
Rank	Probability	Occupations
1	0.0028	Recreational Therapists
3	0.003	Emergency Management Directors
15	0.0042	Physicians and Surgeons
19	0.0044	Dentists, General
28	0.0055	Human Resources Managers
32	0.0065	Computer Systems Analysis
34	0.0068	Curators
35	0.0071	Athletic Trainers
46	0.009	Registered Nurses
54	0.012	Pharmacists
61	0.014	Marketing Managers
70	0.015	Chief Executives
78	0.017	Architectural and Engineering Managers

출처: Frey, C. B. & Osborne, M. A.(2013)에서 재작성

관적인 전망도 존재한다.

맥킨지 글로벌 연구소는 제4차 산업혁명에서 신기술과 관련된 새로운 직군과 산업분야에서 일자리가 생성되고, 고숙련 노동자에 대한 수요가 증가할 것으로 내다봤다. 직무 관점에서도 로봇과 인공지능이 담당하지 못하는 '인지능력'과 '복합문제 해결능력'에 대한 요구도 높아질 것으로 전망하였으며, 이에 대한 훈련의 필요성을 제시하였다.[132]

미국 리서치회사인 Pew Research에서는 전문가들을 대상으로

〈표 2-6〉 The ranks occupations according to their probability of computerisation

Computerisable		
Rank	Probability	Occupations
702	0.99	Telemarketers
697	0.99	Watch Repairers
695	0.99	Tax Preparers
692	0.99	Library Technicians
689	0.98	Insurance Claims and Policy Processing Clerks
679	0.98	Shipping, Receiving, and Traffic Clerks
671	0.98	Bookkeeping, Accounting, and Auditing Clerks
672	0.98	Legal Secretaries
663	0.97	Real Estate Brokers
657	0.97	Cashier
649	0.97	Farm Labor Contractors
643	0.96	Billing and Posting Clerks
641	0.96	Cooks, Restaurant
628	0.96	Receptionists and Information Clerks

출처: Frey, C. B. & Osborne, M. A.(2013)에서 재작성

향후 로봇이 인간의 일자리를 차지할 것인가에 대해 조사한 결과, 2025년까지는 로봇이 사람의 일자리를 빼앗지 않을 것이라고 응답한 전문가가 52%, 빼앗을 것이라 응답한 전문가가 48%였다. 낙관적인 전망이 조금 더 우세한 것이다.[133]

---

132 최석현(2017), 제4차 산업혁명 시대, 일자리 전략은?, 경기연구원.
133 Pew Reserch Center(2014). "AI, Robotics, and the Future of Jobs" http://www.
    pewinternet.org/2014/08/06/future-of-jobs/(최종접속일:2018. 2. 20.)

〈그림 2-2〉 미국 노동시장의 업무전산화 대체 확률 분포

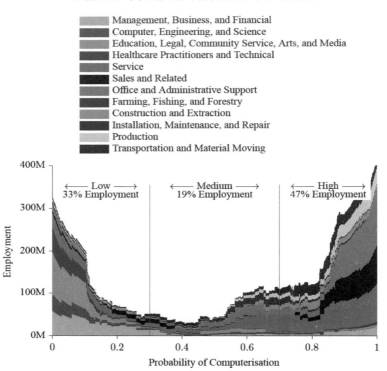

Management, Business, and Financial
Computer, Engineering, and Science
Education, Legal, Community Service, Arts, and Media
Healthcare Practitioners and Technical
Service
Sales and Related
Office and Administrative Support
Farming, Fishing, and Forestry
Construction and Extraction
Installation, Maintenance, and Repair
Production
Transportation and Material Moving

Katz, I. F. 와 Margo, R. A.는 '숙련 노동의 기술적 변화와 상대적 수요'라는 연구를 통해, 인간은 기술혁신이 발생할 때마다 새로운 일자리를 만들어냄으로써 장기적인 고용률을 안정적으로 유지시켜 왔다고 분석했다. 다만 새로운 일자리에 대한 전문성을 갖추기까지는 시간이 걸릴 수 있다고 밝혔다.

미래학자인 Jim Dator는 제4차 산업혁명 시대의 일자리 변화에 대한 상반되는 예측에 대해, 전문가들은 어떻게 생각하고 있는지 알아보고자 인터뷰를 진행하였다.[134]

인터뷰 대상은 미국의 경제학자 겸 미래학자인 Jeremy Rifkin, 인공지능 연구의 초기 단계였던 1970년대에 인공지능의 핵심기술 중 하나인 자연언어 처리를 연구했던 와튼 경영대학원 교수 Jerry Kaplan이었다.

세계적으로 영향력이 있는 두 미래학자의 인터뷰는 모두 이메일로 질문하는 방식으로 진행되었으며, 제4차 산업혁명과 일자리의 변화에 대한 전망, 자아실현 욕구 발현에 대한 분석, 대응방안의 3가지로 나누어 이루어졌다.

Jeremy Rifkin는 앞으로 40년간은 일자리가 많이 늘어난 후 사물인터넷 인프라가 형성된 후에는 일자리가 감소할 것으로 전망했으며, Jerry Kaplan은 새로운 기술은 이전 산업혁명 때와 마찬가지로 기존 일자리를 없애는 대신 새로운 일자리를 창출할 것이나, 새로운 직업을 만들어내는 데에는 시간이 걸릴 수 있다고 내다봤다.

또한 앞으로 사라지게 될 일자리에 대해 Jeremy Rifkin는 재화 및 서비스 생산에 관련된 인력이 줄어들 것이라고 전망했고, Jerry Kaplan은 단순작업 일자리뿐만 아니라 전문성과 지식을 겸비한 화이트칼라 일자리마저 기계로 대체될 것으로 예상했다. 벽돌을 쌓는 작업이나 잔디를 깎는 일뿐만 아니라, 엑스레이를 판독하거나 단순한 뉴스기사를 쓰는 일과 같이, 목표가 확실하고 목표를 이

---

134 Jim A. Dator (2002). "Advancing Futures: Futures Studies in Higher Education", Praeger.

루는 수단이 확실한 직업이 자동화될 것으로 예측했다.

제4차 산업혁명과 일자리의 관계에는 다양한 견해가 존재한다. 이것은 제4차 산업혁명이 기존의 산업혁명과는 달리 기술발전의 기하급수적인 속도, 기술 범용성의 무한대적 확장, 생산·경영·거버넌스 측면에서 그 충격의 범위를 예상할 수 없다는 특징을 가지고 있기 때문이다. 이러한 특징들로 인해 향후 노동시장의 변화를 예측하기 어렵기 때문에 다양한 견해가 생겨나고 있다고 볼 수 있다.[135]

영향과 기대 효과

제4차 산업혁명의 영향과 기대효과는 무엇인가? 제4차 산업혁명의 효과는 전체 생태계 조직 수준, 개별 직원 및 고객의 수준에서 느낄 수 있다. 첫째, 생태계의 연결을 통해 보다 나은 의사 결정을 추진할 수 있다. 제4차 산업혁명은 기업을 운영하고 제품을 생산하는 방식뿐만 아니라, 공급 업체, 고객, 규제 고려 사항, 투자자 및 기타 제3자, 전문가 및 영향력 있는 사람들이 기능하고 상호 작용하는 생태계 자체를 변화시킬 것이다.

제4차 산업기술은 네트워크의 모든 지점들이 상호작용할 수 있게 해준다. 따라서 이해 관계자는 연결된 시스템의 일정한 데이터 스트림을 사용하여 새로운 조건을 배우고 적응할 수 있으며, 새로운 예측을 시작할 수도 있다.

---

135 최석현(2017), 제4차 산업혁명 시대, 일자리 전략은?, 경기연구원.

네트워크는 제4차 산업 기술에만 적용된 것은 아니다. 그러나 네트워크는 제4차 산업이 생태계를 연결하고 구성하는 방법과 예시를 제공한다. 이해 관계자는 네트워크를 바탕으로 다양한 출처의 정보를 통합함으로써, 보다 총체적인 결정을 내릴 수 있게 된다.

선형 및 순차적 비즈니스 운영을 상호 연결된 개방형 시스템으로 전환시킴으로써, 산업을 변화시키고 기업의 운영, 협력 및 경쟁의 기반을 마련할 수 있다.

둘째, 진화하는 조직에 대응하기 위한 새로운 압력과 요구에 적응할 수 있다.

대부분의 조직은 조직 및 생태계 전반에 걸친 변화로 인해 압박을 받고 있다. 급속하게 진화하는 기술, 네트워크 복잡성 증가 및 생산·수요의 세계적인 분리(division), 예상치 못한 출처로부터의 경쟁 압력 증가, 디지털 및 물리적 기술의 결합으로 인한 조직 재편, 지속적인 인재의 도전 등이 조직을 압박하는 요소들이라고 할 수 있다.

제4차 산업은 이러한 문제 중 일부를 해결할 수 있는 방법을 제공할 수 있다. 실시간으로 데이터에 적응하고 학습하는 능력은 조직의 대응력, 능동성, 예측성을 향상시켜 조직의 운영 중단이나 생산성 문제 발생을 방지해준다.

제4차 산업의 영향은 조직에 따라 독특하게 발현될 수 있다. 제4차 산업에서 디지털 및 물리적 기술의 통합으로 인해 새로운 비즈니스 결과가 나타날 수 있으며 이것은 운영 개선과 매출 성장의 두 가지 핵심 영역으로 나눌 수 있다.

먼저, 운영 개선은 생산성 향상(예 : 노동 효율성 향상 및 비용 및 일정 정확도 관리) 및 위험 감소(예 : 공급 업체, 데이터 및 지리적 위험 완화 및 공급 가용성 보장)에 집중할 수 있게 해준다.

매출 성장의 측면에서는 핵심 비즈니스에서 새로운 효율성을 찾고, 고객 데이터를 통해 고객에 대한 이해를 심화시켜 수익을 증대시킬 수 있다. 이를 통해 새로운 제품(예 : 연결된 시스템의 데이터를 사용하여 새로운 제품을 만드는 등), 새로운 서비스, 새로운 수요 데이터와 새로운 디지털 기술을 활용함으로써 새로운 시장으로 보다 쉽게 확장 할 수 있다. 셋째, 개인의 개성을 활용하여 근로자와 고객 모두에게 도전과 권한을 부여할 수 있다. 이때 제4차 산업은 개개인이 저마다의 개성을 가지고 있다는 것을 의미한다. 직원들에게는 제4차 산업에서 기대되는 업무의 변화와, 변화된 업무를 수행할 다양한 방법을 의미할 수 있다. 고객의 측면에서 본 제4차 산업은 한 차원 높은 사용자 맞춤 서비스를 통해, 개별 고객의 요구를 보다 잘 충족시키는 고품격 서비스를 제공하는 것을 뜻한다. 넷째, 노동력의 수요가 변화할 수 있다. 제4차 산업 시대의 스마트 자동화 및 유비쿼터스 연결 시스템의 등장은 조직이 직원에게 요구하는 기술, 수행해야 할 작업, 필요한 역할 등의 변경을 가능케 한다. 이러한 변경 사항은 제4차 산업 자체가 아직 초기 상태이므로 불투명하게 느껴질 수 있으며, 전체적인 윤곽은 계속 이동 중이다.

영국의 제4차 산업기술의 경우, 80만 개의 일자리가 사라졌음에도 불구하고 2001년과 2015년 사이에 350만 개의 새로운 일자리를 창출하는 데 도움이 되었다.[136]

개인 차원에서의 제4차 산업은 근로자 개인이 더 많은 일을 하고 더 많은 도전을 할 수 있게 한다. 디지털 세계와 물리적 세계가 결합됨으로써, 근로자들은 데이터와 네트워크에 액세스하여 복잡하고 가변적이며 예측할 수 없는 작업을 수행하도록 요구받고 있다. 또한 새로운 기술, 조직의 워크플로(work flow)에 통합되는 방식, 조직의 일상적 기능 등을 습득하기 위해 새로운 교육을 받아야 할 수도 있다. 개인은 제4차 산업기술과 상호작용하면서, 해당 기술이 작동하는 방법을 탐색해야 하며, 책임과 역할이 어떻게 진화할 수 있는지 파악해야한다.

제4차 산업이 산업체의 근로자에게 미치는 영향은 다양한 형태를 취할 가능성이 높다. 스마트·디지털 기술과 물리적 기술은 근로자의 작업을 개선하고, 보다 쉽게 작업하게 하기 위한 도구로 사용될 수 있다.

이를 통해 자동화 기술이 사람과 함께 일하는 방식이 좀 더 폭넓은 파트너십 관계로 발전할 수 있다. 각각의 파트너, 즉 사람과 자동화 기술은 자신들의 고유한 강점을 발휘함으로써, 각기 별도로 작업하는 것보다 더 큰 성과를 달성할 수 있다.

다섯째, 새로운 제품 및 서비스는 고객을 위해 보다 맞춤화된 매력적인 경험이 될 수 있다. 제4차 산업시대에는 제품을 소비하는 고객에 대한 잠재적 영향을 분석함으로써, 제품의 초기 연구 및 판

---

136 https://www2.deloitte.com/insights/us/en/deloitte-review/issue-22/industry-4-0-technology-manufacturing-revolution.html

매 단계에서부터 계정 관리 및 애프터 마켓 서비스에 이르기까지, 모든 단계에서 상당한 이익을 얻을 수 있다. 제4차 산업시대에 본격화될 PDP 루프(Physical-to-Digital-to-Physical Loop)는 제품에 대한 고객의 반응을 평가해서 고객에게 도움이 되는 설명을 제공한다. 제품, 서비스 또는 기타 터치 포인트를 통해 회사와 상호 작용하여, 고객 요구에 부합하는 데이터를 분석 및 생성한다. 고객의 이력 정보 데이터를 다른 고객의 이력 정보 데이터와 함께 집계·분석함으로써, 고객이 원하는 것을 더 잘 이해하고 예측할 수 있게 된다. 이러한 데이터는 고객에게 보다 나은 제품을 제공하기 위한 연구 및 개발 프로세스로 피드백될 수 있다.

기능의 변화

제4차 산업혁명은 기업이 기능하고, 확장하며, 경쟁하는 방식을 바꾸고 있다. 조직은 새로운 기술에 투자할 방법과 장소를 결정하고, 요구 사항을 가장 잘 충족시킬 수 있는 기술을 식별해야만 한다. 제4차 산업혁명이 가져올 혁신적인 변화와 기회를 이해하지 못하는 기업들에게는 더 이상 미래가 없다.

전통적인 선형 데이터 및 통신에 익숙한 비즈니스 리더들도, 데이터 및 인텔리전스에 실시간으로 액세스함으로써 비즈니스 수행 방식을 근본적으로 바꿀 수 있다. 다양한 소스 및 장소의 디지털 정보를 실시간으로 통합하여 지속적으로 비즈니스를 수행할 수 있다. 이러한 비즈니스 방식은 제4차 산업시대에는 일상적인 방식이 될 것이다. 기업이 데이터 및 인텔리전스에 실시간으로 접속하려면, 물리적 세계와 디지털 세계 사이의 정보 및 동작이 지속적으로 순환해야 한다. 이러한 흐름은 물리적(Physical) - 디지털(Digital) - 물리적(Physical)이다. 이를 PDP 루프라고 통칭한다. 3단계의 반복적인 PDP 루프 속에서, 기업의 정보와 활동이 지속적으로 순환·발전해나갈 수 있다.

이 프로세스를 달성하기 위해 제4차 산업은 분석, 로봇 공학, 고성능 컴퓨팅, 자연 언어 처리, 인공지능 및 인지기술, 고급 재료 및 증강 현실과 같은 물리적 기술과 디지털 기술을 결합하고 활용한다. 조직 내부의 네트워크 연결성은 새로운 것이 아니다. 이미 많은 조직에서 PDP 루프의 일부분인 물리적-디지털(Physical to Digital) 및 디지털-디지털(Digital to Digital) 프로세스가 준비되고 있다.

PDP 루프는 디지털 세계와 물리적 세계 사이의 흐름이자 도약이다. 이것은 대량의 실시간 데이터와 정보를 분석·처리하는 능력에 기반을 두고 있다. 이러한 점에서 제4차 산업의 본질과 가치를 잘 보여준다고 할 수 있다.

PDP 루프의 프레임워크를 사용한 기업 조직의 가치창출

사회와 기술의 변화가 빠르게 진행되고 있는 가운데, 기업조직이 현 상태를 발전적으로 지속하는 것은 어려울 수 있다.

PDP 루프를 기업조직의 프레임워크로 활용하면, 제4차 산업기술은 기업조직의 가치를 다음과 같이 업그레이드할 수 있다. 첫째, 업계와 관련된 제4차 산업은 일상생활의 모든 것에 가치를 부여한다. 제4차 산업 혁명을 올바로 이해하기 위해서는 '우리가 상상하는 것이 곧 실현된다.'라는 명제를 이해해야 한다. 제4차 산업은 비즈니스 운영, 인력 및 사회 자체를 포괄하도록 성장하며, 공급망과 제조의 근원은 세계의 중심을 구성한다.

무엇을 재료로 만들었는지, 어떻게 만들어졌는지, 우리에게 어떻게 도달하는지, 어떻게 고정되어 있어야 하는지, 어떻게 사용했는지 등은 모두가 제품 생산·수명 주기의 일부라고 할 수 있다. 그러므로 제4차 산업은 인류가 일하는 방식을 근본적으로 바꿀 가능성이 있다. 또한 고객이 고객과 상호 작용하는 방식, 기업과 고객이 상호 작용하는 방식 등을 바꿈으로써 기업 가치에 영향을 줄 수 있다.

둘째, 제4차 산업은 디지털 세계와 물리적 세계를 통합하고, 새로운 기술과 역할을 필요로 하는 인력의 변화를 통해 기업의 가치를 창출할 수 있다.

기업의 운영, 상품과 서비스의 제조·공급, 네트워크 및 제품의 디지털화를 통해 사람, 기계, 분석 및 예측, 통찰력 등이 결합됨으로써, 기업이 더 나은 통합적인 의사 결정을 할 수 있게 된다.

셋째, 제4차 산업은 완벽하게 연결된 PDP프로세스를 통해 엄청난 가치창출의 기회를 제공할 수 있다.

제4차 산업시대에는 PDP 프로세스를 선형 방식으로 모니터링하는 것이 아니라, 항상 PDP 프로세스 속에서 비즈니스를 수행한다. 기업은 학습 과정을 수립하여 PDP 프로세스로 피드백할 수 있다. 기업은 이를 통해 실시간으로 현명한 의사 결정을 내리고, 보다 잘 설계된 제품·서비스·시스템을 통해 자원을 효율적으로 사용함으로써, 고객의 요구를 더 정확하게 예측하고 더 나은 비즈니스를 수행할 수 있게 될 것이다.

넷째, 제4차 산업의 디지털 흐름은 Industry 4.0의 솔루션 중 하나이다. 제품의 초기 설계부터 완성에 이르기까지, 전체 설계 및 생산 프로세스가 완벽한 데이터 트렌드와 연결된다. 이는 결국 가치창출로 이어진다.

다섯째, 제4차 산업은 공급망 또는 제조뿐만 아니라 비즈니스 운영 및 매출 성장에도 기여한다. 제4차 산업은 공급망이나 제품의 생산에 한정되지 않으며, 모든 산업 부문, 심지어 사회 자체에도 영향을 미칠 수 있다.

제4차 산업은 비즈니스 운영 및 매출 성장, 제품 업그레이드, 공급망 및 고객 경험을 향상시킬 수 있다.

여섯째, 디지털 기술과 물리적 기술의 결합은 고객, 소비자, 직원 및 비즈니스 환경이 새로운 조직을 경험하고 상호작용하는 방식에 영향을 미칠 수 있다. 금융, 에너지, 기술 및 건강관리 서비스와 같이 정보의 생산과 이동에 중점을 두는 조직은, 물리적 상품의 생산과 이동에 대한 다양한 문제와 과제에 직면하게 될 것이다.

따라서 더 나은 제품 및 서비스, 고객 경험을 제공하고, 공급 업체 및 기타 이해 관계자와의 관계를 구축하기 위해서는 네트워크로 연결된 시스템과 정보가 필수적인 요소가 될 것이며, 이에 따라 그 가치가 더욱 상승하게 될 것이다.

고객의 변화

제품

제4차 산업은 제품이 설계되고 개발되는 방식을 변화시킬 수 있다. 4차 산업과 연결된 기술인 센서 및 웨어러블, 분석 및 기계 학습, 첨단 제조 기술, 첨단 컴퓨터 수치제어 및 로봇공학을 활용한 프로토타입(Prototype)의 제작 및 테스트를 통해, 기존에 없던 혁신적인 제품을 다양한 방법으로 제작할 수 있다.

기업은 물리적인 물체뿐만 아니라 가치 있는 데이터와 서비스를 판매 할 수 있다. 이는 새로운 비즈니스 모델이 될 것이다.

공급망

대부분의 회사는 공급망을 가지고 있다. 공급망은 운영상의 필요에 따라 고유한 형태를 취하게 된다. 공급망은 재료, 부품 및 기타 물리적인 물질 뿐만 아니라 데이터, 정보 및 전문 지식의 유통망도 포함한다. 어떤 경우에든 공급망은 외부 환경에 의해 작동된다.

제4차 산업은 스마트팩토리(지능형 공장)를 활성화하고, 공급망 및 물류 기능을 연결하며, 계획 및 재고 프로세스를 알려주는 등의 다양한 기능을 제공한다. 이로 인해 공급망에도 다양한 도전 과제와 기회가 생겨날 것이다. 공급망에 대한 이러한 과제와 기회들은 제4차 산업이 제공하는 솔루션들을 통해서 실현되거나 해결될 것이다.

고객

제4차 산업은 고객 의사결정의 모든 단계에서 혁신과 성장을 위한 새로운 기회를 창출할 수 있다. 지능형 제품 및 서비스를 통해 수집된 데이터는 고객에 대한 깊은 이해를 가능하게 한다.

네트워크로 연결된 시스템에서 수집된 정보는 고객 경험, 직접 판매 및 마케팅 전략을 향상시킬 수 있다. 또한 회사와 파트너가 고객에게 사후 판매 지원을 제공하는 데 활용됨으로써, 고객과의 관계 강화에 도움을 줄 수 있다.

제4차 산업시대의 고객 경험은 물리적으로 실재하는 상품뿐만 아니라, 고객과 상품의 상호작용과 관련된 정보, 사용자의 취향과 개인화 설정 정보, 그리고 기업이 이러한 정보들을 분석·통찰하여 고객에게 제공하는 후속 조치와 서비스 등을 모두 포함하는 개념이다.

제4차 산업시대의 기업과 조직은 PDP 루프 프로세스를 활용하여 잠재 고객의 참여를 강화하고, 내부적인 네트워크 전반에 걸친 더 강력한 연결을 유지함으로써, 제품 및 서비스의 수익을 향상시킬 수 있다.

3 인공지능(Artificial Intelligence)과 세무사업

AI의 의의

제4차 산업혁명 시대를 이끌어갈 미래 기술로 떠오른 인공지능 (AI) 분야가 급속도로 발전하고 있다. 인공지능은 인간의 지각, 추론, 학습능력 등을 컴퓨터를 이용하여 구현함으로써 문제해결을 할 수 있는 기술로, 최근 딥러닝(Deep Learning), 자연어 처리를 위한 논리·추론·예측, 외부인지 등의 다방면에서 빠른 진전을 보이고 있다. 특히 방대한 양의 빅데이터를 처리할 수 있는 컴퓨터 환경이 조성되면서, 인공지능은 더욱 비약적인 발전을 거듭하고 있다.

인공지능은 사람처럼 생각하고 행동하는 시스템으로 발전할 수 있다. 때문에 지식경제학에서도 중요하게 취급되고 있다.

인공지능에 대한 다양한 정의들은 〈표 2-7〉과 같다.

이밖에도 인공지능은 "인간의 인지능력, 학습능력, 이해능력, 추론능력 등을 실현하는 기술"로 표현되기도 하고[137], "인공으로 지능을 만드는 작업, 컴퓨터를 이용하여 지능을 창출하는 일련의 작업"[138], 그리고 "철학적으로 인간성이나 지성을 갖춘 존재, 혹은 시스템에 의해 만들어진 지능, 또는 그와 같은 지능을 만들 수 있는 방법론이나 실현 가능성 등을 연구하는 과학 분야"[139] 등으로 정의되기도 한다.

이와 같이 인공지능의 정의는 연구자에 따라 다르지만, 인공지능을 크게 약한 인공지능(Weak AI)과 강한 인공지능(Strong AI)으로 구분하는 데는 이견이 거의 없다.

약한 인공지능과 강한 인공지능을 구별하는 데는 나름의 이유가 있다. 지금까지의 인공지능은 대부분 약한 인공지능에 머물고 있는데, 인공지능이 인류를 지배할 것이라는 등의 상상에 가까운 논의들은 모두 강한 인공지능을 전제로 하고 있기 때문이다. 또한 일반인들이 인공지능에 대해 느끼는 감정과 인식들도 강한 인공지능을 대상으로 하고 있다.

약한 인공지능은 학습을 통해 특정 문제를 인간처럼 풀 수 있는 수준의 인공지능을 말한다. '인간처럼 생각하게 하는 것'과 '인간처럼 생각하는 것처럼 보이게 하는 것' 사이에는 큰 차이가 있다. 인간처럼 생각하기 위해서는 인간의 사고 자체를 컴퓨터로 구현할 수 있어야 하지만, 인간처럼 생각하는 것처럼 보이는 것은 다른

---

137 이원상, "4차 산업혁명에 있어 형법의 도전과제", 『법학논총』제24권 제1호, 조선대학교 법학연구원, 2017, p.250.

138 김용대·장원철, "인공지능산업 육성을 위한 개인정보보호 규제 발전 방향", 『경제규제와 법』제9권 제2호, 서울대학교 공익산업법센터, 2016. 11, p.163.

139 손승우, "인공지능 창작물의 저작권 보호", 『정보법학』제20권 제3호, 한국정보법학회, 2016, p.87.

〈표 2-7〉 주요 연구자 및 기관에서 보는 인공지능에 대한 정의

	인공지능의 정의
John McCarthy (1955)	지능적인 기계를 만드는 엔지니어링 및 과학 (The science and engineering of making intelligent machines)
Charniak and McDermott (1985)	여러 계산모델을 이용하여 인간의 정신적 기능을 연구하는 것 (The study of mental faculties through the use of computational models)
Kurzweil (1990)	인간에 의해 수행되어질 때 필요한 지능에 관한 기능을 제공하는 기계를 만들어내는 작업으로 정의 (The art of creating machines that perform functions requiring intelligence when performed by people)
Rich and Knight (1991)	컴퓨터가 특정 순간에 사람보다 더 효율적으로 일을 할 수 있도록 하는 연구 (The study of how to make computers do things at which, at the moment, people are better)
Schalkof (1991)	인간의 지능적인 행동양식에 있어 계산적 과정을 이용해 모방하고 설명하는 것에 대한 연구 분야 (A field of study that seeks to explain and emulate intelligent behavior in terms of computational processes)
Luger and Stubblefield (1993)	지능적인 행동의 자동화에 관한 컴퓨터 과학의 한 부문 (The branch of computer science that is concerned with the automation of intelligent behavior)
Gartner (웹페이지)	인공지능은 특별한 임무수행에 인간을 대체, 인지능력을 제고, 자연스러운 인간의 의사소통 통합, 복잡한 콘텐츠의 이해, 결론을 도출하는 과정 등 인간이 수행하는 것을 모방하는 기술 (Artificial intelligence is technology that appears to emulate human performance typically by learning, coming to its own conclusions, appearing to understand complex content, engaging in natural dialogs with people, enhancing human cognitive performance(also known as cognitive computing) or replacing people on execution of nonroutine tasks)

	인공지능의 정의
technavio (2014)	스마트 기기는 인지컴퓨팅(인공지능과 기계학습 알고리즘이 적용된) 이 임베디드된 기기로 볼 수 있음 (A smart machine is a machine that is embedded with cognitive computing ability, which uses artificial intelligence and machine learning algorithms to sense, learn, reason, and interact with people in different ways)
BCC Research (2014)	스마트 기기는 불확실 혹은 다양한 환경 하에서 업무를 수행할 수 있도록 고안된 하드웨어 및 소프트웨어 시스템으로 정의 (Smart machines are hardware or software systems that can accomplish their designated task even under conditions of uncertainty and variability)
NIA	인공지능은 인간의 학습능력과 추론, 지각, 이해능력 등을 실현하 는 기술

출처: 석왕헌 외(2015), 인공지능 기술과 산업의 가능성, 한국전자통신연구원

방식으로 충분히 도달 가능하다.

알파고는 약한 인공지능이다. 인간의 창의력을 사용하지 않고도 창의적으로 보였으나, 알파고는 인간의 방법을 그대로 모방했다고 볼 수 없으며 단순히 수많은 경우의 수를 분석하여 가장 승리 가능성이 높은 수를 선택하는 과정을 반복했을 뿐이다.

인공지능의 목적이 또 다른 인간을 창조하는 것이 아니라 특정한 문제의 해결을 위한 도구를 만드는 것이라면, 약한 수준의 인공지능은 강한 수준의 인공지능에게 요구되는 인간과 같은 인식이나 직관이 없이도 인간보다 더 강력한 문제해결능력을 지닐 수 있다.[140]

---

140 이석현, 제4차 산업혁명 시대의 인공지능과 법률전문가의 대응, 경희대학교 대학원 석사

이 외에도 애플의 '시리(Siri),' 전략게임으로 세계챔피언이 된 'Open AI' 등의 인공지능은 약한 인공지능의 예로, 인간의 명령에 따라 특정 기능을 수행하는 것을 목적으로 하고 있다. 이들은 강한 인공지능과는 인지능력, 자의식, 지각력, 직관력, 자유의지, 마음 등의 유무라는 기준을 통해 구분되어진다.[141]

강한 인공지능은 엘런 튜링(Alan Turing)이 제안한 튜링테스트 (Turing test)[142]를 통해 사람이 전혀 이상한 점을 느낄 수 없을 정도로 고차원적으로 '사고한다'라는 조건을 만족하는 수준의 인공지능이다.[143] 강한 인공지능의 판정은 기술적인 세부 사항보다는 튜링테스트 통과 여부로 결정될 수 있다.

강한 인공지능은 사람만이 보유했던 직관, 인식, 감정, 자의식을 가지는 인공지능을 말한다. 약한 인공지능이 특정 문제해결을 위한 인공지능이라면, 강한 인공지능은 문제해결을 뛰어 넘어 새로운 문제를 정의하고, 그에 대한 해답을 스스로 찾아갈 수 있는 인공지능인 것이다.[144]

인공지능이 일반 컴퓨터 프로그램과 구별 되는 기준은 '배우는 (learning)' 컴퓨터 프로그램이라는 점이다. 인공지능은 스스로 배

학위 논문, 2017.

141 조상규, 인공지능 세무대리 프로그램의 법적책임, 중앙법학회, 19(3), 2017. p.67-94.

142 인공지능과의 대화를 통해 인공지능에 지능이 있는지 판별하는 실험으로, 인공지능과 대화하는 시험관이 지금 대화하는 상대가 기계인지 사람인지 구분할 수 없을 때 통과했다고 볼 수 있다.

143 석왕헌, 이광희(2015), 인공지능 기술과 산업의 가능성, 한국전자통신연구원.

144 이석현(2017), 제4차 산업혁명 시대의 인공지능과 법률전문가의 대응, 경희대학교 대학원 석사학위 논문.

우는 과정을 통하여 개발자가 부여한 것 이상의 성능을 낼 수 있다. 인간의 두뇌가 학습하는 것과 완전히 일치하는 방식으로 배우는 인공지능은 아직 개발되지 않았으며, 아직은 머신러닝과 딥러닝의 수준에 머물러 있다.

머신러닝은 '경험을 통해 배워가는(learning from experience) 컴퓨터 프로그램'을 의미한다. 특정 업무 수행의 경험을 반영하여 그 성과를 향상시키고, 이를 평가하는 코드를 가진 프로그램이다. 머신러닝은 기존의 업무수행 결과에 영향을 받아 다음 업무를 수정한다는 의미에서 채택된 용어이다.[145]

딥러닝은 심층구조화학습(deep structured learning)의 줄임말이다. 한두 개의 소프트웨어 계층(layer)으로 구성된 지도학습 기반의 인공지능과 달리 다수의 계층을 포함한 인공지능이다. 계층들은 추상화 정도에 따라 하위레벨부터 상위레벨까지의 수직구조로 구성되어 있다. 하부를 구성하는 각각의 응용프로그램은 패턴분석과 분류기능을 갖추고 있으며, 하위레벨의 데이터를 상위레벨의 입력값으로 사용하여 최종결과를 낸다.

이와 같이 딥러닝은 다수의 계층으로 구성된 각각의 부분들이 마치 인간의 신경망(neural network)처럼 연결되어 있어, 최종결과를 내기 전까지 출력데이터의 입력데이터 전환 과정을 반복하는

---

145 설민수, "머신러닝 인공지능의 법 분야 적용의 현재와 미래 : 미국의 현황과 법조인력 구조 및 법학교육에 대한 논의를 중심으로", 『저스티스』통권 제156호, 한국법학원, 2016, p.271.

시스템이라고 할 수 있다.[146]

한편, 연구자에 따라 인공지능은 다음과 같이 구분되어진다.

① David(2016): 인공지능을 전문가 인공지능(expert AI), 자율로 봇(autonomous robots), 인지기능회복장치(cognitive prostheses), 인 공지능이론알고리즘(AL theory and algorithms) 및 튜링테스트 인공 지능(turing test AI) 등으로 구분[147]

② USPTO(미국특허청): 인공지능 기술을 10개로 구분 – 퍼지 로직 하드웨어uzzy logic hardware), 복수처리시스템(plural processing system), 특정사용자인터페이스(particular user interface), 기계학습(machine learning), 적응시스템(adaptive system), 신경망 (neuralnetwork), 지식처리시스템(knowledge processing system), 기 타(miscellaneous), 퍼지로직(fuzzy logic), AI 응용(Application using AI having detail of the AI system) 등으로 구분

③ Tractica(2015): 인공지능을 인지컴퓨팅, 기계학습, 딥러닝, Predictive APIs(application programming interfaces), 자연언어처리, 이미지인식, 스피치인식 등으로 구분[148]

---

146 조상규, 인공지능 세무대리 프로그램의 법적책임, 중앙법학회, 19(3), 2017. p.67-94.

147 David, L. W., "Evolution, sociobiology, and the future of artificial intelligence", IEEE Intelligent Systems, 21(3), 2006, pp.66-69.

148 Tractica, Artificial Intelligence for Enterprise Applications: Deep Learning, Predictive Computing, Image Recognition, Speech Recognition, and Other AI Technologies for Enterprise Markets-Global Market Analysis and Forecasts, 2015.

AI 기술의 발전

1940년대에 컴퓨터가 등장 이후부터 인공두뇌의 가능성이 논의되었다. 그러나 인공지능이 학문의 영역에 등장한 것은 1950년대 중반이었다.

1차 인공지능의 시기는 1950년대 후반에서 1960년대로 볼 수 있다. 이 시기의 컴퓨터는 특정 문제의 해결에 대해서만 뛰어났고, 일반적인 문제를 해결하기는 어려웠다. 1970년대에는 인공지능 연구가 잠시 소강상태에 들어갔다.

1980년대에 컴퓨터에 지식을 결합하는 전문 시스템이 등장하면서, 제2차 인공지능 붐이 일어났다. 그러나 컴퓨터에 지식을 결합하는 일이 엄청나게 방대한 작업임이 드러나면서, 1990년대 중반부터 다시 소강상태로 접어들었다.

이후 1990년대 중반에 인터넷이 폭발적으로 보급되고, 방대한 데이터가 축적되기 시작하면서 고객의 구매 데이터 분석, 의료 데이터 분석 등이 발전하기 시작했다. 2012년 이후에는 이미지 인식분야에서 획기적인 진전을 보인 딥러닝 기술이 기폭제가 되어, IBM의 왓슨 프로젝트, 구글의 알파고 등이 제 3차 인공지능의 붐을 견인하고 있다.

Watt에 의한 증기기관의 혁신적인 개량으로 1차 산업혁명이 시작되었다면, 인공지능은 Hinton 등에 의한 딥러닝 혁신을 통해 제4차 산업혁명을 촉발시켰다고 할 수 있다.[149]

다음 네 가지 디지털 영역의 기하급수적인 양적 증가가 현재까지의 인공지능 발전을 이끌었다고 볼 수 있다. 앞으로 여기에 질적 성장에까지 더해지면, 미래 인공지능의 발전 속도와 방향이 결정될 것으로 예상된다.

① 데이터: 2020년 한 해 동안 새로 생산되는 데이터양은 2010년의 50배인 40제타바이트[150]가 될 전망이며, 가상세계의 이미지와 텍스트에서 현실세계의 행동과 지식까지 포함된 데이터의 자본화가 진행

② 네트워크: 인터넷에 연결되는 기기의 수는 2003년 5억 개에서 2020년 500억 개 이상[151], 센서의 수는 2023년 1조 이상[152]이 될 것으로 전망되며, 중앙 집중식과 분산 구조의 균형을 이루면서 기계 지능이 확장

③ 아키텍처: 폰 노이만 구조(Von Neumann architecture)[153]의 틀 안에서 지속적인 집적도 향상이 이뤄질 것이며, 뉴로모픽(neuromorphic) 컴퓨팅, DNA 컴퓨팅, 양자 컴퓨팅 등 기존 컴퓨팅

---

149 황규희, 장혜원(2016), 지능정보기술과 숙련수요의 변화, The HRD review.

150 John Gantz and David Reinsel, The Digital Universe in 202, IDC(sponsored by EMC Corporation), 2012.12.

151 Global Agenda Council on the Future of Software&Society, Deep Shift: Technology Tipping Points and Societal Impact, World Economic Forum, 2015.09.

152 Stanford University, "TSensors Summit for Trillion Sensors Roadmap", 2013. 10. 23.~25.

153 존 폰 노이만이 고안한 내장 메모리 순차처리 방식이다. 데이터 메모리와 프로그램 메모리가 구분되어 있지 않고 하나의 버스를 가지고 있는 구조를 말한다..

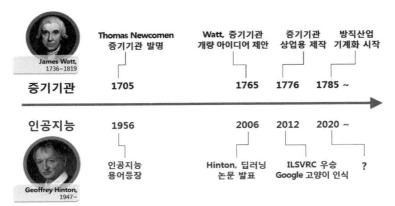

〈그림 2-3〉 기술의 발전

출처: 이승민(2016), p.6.

구조를 보완하기 위한 혁신적 시도가 동시에 진행

④ 알고리즘: 딥러닝 구조의 복잡성이 이미지 인식에서 음성인식, 자연어처리 등의 분야로 확대되고, 기존과 차별화된 혁신적 알고리즘과 통합되어 알고리즘 자체의 질적 진화 예상

지금까지 인터넷을 통해 수집된 가상세계의 데이터와 달리, 인간과 기계가 현실세계와 상호작용하면서 축적할 리얼 데이터는 지금과는 완전히 다른 형태로 인공지능을 진화시킬 것이다.[154]

---

154 이승민(2016), 인공지능과 디지털 제국주의, 한국전자통신연구원.

AI 일자리 연구 사례

이성호(2015)는 인지컴퓨팅의 노동 대체 전망에 관한 연구에서, 크기가 한정된 인간의 뇌와 달리 컴퓨터는 무한한 수의 프로세서를 병렬로 연결하는 것이 가능하기 때문에 향후 인간의 뇌를 능가하게 될 것이라고 전망했다.

개개인이 별도로 학습해야 하는 인간과 달리, 인공지능 알고리즘은 학습된 내용을 다른 컴퓨터에 무한복제 할 수 있다. 장시간 쉬지 않고 업무를 수행할 수 있고, 감정이 없기 때문에 대인 스트레스 없이 고객을 응대하는 것도 가능하다. 그러므로 금융 분야의 알고리즘 트레이딩을 비롯한 다양한 전문가 업무를 인지컴퓨팅이 대체할 것이라고 예측하였다.

이어서 Frey & Osborne(2013) 연구에서의 직업별 사무자동화 가능성을 한국 고용통계(한국고용정보원, 2014)에 대입해 보기 위해 미국의 직업분류체계(702개)로 변환했다. 이와 같이 분석한 결과, 2013년 총 취업자 2,459만 명 중 대체 확률이 70% 이상인 직업군의 고용은 1,064만 명으로 전체 고용의 43.3%로 나타났고, 대체 확률 60% 이상은 1,515만 명(61.6%)으로 나타났다. 이것은 우리나라 전체 고용 중 43~62%를 20년 이내에 컴퓨터로 대체할 수 있다는 뜻이다.

또한 인지컴퓨팅의 제도적 고려요인 중 면허제도에 의한 진입규제가 인지컴퓨팅의 독자적 서비스를 제한하는 요소임을 지적하였다. 예를 들어 우버(Uber)택시 서비스는 택시 운전면허 없이 영업하기 때문에 일반 택시들이 반발하고 있다.

자율주행 자동차는 아예 운전자가 필요 없으므로 현행 운전면허 제도에 대한 도전이라 판단했다. 그러나 현행 규제대로 운전면허를 소지한 운전자의 탑승 요구 시, 무인택시 서비스나 자율주행 자동차의 발전은 불가능할 것으로 내다보았다.

이와 함께 변호사, 법무사, 회계사 등의 면허도 진입장벽으로 판단하였다. 블루스타(Blue Star), 얼라이브코(AliveCor) 등과 같이 미국에서 성공한 인공지능 건강관리 서비스가 한국에서는 불법이 될 소지가 크다고 지적했다. 의사만이 가능한 의료행위로 간주될 수 있기 때문이다.

이와 같이 면허제도가 지금과 같은 방식으로 유지된다면, 지능형 서비스는 독자적으로 서비스를 제공할 수 없기 때문에 전문가 지원시스템으로만 서비스할 수 있을 것이라고 보았다. 그렇게 되면 자본력이 막강한 전문법인만이 인지컴퓨팅을 선제적으로 도입하여 노동 생산성을 급격히 증가시킬 수 있기 때문에, 전문가들 간의 부익부 빈익빈이 심화될 것이라 전망했다.[155]

박가열 등(2016)은 인공지능이 직업세계에 미치는 영향에 관한 연구에서 기술 전문가들을 대상으로 인터뷰한 결과, 인공지능으로 인한 직업세계의 변화는 필연적일 것으로 전망했다.

사회적 영향력이 크고 청소년의 선호도가 높은 의사, 변호사, 교

---

155 이성호(2015), 신기술과 산업지형의 변화, Featured Policy, p.16-23.

사, 공무원부터 가장 창의적인 직업군인 예술가에 이르기까지, 인공지능 기술이 다양한 파급효과를 가져올 것이며 이미 점진적인 변화가 진행되고 있음을 보여주었다. 이러한 변화에 대응하기 위한 교육과정 개편과 정책방향 설정도 주요한 과제로 언급되었다.

이들은 인터뷰 내용을 중심으로 인공지능이 미래 직업세계에 미치는 영향을 다음과 같이 3가지로 요약했다.

첫째, 데이터를 기반으로 한 업무의 인공지능 대체 가능성이다. 단순 반복되는 업무 외에 진단, 판례분석 등의 업무에 인공지능 기술이 활용됨으로써, 의사나 법조인과 같은 전문직에도 변화가 일어날 수 있다고 보았다. 지식의 전달과 학습에 인공지능이 활용될 경우, 교사의 역할도 변화할 것으로 예측되었다. 방대한 양의 데이터를 기반으로 패턴을 찾아내고 정리하는 일에는 인공지능이 인간의 능력을 뛰어넘기 때문에, 업무 수행을 위해 인공지능과의 협업이 불가피할 것으로 보았다.

둘째, 불규칙적이고 복잡한 일의 가치 상승이다. 인간관계 조정이나 감정을 다루는 것처럼 변수가 많은 일의 경우 인공지능이 인간의 역할을 대체하기 힘들 것으로 전망했다. 공무원의 경우도 대부분의 단순 업무가 아닌 현장 소통업무는 인간의 고유 역할로 보았다. 예술가도 예술적 가치에 있어서는 여전히 인간의 불확실한 특성이 중요한 변수라고 보았다.

셋째, 문제를 정의하는 능력과 도구의 활용이다. 미래 변화에 대응하기 위해서는 문제를 정의하는 능력이 필요하며, 이를 위한 교육의 변화가 요구된다고 판단했다. 단순히 도구를 사용하는 것뿐만 아니라, 시스템을 이해하고 인공지능 기술을 포함한 도구를 활용하는 능력이 미래를 대비하는 주요변수로 작용할 것으로 분석되었다.[156]

김한준(2016)은 인공지능, 자동화 등과 같은 첨단기술이 직업세계에 미치는 영향을 알아보기 위해 한국고용직업분류의 23개 직종에 종사하는 1,006명의 재직자를 대상으로 설문을 실시하였다.

설문 결과, 제4차 산업혁명은 현존하는 일자리나 업무에 차별적으로 영향을 미치는데 주로 '금융·보험관련직종', '기계관련 직종', '재료관련직종' 등에 심각한 영향을 미칠 가능성이 높게 나타났다. 또한 대다수의 직업종사자들은 제4차 산업혁명으로 인한 일자리가 감소하게 될 것이며, 자신이 수행하는 업무의 일부가 대체될 것이라고 인식하고 있었다. 그러나 제4차 산업혁명 시대 직업인으로서 살아남기 위한 적절한 대응책을 마련하고 있지 못하고 있음이 확인되었다.[157]

황규희(2016)는 미국의 직업 정보인 O * NET(Occupational Information Network)을 사용하여 지능정보기술과 숙련수요의 변화를 분석하였다. O * NET은 직종별 작업을 성공적으로 수행하기 위해 근로자가 갖추어야 할 요건을 제공하고 주기적인 업데이트

---

156 박가열 외(2016), 2030 미래 직업세계 연구(II), 한국고용정보원.
157 김한준(2016), 제4차 산업혁명이 직업세계에 미치는 영향, 고용 이슈 9월호, p.88-105.

를 통하여 노동시장의 변화를 반영한 것으로, 2002년과 2016년 데이터를 활용하여 2000년대 들어 10년 전후의 숙련 중요도 변화를 중심으로 파악하였다.

분석결과, 2016년에는 2002년에 비해 고차원적 인지 및 관리 숙련이 차지하는 비율이 증가하였고, 기계 설비, 분석, 설계에 관한 숙련은 감소한 것으로 나타났다. 또한 현실형 흥미유형이 고위험일 수 있다는 가설이 지난 10여 년 사이의 변화상과 일치한다는 결과가 도출되었다.

AI 세무대리서비스

스마트폰 앱이 활성화되면서 세무시장이 변화하고 있다. 사업자들과 개업 납세자들은 세금 신고와 현금영수증 등의 세금 관련 정보를 조회하기 위해 주로 사용하고, 세무사들은 세무 상담과 홍보의 창구로 사용하기도 한다.

세무대리서비스의 중요한 업무 중 하나가 '기장대리 서비스'라고 할 수 있다. 기업은 다양한 경영활동을 통한 결과를 기록, 유지, 관리 및 보고하는 업무를 수행하고 있다. 경영활동의 결과로 발생한 거래나 사건 등은 회계정보시스템을 통해 기록·분류·요약하여 보고하는 과정을 거치게 되는데, 회계정보시스템을 통해 다양한 회계업무를 기록하는 행위를 실무에서는 '기장'이라고 한다.

복식부기에 의한 회계정보를 생산하기 위해서는 회계처리 능력이 있어야 하고 회계정보에 대한 일정 수준 이상의 이해능력이 전제되어야 한다. 그러므로 현실적으로 회계처리 능력이 부족하여 회계전문 인력의 확보가 쉽지 않은 개인사업자나 중소기업의 경우, 기장업무를 세무사나 공인회계사와 같은 외부 세무대리인에게 맡기고 있는 실정이다.[158]

기장대리서비스란 세무대리인이 각종 납세의무 및 협력의무가 있는 개인 및 법인 사업자를 대신하여 회계장부 작성업무를 총괄하여 대행해 주는 것을 말한다.[159]

앞서 언급된 바와 같이 기장대리서비스는 기업체 등의 의뢰인과 세무대리인 간의 기장대리 계약을 통해 이루어지며, 기장대리 계약이 체결된 후 세무대리인이 의뢰인으로 위임을 받아 각종 기장 및 세무신고 업무를 대행하게 되는 것이다.

이미 세무사 및 공인회계사 자격증 보유자의 증가비율이 개인 및 법인사업체의 증가비율을 초과하였고, 기장대리 서비스시장의 개방 압력 등으로 기장대리서비스 시장은 과열 상태이다. 세무사의 주요 수입원 중 하나인 기장대리수수료가 30년 가까이 동결되고, 기장료 덤핑에 심지어 5만원 수준의 저가 기장도 나오고 있는 형편이다. 그러나 기장업무는 과거처럼 더 이상 많은 스킬이 필요한 영역이라고 볼 수 없다. 요즘은 자동으로 재무상태표, 손익계산서가 만들어지는 시대이며, 그만큼 장부기장의 가치는 줄어들었다

---

158 양근수(2016), 스마트폰 기장대리 서비스를 이용할 행동에 미치는 요인, 대구대학교 대학원 회계학과 박사학위논문, 2016.

159 김상문, 서희열(2013), 전자장부시대의 등장과 활성화 방안, 세무와 회계저널, 14(6), p.9-37.

고 볼 수 있다.[160]

과거에 종이로 된 거래증빙을 가지고 수기로 장부와 신고서를 작성하던 형태에서, 거래증빙을 회계프로그램에 입력하고 몇 가지 조정을 거쳐서 장부와 신고서를 만드는 형태로 발전하게 되었다. 더 나아가 이러한 입력 및 장부작성도 프로그램으로 자동적으로 이루어지는 전자정부 시대에 들어서자, 세무대리서비스 시장은 변화를 맞이하지 않을 수가 없게 되었다.

세무대리 프로그램의 발전으로 세무대리인 사무실 업무의 상당 부분을 차지하던 거래증빙의 수수료와 입력 장부 작성이 자동화되었다. 기장서비스의 패러다임이 바뀐 것이다. 전자장부는 사업자들이 작성한 장부를 활용하여 바로 세무신고가 가능하기 때문에, 세무대리인이 추가로 세무신고용 장부를 만들기 위하여 투입하던 인력과 시간을 절감시켜주었다.

정보처리기술의 급속한 발전으로 인해 회계정보 처리환경이 급변하고 있다. 특히 지능정보화 시대의 도래에 따라, 스마트폰을 이용한 세무기장대리 서비스와 세무 관련 앱 등이 등장했다.

구글 앱스토어에서 세무 관련 앱을 검색한 결과, 개인 납세자와 사업자들이 가장 많이 다운로드한 앱은 100만 건 이상 다운로드된 국세청의 '홈택스' 앱이었다. 개인 납세자들은 홈택스 앱으로 현금영수증 사용내역 등을 조회하고, 근로장려금과 자녀장려금을 신청

---

160 박지환(2016) 조세일보, 2016. 06. 30. http://www.joseilbo.com/news/htmls/2016/06/20160630297986.html

할 수 있다. 사업자들도 이 앱을 통해 간편하게 세무업무를 볼 수 있으며, 부가가치세 간이과세자 간편 신고, 종합소득세 단순신고 등의 세금신고와 전자세금계산서 발급 및 조회 등을 할 수 있다.

그 다음으로는 행정안전부가 만든 '스마트 위택스'로, 50만 건 이상이 다운로드 되었다. 스마트 위택스는 주로 상하수도 요금, 등록면허세 등의 지방세와 세외수입을 조회하고 납부하는 데 사용된다.

〈표 2-8〉과 같이, 정부가 만든 홈택스와 위택스 외에도 장부 작성을 도와주는 자동장부서비스 앱, 사업자가 세금계산서와 영수증을 촬영해서 앱에 올리면 세무사가 기장 및 세금신고를 처리해 주는 기장 및 세금신고대리 앱 등이 개발되어 있다.[161]

스마트폰 기장대리 서비스는 스마트폰을 이용하여 회계처리, 인사 및 급여관리, 물류관리 및 노무관리와 공사현장관리, 법인세세무조정 등을 제공하고 있다.

㈜더존비즈온과 ㈜자비스앤빌런즈 등이 기업정보화 소프트웨어 분야에서 시장점유율 1위를 차지하고 있다. 그러나 스마트폰 기장대리 서비스는 시장점유율 면에서 아직은 초보적인 수준에 머물러 있는 실정이다.

더존은 1992년 세무조정업무를 전산화하여 세무회계사무소의 업무혁신을 가져왔으며, 그 후 세무회계프로그램 분야에서도 발전을 거듭해왔다. 더존은 슈퍼북의 탄생이 세무업계 정보화의 역사

---

161 http://news.bizwatch.co.kr/article/tax/2017/11/28/0016/prev_ver

<표 2-8> 세무서비스 앱 현황

앱	다운로드수(건)	서비스
홈택스	100만	현금영수증 사용내역 조회, 근로장려금 및 자녀장려금 신청, 부가세 간이과세자 간편신고, 종합소득세 단순신고, 전자세금계산서 발급 및 조회 등
스마트 위택스	50만	지방세, 세외수입 및 조회 및 납부 등
더존 전자세금계산서	1만	전자세금계산서 발행
이지샵 자동장부	1만	기장 대리 등
세두리	1만	세무사 검색, 기장, 세금 신고 등
세무통	1만	세무사 검색, 기장, 세무 상담 등
자비스 영수증	5000	사업자 경비 기록 등
아이홈택스	5000	전자장부, 기장, 부가세 및 종합소득세 신고 등
모바일택스	5000	기장, 부가세 및 종합소득세 신고 등
세무 다이어리	1000	월별 세무일정, 과세 범위 및 세율, 소득 및 세액공제 항목, 원천징수 대상 및 세율, 가산세 등 세무정보 수록

출처 : Business watch

적 전환점이 될 것이라 주장하고 있는데, 슈퍼북은 클라우드 기반의 자동회계처리시스템을 뜻한다. 슈퍼북은 주요 거래 자료를 자동으로 수집하여 자동회계처리하며, 외부에 정보가 없는 일반 영수증 등의 자료는 증빙이미지를 자동 인식하여 자동 회계 처리하는 것이 특징이다.[162]

자비스는 사용자가 스마트폰 앱을 통해 경비 영수증 사진을 찍

---

162 http://www.duzon.com.

어 올리면 전문타이피스트가 데이터를 입력, 내역서를 자동으로 생성하여 웹매니저를 통해 지출내역을 통합적으로 관리하도록 하는 기업회계 클라우드 백오피스 서비스다.

최근 자비스는 유료 고객에게만 제공되었던 자비스 대시보드를 무료화 한다고 밝혔다. 대시보드를 통해 회사의 매출·매입, 잔고 현황 등의 종합 금융정보를 실시간으로 확인할 수 있으며, 증빙 내역별 매출·매입 현황, 카드별 결제 현황, 계좌별 잔액 현황도 함께 볼 수 있다. 기존에 무료로 제공하던 영수증 앱과 더불어 더욱 통합적인 금융정보 조회 및 관리가 가능해졌다고 할 수 있다.

한편, (주)자비스앤빌런즈는 지난 8월 자비스 세무지원을 출시하여 세무 서비스를 전면 업그레이드하고 서비스를 고도화하였다. 이와 동시에 법인, 노무 업무도 원스톱으로 지원하는 통합 경영지원 서비스로 나아가고 있다.[163]

또 다른 세무대리서비스인 모바일택스는 모바일 기반 장부작성 및 세금신고 대행 솔루션이다. 사업자가 계약 후 어플리케이션을 다운받으면 세무전문가가 배정되고, 앱을 통하여 세무전문가와 직접 소통할 수 있는 프로그램이다.

4대보험과 인건비, 장부작성, 부가가치세, 종합소득세 등의 모든 세무처리를 대행해주는 것은 물론, 세무전문가로부터 절세 계획도 제공받을 수 있다. 고객이 매월 발생하는 종이영수증을 사진으로 찍어 보내주면 모바일택스가 자동으로 전산화된 자료를 수집하여

---

163 http://www.datanet.co.kr/news/articleView.html?idxno=119551

처리한다. 앱을 통해 예상 세금과 매입매출도 한 눈에 확인할 수 있다. 이용요금은 기존 오프라인 세무대리서비스 비용 대비 1/3수준으로 저렴하다. [164]

이밖에도 세무사를 찾아주는 앱인 '세두리'와 '세무통'은 앱에 등록된 파트너 세무사들과 일반 세무사들을 소개해주고 있는데, 납세자와 가까운 위치에 있는 세무사를 추천해 주는 기능을 포함하고 있다.

현재 인공지능 세무대리 프로그램은 '머신러닝' 단계에 있다고 볼 수 있으나, 앞으로 인식범위를 넓히는 과정을 통해 1차 학습이 필요 없는 '딥러닝'을 목표로 하고 있다.

예를 들어 고객 갑과 을이 같은 지역에서 같은 업종에 종사한다면 거래처가 겹치거나 구입 품목이 일치할 수 있을 것이다. 딥러닝 프로그램은 이러한 정보를 조합하여 스스로 학습을 진행할 수 있다.

업체 관계자의 말에 따르면, 현재 약 1년 간 수집 된 데이터의 양으로도 충분히 1차 학습 없는 인공지능 프로그램의 운영이 가능할 것이라고 한다.[165]

시사점

머지않은 미래에 인공지능이 일자리를 빼앗아갈 것이라는 두려

---

164 http://www.junggi.co.kr/article/articleView.html?no=20856

165 조상규, 인공지능 세무대리 프로그램의 법적책임, 중앙법학회, 19(3), 2017. p.67~94.

움은 거의 모든 직업군에 해당될 것이다. 그러나 그에 따른 전망은 양쪽으로 나뉘어 논란이 되고 있다. 특히 세무사와 회계사 같은 직업은 그 논란의 중심에 있다고 할 수 있다.

이미 여러 통계지표에 따르면, 회계사는 인공지능 로봇에 의해 대체될 확률이 높은 직업으로 간주되고 있다. '유엔 미래보고서 2045'은 세무사, 회계사, 재무 설계사가 사라질 것으로 예상했다.

물론 다른 견해들도 있다. 고용정보원의 조사에 따르면, 단순 회계 업무는 인공지능 로봇이 처리할 수 있지만, 상황에 맞게 복잡한 재무적 결정을 내려야하는 회계사 본연의 업무를 인공지능이 대체하기 어렵기 때문에 사라질 확률이 가장 낮은 직업으로 분석되기도 했다.

2016년 5월 미국의 로펌회사인 Baker & Hostetler는 IBM에서 만든 인공지능 Ross를 자신들의 파산관리 변호사로 공식 선임했다고 발표했다. 50여 명의 변호사들이 투입되던 업무가 공식적으로 인공지능에 의해 대체된 셈이다.

Ross는 미국의 한 퀴즈쇼를 통해 인간들과의 경쟁에서 승리할 수 있는 가능성을 인정받은 IBM의 Watson을 기반으로 만들어졌다. Ross는 단순 자료분석뿐만 아니라, 언어습득을 통해 사용자와 영어로 대화가 가능하며 가설에 의한 명제 제기와 셀프러닝 등으로 효과적인 사용자 지원이 가능하다고 한다. Baker & Hostetler는 Ross를 통해 로펌 이용자들에게 보다 효율적이고 다양한 법률 서비스를 사용자 중심으로 제공할 수 있을 것으로 예상하고 있다고 한다.

인공지능에 의한 인력 대체는 이미 다양한 연구결과 등으로 예견되었으며, 그 경제적 효과와 사회적 영향에 대해서는 아직도 논의 중에 있다.

인공지능이라는 복합지능체가 가지는 장점은 사용자에게 자료를 제공하는 일차원적 정보 제공의 차원을 훨씬 뛰어넘는다. 인공지능은 복합적이고 다양한 자료들을 체계적으로 분석·예측하여 적극적으로 대응하며, 인간의 관리능력을 대체할 뿐만 아니라 기대하지 않았던 예상외의 시점까지도 제공해줄 수 있다.

이것은 기업에게 단지 임금비용 절감효과만을 주지 않는다. 새로운 비즈니스 영역의 개척과 시장 개발에도 큰 영향을 미치게 될 것이다. 더 나아가, 기업의 R&D(연구개발) 조직은 하나의 인공지능 시스템에 의해서 완전히 대체될 것이라고 예측할 수도 있다.[166]

---

166 https://www.washingtonpost.com/news/innovations/wp/2016/05/16/meet-ross-the-newly-hired-legal-robot/?utm_term=f9ea5ee57a34

4

세무전문가가 바라 본
세무사업의 미래예측

조사대상

　본 연구에서는 제4차 산업혁명의 도래로 인한 세무사업의 미래 전망에 대해 알아보기 위해, 서울·경기 지역과 부산·경남 지역에 거주하는 세무업 관련 전문가를 대상으로 델파이 기법(Delphi method)에 의한 설문을 실시하였다. 조사 대상은 총 13명이며, 세무사, 세무학과 교수, 세무 공무원으로 구성되었다.

설문지 구성 및 분석방법

　델파이 기법(Delphi method)의 설문지는 〈표 2-9〉와 같이 인구통계학적 특성 3개 항목, 2018년 현재 세무업에 대한 문항 3개, 향후 5년간 세무사업 전망에 관한 문항 3개, 향후 10년 후 세무사업 전망에 대한 문항 3개, 향후 4차 산업이 세무업 전반에 확산될 경우의 세무업 전망에 관한 문항 3개, AI가 세무업을 대체하게 된다

<表 2-9> 설문지 구성

구분	측정 항목	문항 수	척도
인구통계학적 특성	직업 업무경력 거주지역	3	명목
2018 현재 세무업 평가	직업만족도 수입만족도 사회적 지위	3	리커트
향후 5년간 세무업 전망	직업만족도 수입만족도 사회적 지위	3	리커트
향후 10년 후 세무업 전망	직업만족도 수입만족도 사회적 지위	3	리커트
4차 산업과 세무업 전망	직업만족도 수입만족도 사회적 지위	3	리커트
AI와 세무업 전망	직업만족도 수입만족도 사회적 지위	3	리커트
AI와 세무업 생존전략	직업만족도 수입만족도 사회적 지위	3	
세무사 자격시험제도	전망 전망 이유 개선 방안	3	
세무사와 회계사 경쟁구도	전망 전망 이유 발전 대안	3	
전체 문항 수		27	

<표 2-10> 조사대상자의 인구통계학적 특성

구분		빈도(N)	퍼센트(%)
직업	세무사	8	61.5
	세무공무원	2	15.4
	세무학과 교수	3	23.1
업무 경력	5년 이하	1	7.7
	11~15년	6	46.2
	16년 이상	6	46.2
거주 지역	서울·경기	6	46.2
	부산·경남	7	53.8

는 가정하에서의 세무사업 전망에 대한 문항 3개, AI가 세무업을 대신하게 된다는 가정하에서의 세무사업의 생존전략에 대한 문항 3개, 향후 4차 산업이 세무사업 전반에 확산될 경우 세무사 자격시험제도의 방향성에 대한 문항 3개, 향후 4차 산업이 세무업 전반에 확산될 경우 세무대리 업무에 있어 세무사와 회계사 간 업무 중첩으로 인한 경쟁구도 전망에 대한 3개 항목 등, 총 27개의 문항으로 구성되었다.

인구통계학적 특성은 명목척도를 사용하였고 이외의 문항에서는 5점 리커트 척도를 사용하였다. 설문지는 모두 9개 부분으로 나누어져 있으며 측정변수와 문항 수, 척도 등을 〈표 2-9〉에 제시하였다.

회수된 설문지의 통계처리를 위해 문항별로 코딩(coding)작업을 실시한 후 PASW Statistics 18.0 통계 프로그램을 이용하여 분석하였다. 조사대상자의 인구통계학적 특성과 표본의 응답비율에 대해 알아보기 위하여 빈도분석(frequency analysis)을 실시하였고, 각 측정항목이 조사대상자의 인구통계학적 특성에 따라 차이가 있는지를 알아보기 위하여 일원배치 분산분석(ANOVA)을 실시하였다.

인구통계학적 분석 결과

〈표 2-10〉은 조사대상자의 인구통계학적 특성에 대해 알아보기 위하여 빈도분석을 실시한 결과이다. 분석결과 직업은 세무사 8명(61.5%), 세무공무원 2명(15.4%), 세무학과 교수 3명(23.1%)로 나타났고, 업무 경력은 5년 이하 1명(7.7%), 11~15년 6명(46.2%), 16년 이상 6명(46.2%)으로 나타났다. 거주 지역은 서울·경기지역이 6명(46.2%), 부산·경남 지역이 7명(53.8%)으로 나타났다.

세무사업 전망 분석결과

2018년 세무사업 평가

2018년 현재 세무사업에 대한 평가 분석결과는 〈표 2-11〉과 같다. 직업만족도는 만족 53.9%, 불만족 7.7%로, 수입만족도는 만족 46.2%, 불만족 15.4%로 나타났으며, 사회적 지위에 대한 만족도는 69.2%가 만족, 7.7%가 불만족하는 것으로 나타났다. 따라서 현재 세무사업에 대해서는 대체적으로 만족하는 것으로 볼 수 있다.

직업만족도에서 만족에 대한 답변 이유로는, ①업무에 대한 스

<표 2-11> 2018년 현재 세무사업 평가

		크게만족	만족	보통	불만족
직업 만족도	빈도	2	5	5	1
	퍼센트	15.4	38.5	38.5	7.7
수입 만족도	빈도	0	6	5	2
	퍼센트	0	46.2	38.5	15.4
사회적 지위 만족도	빈도	1	8	3	1
	퍼센트	7.7	61.5	23.1	7.7

트레스가 있으나 신고기한 외에는 자유로운 시간활용이 가능, ②
시간이 자유로워 다양한 사회활동 및 자기계발 가능, ③전문직으
로 누구나 할 수 있는 업무가 아니라는 의견이 있었고, 불만족 사
유는 세무사의 증가로 거래처 확보가 만만치 않고 이로 인해 만족
도가 저하된다는 의견 등이었다.

　수입만족에 대한 근거로는, ①여성의 평균수입을 상회, ②고정
적인 수입, ③전문직의 위상에 맞게 수입이 적정하다는 의견이 있
었다. 반대로 불만족 답변에 대한 이유로는, ①거래처 확보가 어렵
고 이로 인한 수입만족도 저하, ②사회적 지위에 비해 박봉이라는
의견이 있었다.

　사회적 지위에 만족하는 이유로는 ①업무의 전통성을 가지고 지
속적으로 공부하는 면에서 그 지위가 대체로 만족, ②대체로 선호
하는 직종, ③안정적이라는 의견이 있었고, 불만족 답변에 대한 근
거로는 타 직종과 유사하다는 점 등이 꼽혔다.

		크게만족	만족	보통	불만족
직업 만족도	빈도	1	4	6	2
	퍼센트	7.7	30.8	46.2	15.4
수입 만족도	빈도	1	3	6	3
	퍼센트	7.7	23.1	46.2	23.1
사회적 지위 만족도	빈도	3	3	6	1
	퍼센트	23.1	23.1	46.2	7.7

향후 5년간 세무사업 전망

향후 5년간 세무사업 전망 분석결과 〈표 2-12〉과 같이 직업에 대한 만족이 38.5%, 불만족이 15.4%로, 수입만족이 30.8%, 불만족이 23.1%로 나타났으며, 사회적 지위에 대한 만족도는 46.2%가 만족 7.7%가 불만족으로 나타났다. 향후 5년간의 세무사업은 현재보다 다소 만족스럽지 못할 것으로 예측되었다.

직업만족에 대한 답변 이유로는, ①5년이란 단기간에는 그 변동성이 적을 것이고, ②활발한 영업활동과 컨설팅으로 전문가로서 만족한다 등이 있었다. 불만족의 이유로는 ①인터넷의 성장으로 납세자 대행 비중이 점차 감소추세로 예상, ②세무사 인원 팽창으로 시장 축소 점유율 축소 불안, ③수입 감소, 전문지식 희석화 등의 의견이 제시되었다.

수입만족도에 대한 답변 근거로는, ①5년이란 단기간에는 변동이 적을 것, ②추가고객 확보와 영역확대, ③전문가적인 업종으로

		크게만족	만족	보통	불만족
직업 만족도	빈도	1	3	5	4
	퍼센트	7.7	23.1	38.5	30.8
수입 만족도	빈도	0	2	7	4
	퍼센트	0	15.4	53.8	30.8
사회적 지위 만족도	빈도	2	3	4	4
	퍼센트	15.4	23.1	30.8	30.8

수입확대 가능성이 있다는 의견이 있었다. 반대로 불만족 답변에 대한 이유로는 ①세무시장은 국내에 한정되는데 세무사는 계속 증가하고 있어 수입이 줄어듦, ②다른 물가는 오르는데 거래처 이동이 두려워 수임처에 수수료를 올려달라고 하기 힘듦, ③전문분야의 일반화로 수입 감소가 우려된다는 의견 등이 있었다.

사회적 지위에 만족한다는 답변의 이유로는, ①대체로 기존과 동일, ②다양한 사회활동과 봉사, ③자격증 등 소지로 사회적 지위 확보라는 의견이 있었고, 불만족 답변에 대한 근거로는 ①희소가치 감소 경쟁률 심화, ②내부갈등, 사회적 갈등 증폭으로 사회적 지위의 하락 등이 꼽혔다.

향후 10년 후 세무사업 전망

향후 10년 후 세무사업 전망 분석결과 〈표 2-13〉과 같이 직업에 대한 만족이 30.8%, 불만족이 30.8%로, 수입만족은 15.4%, 불만족이 30.8%로 나타났으며, 사회적 지위에 대한 만족도는 38.5%가 만족, 30.8%가 불만족으로 나타났다. 향후 10년 후의 세무사업에 대한 전망은 향후 5년 동안의 세무사업 전망에 비해 만족스럽지 못할 것으로 예측된 것이다.

직업만족에 대한 답변 이유로는, ①앞으로는 사람에 의한 기장업무가 감소될 것으로 생각되나, 그 외의 실질적 세무업무에서는 만족도가 향상될 수 있을 것, ②사회와 경제활동이 빠르게 변하겠지만 전문영역으로 10년까지는 안정적으로 본다는 의견이 있었고, 불만족의 이유에는 ①세무사의 증가로 상호경쟁 심화, ②10년 후에는 불확실함으로 만족도가 감소할 것, ③세무사의 다수 배출 등이 있었다.

수입에 만족한다는 답변에 대한 근거로는, 기존과는 같지 않더라도 비슷하게 유지될 것이라는 의견이 있었다. 불만족한다는 이유에는 ①세무사 수의 증가로 수입 감소, ②유사 및 동일자격사간 경쟁치열, ③최종유저(user)가 직접 세무처리를 할 수 있게 됨으로써 수입이 감소할 것이라는 의견 등이 있었다.

사회적 지위에 만족한다는 답변에 대한 이유에는, 대체로 사회적 지위와 명성이 유지될 것이라는 의견이 있었고, 불만족 답변에 대한 근거로는 ①세무사 수 증가에 따른 희소성 감소로 사회적 지위 약화, ②기존의 사회적 지위가 보편적 직업으로 전환될 것이라는 의견 등이 있었다.

〈표 2-14〉 제4차 산업 확산에 따른 세무사업 전망

		크게확대	확대	영향없음	축소
직업 만족도	빈도	1	3	2	7
	퍼센트	7.7	23.1	15.4	53.8
수입 만족도	빈도	0	4	1	8
	퍼센트	0	30.8	7.7	61.5
사회적 지위 만족도	빈도	1	2	1	9
	퍼센트	7.7	15.4	7.7	69.2

제4차 산업 확산에 따른 세무사업 전망

제4차 산업 확산에 따른 세무사업 전망 분석결과 〈표 2-14〉과 같이 직업만족도는 확대 30.8%, 축소 53.8%로, 수입만족도는 확대 30.8%, 축소 61.6%로 나타났으며, 사회적 지위는 23.1%가 확대될 것으로, 69.2%가 축소될 것으로 전망하였다.

직업만족도 확대의 이유로는, ①사람이 해야 할 일을 인공지능이 대신한다면 업무 만족도가 높아질 것, ②다양화 시대에 세무사업이 더욱 촉망받을 것이라는 의견이 있었고, 축소에 대한 이유는 ①다른 직군 및 유사 전문가의 진입으로 인한 무한 경쟁, ②업무 및 수입 축소가 직업만족도의 축소로 이어질 것이라는 의견 등이 있었다.

수입만족도 확대의 근거로는, 다양한 업무확장으로 다양한 수입을 창출하게 될 것이라는 의견이 있었다. 반대로 축소될 것이라는 답변의 이유로는, ①업무축소에 따른 수입축소, ②전통적인 방식

으로 인한 수입원 감소와 과다 경쟁이라는 의견 등이 있었다.

　세무사는 전문가이므로 사회적 지위가 높아질 것이라는 의견이 있었다. 이에 반해 축소 답변을 한 응답자들은 ①전문가의 도움이 필요한 곳이 줄어들어 전문가의 지위도 저하될 것, ②세무사 증가, 전산화로 세무사의 입지가 축소될 것이라고 답변했다.

AI의 세무사업 대체에 따른 세무사업 전망

　AI의 세무사업 대체에 따른 세무사업 전망 분석결과 〈표 2-15〉과 같이 직업만족도는 확대 23.1%, 축소 61.6%로, 수입만족도는 확대 15.4%, 축소 61.5%로 나타났으며, 사회적 지위는 15.4%의 응답자가 확대될 것으로, 61.5%가 축소될 것으로 예측하였다.

　직업만족도의 확대 이유로는, 사람이 해야 할 일이 인공지능으로 대체된다면 사람으로 인한 스트레스 축소로 만족도가 높아질 것이라는 의견이 있었다.

　축소에 대한 이유는 ①인간 세무사의 역할 축소로 소외감을 가져옴, ②업무 및 수입 축소가 직업만족도의 축소로 이어질 것이라는 의견 등이 있었다.

　수입만족도의 확대 근거로는, 새로운 블루오션 등장으로 수입확대가 기대된다는 의견이 있었고, 축소 답변에 대한 이유로는, ①직원과의 마찰이 축소되어 비용이 절감될 수 있으나, 고객의 지불이 축소될 우려 존재, ②수수료 인상은 별로 없어 수입이 감소되거나 답보 상태가 될 것이라는 의견 등이 있었다.

<표 2-15> AI의 세무사업 대체에 따른 세무사업 전망

		크게확대	확대	영향없음	축소	크게축소
직업 만족도	빈도	0	3	2	6	2
	퍼센트	0	23.1	15.4	46.2	15.4
수입 만족도	빈도	1	1	3	7	1
	퍼센트	7.7	7.7	23.1	53.8	7.7
사회적 지위 만족도	빈도	1	1	3	7	1
	퍼센트	7.7	7.7	23.1	53.8	7.7

<표 2-16> 제4차 산업 확산에 따른 세무사 자격시험제도 전망

		크게확대	확대	유지	축소	크게축소
세무사 자격시험제도	빈도	1	1	7	2	2
	퍼센트	7.7	7.7	53.8	15.4	15.4

사회적 지위의 확대에 대한 이유로는 전문직으로서 정년이 없고 타인이 부러워하는 직종이라는 의견이 있었고, 축소 답변에 대한 근거로는 ①AI가 범용되면 세무사의 사회적 위치도 축소, ②직업 및 수입의 만족도가 하락함에 따라 사회적 지위도 하락될 것이라는 점 등이 있었다.

세무사 자격시험제도 전망

향후 제4차 산업 확산에 따른 세무사 자격시험제도의 향방에 관한 분석결과, <표 2-16>과 같이 확대 15.4%, 현 상태 유지 53.8%,

축소 30.8%로 나타났다.

　세무사 자격시험제도는 현행과 유사하게 유지될 것이라는 전망이 우세했으나, 전산화 등이 보편화됨에 따라 배출인원을 축소해야한다는 의견이 있었다. 또한 국제무대 진출이나 신규 분야 등장과 같은 사회변화에 대비하기 위해 시험제도를 변경해야한다는 의견도 있었다.

세무사와 회계사의 경쟁구도 전망

　제4차 산업사회를 맞이하여 세무사와 회계사의 중첩된 업무영역으로 인한 경쟁구도 분석결과, 〈표 2-17〉과 같이 확대 15.4%, 현 상태 유지 53.8%, 축소 30.8%로 나타났다.

　현재 세무사와 회계사가 별 문제없이 공존하고 있으며 각자의 고유 영역이 다르므로, 세무사와 회계사의 업무상 경쟁구도가 심화되더라도 큰 문제는 되지 않을 것이라는 전망이 우세했다.

〈표 2-17〉 제4차 산업 확산에 따른 세무사와 회계사의 경쟁구도 전망

		크게확대	확대	유지	축소	크게축소
세무사와 회계사의 경쟁구도	빈도	1	1	7	2	2
	퍼센트	7.7	7.7	53.8	15.4	15.4

5

직업별 세무사업
전망 분석결과

2018년 평가

직업별로(세무사, 세무공무원, 세무학과 교수) 직업만족도의 차이를 비교하기 위해, 일원배치 분산분석(ANOVA)을 실시하였다.

분석결과, 〈표 2-18〉와 같이 직업별 평균을 비교하였을 때 세무사 2.375, 세무공무원 3.000, 세무학과 교수 2.000으로 나타났으며, F값 .763, 유의확률 .492로 통계학적으로 유의하지 않은 결과가 나타났다.

또한 직업별 세무사업 수입만족도 차이분석에서는 F값이 1.713, 유의확률이 .229였으며, 사회적 지위 만족도와의 관계 분석에서는 F값이 1.551, 유의확률이 .259로 나타났다. 이와 같이 직업만족도와 마찬가지로 통계학적으로 유의하지 않은 결과가 나타난 것으로 볼 때, 현재 세무사업의 수입만족도에 대한 직업별 평가는 차이가 없는 것으로 분석되었다.

〈표 2-18〉 직업별 현재 세무사업 평가

종속변수	직업	평균	표준편차	F값/유의확률
직업 만족도	세무사	2.375	1.061	.763/.492
	세무공무원	3	0	
	세무학과 교수	2	0	
수입 만족도	세무사	2.625	0.744	1.713/.229
	세무공무원	3.5	0.707	
	세무학과 교수	2.333	0.577	
사회적 지위	세무사	2.5	0.756	1.551/.259
	세무공무원	2.5	0.707	
	세무학과 교수	1.667	0.577	

〈표 2-19〉 직업별 향후 5년간 세무사업 전망

종속변수	직업	평균	표준편차	F값/유의확률
직업 만족도	세무사	2.625	0.916	1.227/.334
	세무공무원	3.5	0.707	
	세무학과 교수	2.333	0.577	
수입 만족도	세무사	2.75	1.035	.592/.572
	세무공무원	3.5	0.707	
	세무학과 교수	2.667	0.577	
사회적 지위	세무사	2.625	0.916	1.125/.362
	세무공무원	2.5	0.707	
	세무학과 교수	1.667	1.155	

향후 5년간 전망

직업별로(세무사, 세무공무원, 세무학과 교수) 향후 5년간의 세무사업 전망을 분석하였다. 그 결과, 〈표 2-19〉와 같이 직업별 평균을 비교하였을 때 세무사 2.625, 세무공무원 3.500, 세무학과 교수 2.333으로 나타났으며, F값 1.227, 유의확률 .334라는 통계학적으로 유의하지 않은 결과가 나타났다.

또한 직업별 향후 5년간 세무사업 수입만족도 분석에서는 F값이 .592, 유의확률이 .572로 나타났으며, 사회적 지위 만족도와의 관계 분석에서는 F값이 1.125, 유의확률이 .362로 나타났다.

직업만족도와 마찬가지로 통계학적으로 유의하지 않은 결과가 나타남으로써, 직업별 향후 5년간 세무사업 만족도에 대한 평가는 차이가 없는 것으로 분석되었다.

향후 10년 후 전망

직업별로 향후 10년 후 세무사업 전망에 따른 직업만족도를 분석해본 결과, 〈표 2-20〉과 같이 직업별 평균을 비교하였을 때 세무사 3.125, 세무공무원 3.500, 세무학과 교수 2.000으로 나타났으며, F값 2.405, 유의확률 .140으로 통계학적으로 유의하지 않은 결과가 나타났다.

직업별로 향후 10년 후의 세무사업 수입만족도를 분석한 결과, F값 1.099, 유의확률 .370으로 역시 유의하지 않은 결과로 분석되었다.

〈표 2-20〉 직업별 향후 10년 후 세무사업 전망

종속변수	직업	평균	표준편차	F값/유의확률
직업 만족도	세무사	3.125	0.835	2.405/.140
	세무공무원	3.5	0.707	
	세무학과 교수	2	1	
수입 만족도	세무사	3.25	0.707	1.099/.370
	세무공무원	3.5	0.707	
	세무학과 교수	2.667	0.577	
사회적 지위	세무사①	3.25	0.707	6.601/.015
	세무공무원②	3	1.414	
	세무학과 교수③	1.333	0.577	
	Dunnett T3 ① 〉 ③			

한편, 직업별 향후 10년 후 사회적 지위 만족도 분석에서는 유의확률이 .015로 나타났다. 이는 .050보다 작아서 등분산 가정이 되지 않으므로 Dunnett T3에서 분석하였다. 분석결과 세무사의 10년 후 수입만족도는 3.250으로 가장 낮았다.

세무학과 교수는 1.333으로, 상대적으로 향후 10년 후 세무사의 사회적 지위에 대한 만족도가 높게 나타났다. F값 6.601, 유의확률 .015로 통계적으로 유의한 결과가 나타났으므로, 향후 10년 후 세무사의 사회적 지위에 대한 전망은 차이가 세무사와 세무학과 교수 사이에 차이가 있는 것으로 분석되었다.

<표 2-21> 직업별 제4차 산업 확산에 따른 세무사업 전망

종속변수	직업	평균	표준편차	F값/유의확률
직업 만족도	세무사	3.5	0.926	1.418/ .287
	세무공무원	3	1.414	
	세무학과 교수	2.333	1.155	
수입 만족도	세무사	3.75	0.707	3.732/ .062
	세무공무원	3	1.414	
	세무학과 교수	2.333	0.577	
사회적 지위	세무사①	4	0	11.346/ .003
	세무공무원②	3	1.414	
	세무학과 교수③	2	1	
	Dunnett T3 ① 〉 ③			

세무사업 전망

직업별 향후 제4차 산업 확산에 따른 세무사업 전망에 따른 직업만족도에 대한 분석결과, 〈표 2-21〉와 같이 직업별 평균을 비교하였을 때 세무사 3.500, 세무공무원 3.000, 세무학과 교수 2.333으로 나타났으며, F값 1.418, 유의확률 .287로 분석되었다. 또한 수입만족도 분석에서는 F값 3.732, 유의확률 .062로 직업만족도와 수입만족도는 통계학적으로 유의하지 않은 결과가 나타났다.

그러나 직업별 향후 제4차 산업 확산에 따른 사회적 지위 만족도 분석에서 유의확률이 .001로 .050보다 작으므로, 등분산 가정이 되지 않아 Dunnett T3에서 분석하였다.

분석결과 세무사가 4.000으로 사회적 지위 만족도가 가장 낮았고, 세무학과 교수가 2.000으로 상대적으로 향후 제4차 산업 확산에 따른 사회적 지위 만족도가 높아질 것으로 전망하고 있었다. F값 11.346, 유의확률 .003으로 통계적으로 유의한 결과가 나타났으며 세무사와 세무학과 교수의 제4차 산업 확산에 따른 사회적 지위에 대한 전망은 차이가 있는 것으로 분석되었다.

AI 대체에 따른 전망

직업별 향후 AI의 세무사업 대체에 따른 세무사업 전망에서 직업만족도에 대한 분석결과, 〈표 2-22〉와 같이 직업별 평균을 비교하였을 때 세무사 4.000, 세무공무원 3.000, 세무학과 교수 2.667로 나타났으며, F값 2.633, 유의확률 .121로 분석되어 직업만족도는 통계적으로 유의하지 않은 결과가 도출되었다.

그러나 직업별 향후 AI의 세무업 대체에 따른 세무사업에 대한 전망 중 수입과 사회적 지위 만족도에 대한 분석의 유의확률이 모두 .052로 .050보다 크므로 등분산 가정이 가능하여 Scheffe에서 분석하였다.

분석결과 세무사 평균이 4.000으로 수입과 사회적 지위에 대한 만족도가 가장 낮았고, 세무학과 교수가 2.333으로 상대적으로 향후 AI의 세무사업 대체에 따른 수입과 사회적 지위 만족도가 높게 나타났다. F값 4.923, 유의확률 .032로 통계적으로 유의한 결과가 나타났으며, 세무사와 세무학과 교수의 AI의 세무업 대체에 따른

<표 2-22> 직업과 AI의 세무업 대체에 따른 세무사업 만족도와의 관계

종속변수	직업	평균	표준편차	F값/유의확률
직업 만족도	세무사	4	0.926	2.633/.121
	세무공무원	3	1.414	
	세무학과 교수	2.667	0.577	
수입 만족도	세무사①	4	0.535	4.923/.032
	세무공무원②	3	1.414	
	세무학과 교수③	2.333	1.155	
	Scheffe ① 〉 ③			
사회적 지위	세무사①	4	0.535	4.923/.032
	세무공무원②	3	1.414	
	세무학과 교수③	2.333	1.155	
	Scheffe ① 〉 ③			

<표 2-23> 직업별 제4차 산업 확산에 따른 세무사 자격시험제도 전망

종속변수	직업	평균	표준편차	F값/유의확률
세무사 자격시험제도	세무사	3.5	1.069	1.406/.290
	세무공무원	3.5	0.707	
	세무학과 교수	2.333	1.155	

직업별 수입과 사회적 지위에 대한 전망은 차이가 있는 것으로 분석되었다.

향후 자격시험제도 전망

직업별 향후 제4차 산업 확산에 따른 세무사 자격시험제도에 대한 전망 분석결과, 〈표 2-23〉와 같이 직업별 평균을 비교하였을 때 세무사 3.500, 세무공무원 3.500, 세무학과 교수 2.333으로 나타났으며, F값 1.406, 유의확률 .290으로 분석되어 통계적으로 유의하지 않은 결과가 도출되었다.

세무사와 회계사의 경쟁구도 전망

향후 제4차 산업 확산에 따른 세무대리 업무에 있어 세무사와 회계사의 중첩된 업무영역으로 인한 경쟁구도를 직업별로 분석한 결과, 세무사의 평균값이 3.125, 세무공무원의 평균값이 2.000, 세무학과 교수의 평균값이 2.667로 나타났다.(〈표 2-24〉)

F값 1.940, 유의확률 .194로 분석되어 통계적으로 유의하지 않은 결과가 도출되었다.

〈표 2-24〉 직업별 제4차 산업 확산에 따른 세무사와 회계사의 경쟁구도 전망

종속변수	직업	평균	표준편차	F값/유의확률
세무사와 회계사의 경쟁구도	세무사	3.125	0.835	1.940/.194
	세무공무원	2	0	
	세무학과 교수	2.667	0.577	

6 최종
분석결과

세무사업의 현재와 미래에 대한 예측 분석결과, 세무사업 전망에 따른 직업만족도, 수입만족도, 사회적 지위에 대한 만족도는 점차적으로 불만 또는 축소되는 것으로 분석되었다. (〈그림 2-4〉)

또한 직업별 세무사업 전망에서는, 향후 10년 후의 세무사업 전망과 향후 제4차 산업 확산에 따른 사회적 지위 만족도, 그리고 AI의 세무사업 대체에 따른 세무사업 전망에서 수입과 사회적 지위에 대한 만족도 분석에서만 세무학과 교수의 만족도가 세무사보다 높게 나타나는 유의한 결과가 도출되었다.

향후 제4차 산업시대가 도래하고, 특히 AI가 세무사업을 대신하게 된다는 가정 하에, 세무사업의 생존전략 또는 발전전략은 ①단순기장 대리 업무에서 탈피, 세법학에 대한 지식 습득, 조세소송에의 참여, 세법의 해석 적용에 있어 법률적 전문화 및 독점화, ②절세상담, 컨설팅 및 미개척 분야로의 업무영역 확대, ③제4차 산업의 기술과 노하우를 먼저 습득하고, 통합서비스(법률, 4대보험, 감정, 경영컨설턴트, 산업별 지식집적화 활용)를 제공하는 것 등이 제안되었다.

〈그림 2-4〉 세무사업 전망

직업만족도

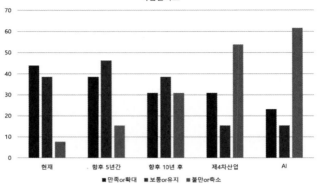

수입만족도

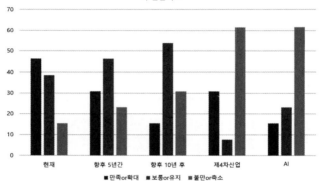

사회적 지위

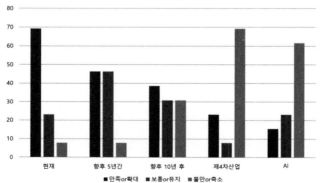

세무사 자격시험제도의 개선방안으로는, ①세무사 자격시험에 인문적 소양을 함양하는 추가과목 배정, ②국세청 인턴근무 추가, ③AI를 응용한 다양한 방법이 시험에 접목되도록 개선, ④빅데이터 및 인공지능 등 4차 산업에 적응하기 위한 시험과목의 확대 등이 제안되었다.

　마지막으로 향후 세무사와 회계사의 업무상 경쟁구도에 대한 발전적 대안으로, ①세무사와 회계사의 통합에 의한 일원화, ②세무사와 회계사의 경쟁은 역사와 사회에 의해 판가름날 것이므로 연대와 화합을 통한 사회적 기여방안을 모색해야 하며, ③세무업무는 세무전문가인 세무사가 전담하고, 회계감사업무는 회계전문가인 회계사가 전담하는 풍토 및 제도의 확립, ④전문분야 네트워크를 통한 규모 확대 및 업무 전문화 등이 제안되었다.

제3장

세무사업 개선의 필요성 및 발전전략

1

세무사
자격시험제도

「세무사법 시행령」 제2조에 따르면 기획재정부장관은 세무사의 수급상황 등을 고려하여 위원회의 심의를 거쳐 제2차 시험의 최소 합격인원을 정할 수 있으며, 기획재정부장관의 권한은 그 일부를 대통령령으로 정하는 바에 따라 국세청장에게 위임할 수 있다.[167][168]

또한 「세무사법 시행령」 제34조의2에 따르면, 기획재정부장관의 업무 중 세무사 자격시험의 시행에 관한 업무를 「한국산업인력관리공단법」에 따른 한국산업인력공단의 이사장에게 위임하는 것으로 명시되어 있다.

현재 세무사 시험의 소관부처는 기획재정부이며, 2009년부터 한국산업인력공단으로 이관되어 시행되고 있다. 세무사시험의 응시자격은 학력이나 일정한 경력 요건이 요구되지 않지만, 세무사법 제5조 제2항에 의하면 파산선고를 받고 복권되지 아니한 자 등 동법 제4조 제2호부터 제10호의 어느 하나에 해당하면 시험에 응

---

167 「세무사법」 제20조의3(권한의 위임 및 업무의 위탁).
168 「세무사법」 제34조의2(위임 및 위탁).

시할 수 없다.[169]

「세무사법」 제3조의2 제1항에 따라, 세무사자격심의위원회에서 세무사 자격시험 과목 등 시험에 관한 사항, 시험 선발 인원의 결정, 시험의 일부 면제 대상자의 요건 등을 심의하고 있다.

세무사자격심의위원회는 세무사법 제3조의2 제1항에 따라 위원장 및 부위원장 각 1명을 포함한 12명의 위원으로 구성되며, 위원회의 위원장은 국세청장이, 부위원장은 국세청차장이 맡고 있다.

시험 응시자격 개선의 필요성

현행 우리나라 세무사 자격시험의 응시자격은 학력이나 기타 경력요건을 요구하지 않고 있다. 다만, 제1차 객관식 시험에 합격하지 아니하면 제2차 주관식 시험에 응시 할 수 없게 되어있다.

세무사 자격시험의 제1차 객관식 시험은 수험능력의 구비여부를 검증하는 예비시험의 성격을 가진다고 볼 수 있다. 세무사 시험 응시 자격으로 특정한 학력이나 경력을 요구하지 않는 대신 치르는 시험이기 때문이다.

모든 사람에게 응시기회를 준다는 점에서 수험생들의 입장에서는 반가운 일일지도 모른다. 그러나 전문자격사인 세무사가 배출되는 시험이라는 관점에서 볼 때, 타 전문자격사 시험이나 다른 나라의 세무사 자격시험 응시요건 비해 그 규정이 다소 느슨하다고

---

169 「세무사법」 제3조의2(세무사자격심의위원회) 제1항.

생각된다.

특히 복잡한 조세분야를 다루기 위해서는 고도의 종합적인 지식
이 요구되며, 세무사는 납세자의 헌법 및 조세법상의 권리를 보장
하는 역할을 담당하고 있으므로 세무사 자격시험 응시자격에 대
한 개선이 필요하다.

응시자격의 보완

현행 세무사 자격시험 제도 하에서는 아무런 경력요건 없이 시
험에 응시할 수 있으며, 자격취득 후에 실무수습만 이수하면 된다.

그러나 공인회계사 자격시험은 시험응시 요건에 사전학점 이수
규정을 두고 있다. 공인회계사법 제5조 제3항은, 「고등교육법」 제2
조 각호의 규정에 의한 학교, 「평생교육법」 제21조 또는 제22조의
규정에 의한 사내대학 또는 원격대학 형태의 평생교육시설(이하
"학교"라 한다)에서 일정과목에 대하여 일정학점 이상을 이수한 자,
「학점인정 등에 관한 법률」의 규정에 의하여 일정과목에 대하여
일정학점 이상을 이수한 것으로 학점인정을 받은 자, 「독학에 의한
학위취득에 관한 법률」의 규정에 의하여 일정과목에 대하여 일정
학점 이상을 이수한 것으로 학점인정을 받은 자를 공인회계사 자
격시험 응시요건으로 명시하고 있다.

외국의 경우를 살펴보자. 독일의 경우 세무사 시험에 응시하기
위해서는 일정 요건을 갖추어야 한다. 독일 「세무사법」 제36조의
시험 응시 요구사항에 따르면, ① 정규대학 졸업 후 2년간 실무 경

험이 있는 경우, ② 전문대학 졸업 후 3년간 실무 경험이 있는 경우 또는 실무와 관련 있는 교육과정을 이수한 경우, ③ 국세청의 특정 공무원 등에게 적용되는 특별 규정에 해당되는 경우, ④ 유럽공동체(EU)의 다른 회원국 국민에 대한 특례 규정에 해당되는 경우의 어느 하나에 해당되는 경우에만 세무사 시험에 응시할 자격이 주어진다.[170]

일본은 세무사 대신 세리사라는 명칭을 사용한다. 그러나 국가공인자격증이 있어야만 세무서비스를 제공할 수 있는 점, 변호사 및 공인회계사에게 세무사 자격을 자동부여 하는 점 등은 우리나라의 세무사 제도와 유사하다.

그러나 일본도 독일과 마찬가지로 세리사 시험에 응시하기 위한 학력 및 경력 요건이 존재한다. 단, 사법시험 합격자와 공인회계사 1차 시험 합격자 또는 해당 시험이 면제되는 자(시험과목 전 과목 면제자 포함) 등은 학력 및 경력의 제한 없이 세리사 시험에 응시할 수 있다.[171]

학력요건은 대학이나 고등전문학교를 졸업한 자로서 법률학 또는 경제학을 수료한 자이며, 국세심의회가 법률학 또는 경제학에 관한 대학이나 고등전문대학을 졸업한 자와 동등한 학력을 갖춘 것으로 인정하는 자이다.

경력요건은 법령에서 정한 사무 또는 업무에 종사한 기간이 통

170 김귀순(2016), 우리나라 세무사 제도의 개선방안, 강남대학교 대학원 박사학위논문.
171 「세리사법」 제5조.

산 3년 이상이 되는 자를 말한다. 법령에서 정한 사무 또는 업무는 ① 세무관공서에서 사무 또는 기타 관공서에서 국세(관세, 톤세, 특별톤세 제외) 또는 지방세에 관한 사무, ② 행정기관에서 회계검사, 금융검사 또는 회사 기타 단체의 경리에 관한 행정사무[172], ③ 은행, 신탁회사, 보험회사 또는 특별법에 의한 금융법인에서 대출 기타 자금의 운용(대출자의 경리에 관한 검사 포함에 관한 사무[173], ④ 법인(국가 또는 지방자치단체의 특별회계 포함) 또는 사업을 영위하는 개인의 회계에 관한 사무[174], ⑤ 세리사 또는 세리사법인, 변호사 또는 변호사법인, 공인회계사 또는 감사법인의 업무 보조사무, ⑥ 변리사, 사법서사, 행정서사, 사회보험노무사, 부동산감정사[175]이다.

우리나라의 전문자격사인 공인회계사, 변호사 등의 시험 응시자격을 보살펴보면, 일반적인 응시결격사유 이외에 전문자격사로서

---

[172] 「세리사법 시행령」 제2조.
  1. 회계검사원의 직원이 행하는 조세(관세, 톤세, 특별톤세 제외)수입에 관한 검사사무
  2. 지방공공단체의 검사위원 또는 보조직원이 행하는 조세수입에 관한 검사사무
  3. 법인(국가 또는 지방자치단체의 특별회계 포함) 또는 사업을 영위하는 개인의 회계에 관한 사무와 관련 있는 법령의 규정에 따라 행하는 검사사무
  4. 재정융자자금의 운용에 관하여 행하는 운용상대에 대한 검사사무
  5. 은행법 기타 법률에 따른 검사사무로서 시행세칙에서 정하는 것
  6. 증권거래법 기타 법률에 따른 범칙사건의 조사사무로서 시행세칙에서 정하는 것
  7. 「금융기관재건정비법」 또는 「기업재건정비법」의 규정에 따라 행하는 정비계획서 또는 최종처리방법서의 심사의무
[173] 「세리사법 시행령」 제3조, 자금의 대출 또는 유가증권 투자와 관련하여 행하는 대출상대 또는 투자 상대의 업무 및 재산에 관한 장부서류 심사업무, 당해 심사업무를 포함하는 자금의 대출 또는 유가증권 투자 관련 사무를 말함.
[174] 「세리사법 시행령」 제1조의3, 대차대조표 계정 및 손익계정을 설정하여 계리하는 회계에 관한 사무(특별한 판단이 필요 없는 기계적인 사무 제외)를 말함.
[175] 「세리사법 시행령」 제5조.

의 전문지식과 소양을 종합적으로 검증하기 위하여, 관련 전문자격
사 시험에 응시하고자 하는 자로 하여금 특정 과목의 학점을 일정
기준 이상 취득하도록 하는 사전이수학점 제도를 운영하고 있다.

그러므로 세무사 자격시험에도 사전이수학점 제도와 실무경력
요건을 적극 도입해야 한다. 이를 통해 합격자가 기본적인 학문의
토대를 갖추도록 유도하고, 세무기술자가 아닌 창의적인 세무전문
가를 육성해 나가야 할 것이다. 전문가로 인정받는 자격사는 일정
요건을 충족하는 경우에만 응시의 기회를 제공함으로써, 세무사에
대한 신뢰성과 전문성을 유지해 나가야 할 것이다.

세무사시험 응시를 위한 경력요건은 경력기간과 경력기관으로
나누어 생각할 수 있다. 경력기간은 현행 실무수습기간보다 길어
야 한다. 경력기관은 국가기관의 경우엔 세무관공서, 기타 관공서,
국가 행정기관 등에서의 세무 및 회계 실무경험을 인정할 수 있으
며, 기업의 경우는 상장기업과 금융업계에서 세무 및 회계분야에
서 근무한 기간을 인정해주어야 할 것이다.

사전이수학점과 경력요건은 상호보완적이어야 한다. 따라서 경
력요건이 충족되지 않더라도 사전이수학점을 취득한 지원자는 시
험 응시 기회를 부여해야 할 것이다.[176]

세무사 자격시험제도 응시요건의 보완은 수험생의 경쟁력을 향
상시키고, 세무사 자격시험 제도의 퀄리티를 높임으로써 우수 세
무전문가 양성에도 기여할 것이다.

---

176 김귀순(2016), 우리나라 세무사 제도의 개선방안, 강남대학교 대학원 박사학위논문.

세무사 실무교육제도

실무교육제도 개선의 필요성

현행 세무사 실무교육은 세무사법 제12조의6(세무사의 교육)에 의한다. 세무사 자격이 있는 자가 세무대리를 시작하기 위해서는, 기획재정부령으로 정하는 바에 따라 6개월 이상의 실무교육을 받아야 한다.

다만, 제5조의2 제1항 또는 제2항에 따라 시험의 일부를 면제받는 자가 세무사 자격시험에 합격한 경우에는 1개월 이상의 실무교육을 받아야 한다고 명시되어있다.

공인회계사의 경우 「공인회계사법」 제7조에 따라, 공인회계사 2차 시험에 합격한 자가 「공인회계사법」 제2조의 규정에 의한 직무를 수행하고자 할 경우, 실무수습기관에서 1년 이상의 실무수습을 수행하도록 하고 있다. 또한 주식회사의 외부감사에 관한 법률에 따르면, 회계연수원에서 100시간 이상의 기본실무과정연수를 이수해야만 공인회계사 등록이 가능하도록 규정하고 있다.

또한 동법 제3조 제7항의 규정에 의하여 감사인에 소속되어 감사업무를 수행하고자 하는 자는, 실무수습기관에서 2년 이상 또는 3년 이상의 실무수습을 거치고, 회계연수원에서 100시간 이상의 기본실무과정 연수와 100시간 이상의 외부감사 실무과정 연수를 이수하도록 규정하고 있다.

이와 같이 한국공인회계사회, 감사반, 회계법인, 금융감독원 등의 기관에서 실무수습을 받는 경우 2년 이상의 기간이 소요된다. 만약 그 외의 수습기관(정부기관, 정부출자(투자)기관, 외부감사대상 회사 등 공인회계사법 시행령 제12조 제1항 제4호 규정에 의하여 금융위원회가 정하는 기관)에서 실무수습을 받는 경우에는 3년 이상의 수습기간을 거쳐야 한다.

한편, 독일의 경우 세무사시험에 응시하기 위해서는 정규대학 졸업 후 2년간의 실무경험을 갖추거나, 전문대학 졸업 후 3년간의 실무경험이 있어야한다.

일본 세리사 시험에 응시하기 위해서는 법령에서 정한 사무 또는 업무에 종사한 기간이 통산 3년 이상이어야 한다. 또한 세리사 시험에 합격했거나 시험을 면제받은 자는 2년간의 수습기간을 거치게 하여 충분한 교육이 이루어질 수 있도록 규정하고 있다.[177]

우리나라는 세무사 자격시험제도에는 실무경력 요건이 없으며, 세무사 자격 취득 후에 6개월간 수습세무사 실무교육을 하는 것으로 되어 있다. 세무대리서비스가 가능한 공인회계사나 다른 나라의 세무사 실무경력 요건 등과 비교해 볼 때, 6개월이라는 수습기간은 상대적으로 턱없이 부족한 실정이다.

세무사 실무교육 및 보수교육 강화

현행 세무사 실무교육은 한국세무사회에서 실시한다. 세무사법

---

177 김귀순(2016), 우리나라 세무사 제도의 개선방안, 강남대학교 대학원 박사학위논문.

제12조의6의 규정에 따라, 세무사시험 합격자들은 6개월 이상의 실무교육을 받도록 되어있다. 다만 시험의 일부를 면제받는 자가 세무사 자격시험에 합격한 경우에는 1개월 이상의 실무교육을 받아야 한다.

한국세무사회는 세무사에 대한 교육을 회원교육, 직원교육, 기타교육으로 나누고 있다. 회원교육은 회원의무교육(보수교육)과 회원희망교육으로, 기타교육은 세무사실무교육과 직원양성 고용보험 환급교육으로 나누어 실시하고 있다.

세무사회 회칙 제10조 제3항에 따라 실시되는 회원의무교육(보수교육)은 개업세무사들의 업무능력 개발과 자질향상을 위해 기획재정부 또는 국세청담당관을 초빙하여 개정세법 해설, 법인세 신고안내, 소득세 신고안내 등의 교육을 실시하고 있다.

회원희망교육은 조세전문가로서의 능력배양과 끊임없는 자기계발을 통해 전문성을 제고하고자 하는 회원을 대상으로 회칙 제3조 제2항 제2호에 의거하여 실시한다. 해당 분야 전문 강사(회원, 공무원, 교수 등)를 초빙하여 연중 각 지방세무사회에서 실시되고 있다. 직원교육은 회원사 직원을 대상으로 실시되며, 끊임없는 자기계발과 연마를 통해 효율적으로 업무를 수행하도록 돕는 것이 목적이다.

세무사 실무교육 대상자는 세무사 자격이 있는 자 중에서 한국세무사회 세무사실무교육규정 제8조에 따른 실무교육신청을 한 자에 한한다. 수습세무사(6개월) 및 국세경력세무사(1개월)로 나뉘어 실시되며, 소정의 교육과정을 이수한 자에게만 세무사업 등록

〈표 3-1〉 공인회계사 연수교육제도[178]

등록 공인회계사 계속교육	
연수과목	회계, 감사, 세무, 경영자문, 정보기술, 직업윤리, 기타 교육위원회가 인정하는 능력개발
필수연수	40시간 중 회계(IFRS 및 일반기업회계기준) 4시간, 윤리 8시간
연수방법	본회 집합연수, 사이버강좌, 감사인 자체연수, 본회가 인정한 CPD외부연수, 자기학습프로그램(연수규정 별표) 이용

수습 공인회계사 수습연수	
사업년도 개시 6개월 이내 개업	당해 사업연도에 60시간 이수 의무
필수연수	40시간 중 회계(IFRS 및 일반기업회계기준) 4시간, 윤리 8시간
사업년도 개시 6개월 경과 개업	본회 집합견수, 사이버강좌, 감사인 자체연수, 본회가 인정한 CPD외부연수, 자기학습프로그램(연수규정 별표) 이용

출처: 한국공인회계사

자격이 주어진다.

　세무대리업무가 가능한 전문자격사인 공인회계사의 경우에는 2년 이상의 실무수습교육을 수행하도록 하고 있으며, 회계연수원에서 100시간의 기본실무과정연수를 이수해야만 공인회계사 등록이 가능하도록 규정하고 있다.

　공인회계사의 연수교육은 〈표 3-1〉에서와 같이 '등록 공인회계사의 계속교육'과 '수습 공인회계사의 수습연수'로 나누어 실시되고 있다.

---

[178] http://wwwkicpa.or.kr (최종접속일: 2018. 03. 01.)

또한 감사인에 소속되어 감사업무를 수행하고자 하는 자는 실무수습기관(한국공인회계사회, 회계법인, 감사반, 금융감독원 등)에서 2년 이상 또는 3년 이상의 실무수습을 거쳐야 하며, 회계연수원에서 100시간 이상의 기본실무과정 연수와 100시간 이상의 외부감사 실무과정 연수를 이수하도록 규정하고 있다.[179]

공인회계사 및 해외 세무사의 실무교육 기간은 대부분 1년~3년이다. 이에 비해 세무사의 실무교육기간 6개월은 상대적으로 매우 짧은 기간이라 할 수 있다. 세무사 보수교육 시간도 연간 8시간 이상으로 규정되어 있어, 연간 40시간인 공인회계사에 비해 턱없이 부족하다.

전문자격사인 세무사의 실무교육기간도 최소 1년 이상으로 연장되어야 한다. 보수교육 또한 공인회계사에 준하는 연간 40시간 이상으로 조정되어야 한다.

다만 외국의 경우 세무사 자격취득 이전의 실무경험을 인정해주고 있는 점을 감안하여, 실무교육기간 연장 시 실무경력을 일부 인정하는 방안을 고려할 필요가 있다.

---

179 「주식회사의 외부감사에 관한 법률」, 제3조제7항.

2

세무대리서비스
보수 조정 방향

보수 개선의 필요성

세무대리서비스 업무는 세무대리인이 세무관련 지식이 부족한 납세자(의뢰인)에게 세무대리서비스를 제공하는 것을 말한다. 세무대리서비스 보수란 세무대리인과 납세자의 계약에 의해 세무대리인이 제공한 세무관련 서비스에 대한 일정한 대가 또는 비용을 의미한다.

세무대리서비스 보수는 1998년까지는 정부(국세청)의 승인을 받은 '한국세무사회 세무사 보수표'의 규정에 따라 집행되어 왔다. 그러나 1999년부터 '독과점규제 및 공정거래에 관한 법률의 적용이 제외되는 부당한 공동행위의 정리에 관한 법률'이 제정되면서, 한국세무사회의 세무사 보수규정이 폐지되었다. 비슷한 시기에 변호사와 회계사 등 여타 서비스 업종의 보수규정도 폐지되었다. 보수결정 자율화가 시작된 것이다.

이후 세무대리서비스 보수는 세무사와 납세자 간의 자율적인 계약에 의해 결정되고 있다. 세무대리서비스 시장의 경쟁은 날로 심해지고 있으며, 대부분의 세무대리서비스 보수가 적정 보수 수준 이하로 결정되고 있다.

세무대리서비스 보수결정 자율화는 시장원리에 따라 보수가 결정되어야 한다는 논리에 기초하고 있다. 그러나 세무대리서비스에 대한 적정 보수결정을 일반 재화의 균형가격 결정과 같은 측면에서 볼 수 있을 것인가?

세무대리서비스가 가지는 특성을 무시한 채, 세무대리서비스에 대한 보수를 단순히 수요와 공급에 따라 결정되는 균형가격으로 보아서는 안 된다.[180]

일반적인 서비스와 달리 세무대리서비스는 공공재적 성격을 지니고 있다. 세무대리서비스에 실수가 발생할 경우 국민의 납세의무 이행에 부정적인 영향을 끼치며, 이로 인해 세무당국의 과세업무가 왜곡될 수 있기 때문이다.

따라서 납세자의 납세의무 이행과 정부의 과세업무가 적절히 수행되기 위해서, 더 나아가 신뢰성 있는 사회를 구축하기 위해서는 세무대리서비스에 대한 최소한의 품질이 유지되어야 한다는 인식이 필요하다.

세무대리서비스가 최소한의 품질을 유지한 상태에서 안정적으로 공급되기 위해서는, 세무대리서비스에 투입된 세무사의 노력과

---

[180] 신종만(2004), 세무서비스 기장보수 결정요인에 관한 실증 연구, 경성대학교 대학원 박사학위 논문.

시간에 상응하는 적정한 보수가 보장되어야 할 것이다.

　그렇지만 현재 적정 서비스투입 시간과 적정보수를 위한 효과적인 규제는 존재하지 않는다. 오히려 납세자들은 상대적인 비교를 통해 서비스 보수가 높다고 생각하는 경우도 많은 실정이다.

　세무대리서비스 시장의 과당경쟁으로 인해, 납세자들은 저렴한 비용을 지불하고 세무대리서비스를 이용하는 것을 당연하게 생각하고 있다. 이러한 추세에 맞춰 어쩔 수 없이 낮은 보수를 제시하는 세무대리인이 증가하게 되고, 결과적으로 세무대리인 간의 경쟁은 더욱 치열해지게 된다. 악순환이다.

　이와 같은 납세자의 인식과 세무대리인 간의 과도한 경쟁은 세무대리서비스 시장을 위축시킨다. 적정수준 이하의 세무대리서비스 보수가 장기화될 경우 우수한 전문 인력의 세무업계 진입도 줄어들 것이다. 이미 개업 중인 우수한 인력들도 다른 분야로 이직할 수 있다.

　이와 같은 추세가 이어질 경우, 세무대리서비스의 품질이 저하될 뿐만 아니라 세무당국의 과세업무에 지장을 초래할 수도 있다. 이 경우 피해는 고스란히 납세자에게 돌아갈 수밖에 없다.

　따라서 세무대리인 간의 과도한 경쟁으로 인한 세무사보수 덤핑, 부실 서비스제공 등의 피해를 줄이기 위해 세무대리서비스의 적정보수 수준을 결정하기 위한 근거와 적절한 대안마련이 시급한 실정이다.

합리적인 보수 개선 방안

저가 경쟁이 지속됨에 따라 최근의 세무대리서비스 보수는 1970년대보다도 낮게 책정되고 있는 실정이다. 세무대리서비스 보수의 하향평준화는 기존 세무업계 전체의 경영악화는 물론이고, 신규 개업회원 사무소의 조기 정착에도 악영향을 주고 있다.

그러므로 세무업의 발전과 상생을 위해서는 무분별한 가격 경쟁에서 벗어나야 한다. 가격이 아닌 품질로 경쟁함으로써, 전문서비스의 제공자로서 합당한 보수를 받을 수 있어야만 한다.

이러한 합리적인 보수 개선의 필요성에 따라, 적정한 보수를 받기 위한 보수 개선방안을 다음과 같이 제시하고자 한다.

세무법인의 대형화 및 근무세무사 활성화

세무대리인의 증가로 인해 세무업계의 가격경쟁이 더욱 치열해지고 있다. 그러나 세무사 자격시험 합격자 수를 줄이는 것 이외에는 세무대리인의 수를 줄일 방법이 없다.

세무대리 시장의 공급자 수를 줄일 수 없다면, 세무대리 사업자의 수를 줄이는 방안을 검토할 필요가 있다.

효과적인 보수의 통제를 위해서는 전체 세무대리인이 하나의 법인에 소속되는 것이 이상적이다. 그러나 이것은 현실적으로 불가능하다. 따라서 세무대리인 사업자를 줄이는 방법을 고려할 필요가 있다.

세무법인화를 통한 가격 통제를 위해서는 세무법인의 대형화가 필수적이다. 소규모 세무법인들이 통합이나 제휴를 통해 대형 법인화하는 것이다. 같은 법인에 속한 세무대리인들이 같은 세무대리서비스 보수표를 사용한다면, 기존의 제살 깎아먹기식 경쟁이 줄어들 것이다.

2017년에 개정된 세법에 따르면, 2020년 이후에는 수입이 3.5억 원 이상이면 성실신고확인 대상이 된다. 이러한 제도적 변화 속에서 다수의 세무사들이 자율적으로 세무법인으로 전환한다면, 세무대리서비스 공급자 수를 현저히 줄일 수 있을 것이다.

한편, 연간 630명의 세무사가 배출됨에 따라 해마다 급격히 늘어나는 신규 세무사의 개업을 효과적으로 통제할 필요가 있다. 이를 위해서는 기존 세무사무소 및 세무법인에서 신규세무사를 채용하는 것을 적극 검토해야 할 것이다.

유자격 근무세무사 채용의 확대는 세무대리시장의 공급자 수를 조절함으로써 세무대리서비스 보수 안정화에 도움이 될 것이다. 유자격 근무세무사들은 단기간에 실무에 투입할 수 있을 정도의 세법 지식을 갖추고 있는 경우가 대부분이다. 따라서 고액의 보상을 지불하더라도 장기적으로는 사무소에 더 큰 수익을 가져올 것이다.

합리적인 보상을 받는 근무세무사는 오랫동안 안정적으로 근무할 것이며, 이러한 장기근속 세무사의 존재는 사무소의 경쟁력에 큰 보탬이 될 것이다. 더 나아가 세무사무소 경영자의 은퇴 이후에 경영권을 이양받는다면, 사무장 등 기타 직원들에 의한 명의대여를 방지하는 효과도 얻을 수 있다.

직원교육 및 체계적 관리시스템

세무사 사무소에 근무하는 직원은 세무대리서비스를 대표하는 얼굴이라 할 수 있다. 사무소에 방문한 의뢰인이 제일 먼저 대면하는 사람이기 때문이다. 따라서 직원들이 의뢰인을 대하는 태도나 행동은 의뢰인의 서비스 만족도에 큰 영향을 미친다.

그러므로 직원들이 공손하게 인사하고, 친절하게 전화응대와 상담에 임하도록 교육해야 한다. 뿐만 아니라 세법과 회계에 대해서도 체계적이고 지속적인 교육이 필요하다. 세법은 변동사항이 많은 법이기 때문에 개정 내용의 숙지와 빠른 대응이 필수적이기 때문이다.

직원의 이직에 대비하여 모든 업무를 매뉴얼화하고 체계적으로 관리해야 한다. 직원의 입사와 퇴사, 휴가 등으로 인해 고객을 위한 서비스에 문제가 발생해서는 안 된다. 불의의 문제가 발생하더라도 신속하게 대처할 수 있도록 시스템을 구축해두어야 한다.

이러한 노력이 지속될수록 의뢰인의 서비스 만족도가 높아질 것이다. 그리고 의뢰인의 만족도가 높아질수록, 적정한 세무대리서비스 보수를 받는 것이 쉬워질 것이다.

납세자에 따른 서비스 제공

　건설업체 등과 같이 은행이나 기관과 주로 거래하는 사업자의 경우, 결산 후에 재무 분석 등의 자료를 추가로 제공하고 상세히 설명하는 서비스를 제공할 필요가 있다.

　손익비율이 중요시되는 거래처의 경우, 분기별로 가결산 자료를 미리 준비하여 비용관리 등에 대해 조언해주는 것이 좋다. 이러한 서비스를 통해 세무대리서비스에 대한 만족도를 높일 수 있고, 결과적으로 적정한 보수를 요구할 수 있게 된다.

업무 매뉴얼에 따른 서비스의 최적화

　세무대리서비스에 적정한 보수를 책정하는 것은 쉽지 않은 일이다. 세무대리서비스는 눈으로 볼 수 없는 무형의 서비스이다. 그러다보니 서비스에 투입되는 시간과 노력, 비용에 대한 이견이나 논란의 여지가 존재한다.

　그러므로 초기 상담에서부터 세무대리서비스의 모든 과정을 문서화하여 체계적으로 관리할 필요가 있다. 업무와 관련된 서류들과 컨설팅 결과물, 사후관리에 관한 내용까지 모두 매뉴얼로 만들어 두면 유용하게 활용할 수 있다.

　상담 보수의 책정 방식과 근거, 업무절차 안내 요령, 신고 시 필요서류 안내 및 체크리스트, 신고 후 납세자 확인용 보고서 작성 요령 등을 납세자에게 제공함으로써 세무대리서비스에 대한 만족도를 높일 수 있다.

업무 계약서의 활용

세무대리서비스의 계약 시에 납세자와 세무대리인이 〈그림 3-1〉과 같은 업무계약서를 작성하는 것이 필수적이다. 명확한 계약서를 작성하고 그 내용을 상세히 설명함으로써, 세무대리서비스 과정에서 발생할 수도 있는 문제를 예방하고 안정되고 차별화된 고품질 세무대리서비스를 제공할 수 있다.

〈그림 3-1〉 업무계약서 예시

업무계약서(기장대행을 포함한 고문계약서 모델)

인 지

업 무 계 약 서

위임자 주식회사   (이하 「甲」이라 한다) 와 수임자 세무사(또는 세무사법인)(이하 「乙」이라 한다)는, 세무사업무에 관하여 아래와 같이 계약을 체결한다.

제1조 위임업무의 범위
　세무에 관한 위임의 범위는 다음 항목으로 한다.
　1. 甲의 법인세, 사업세, 주민세 및 소비세의 세무서류 작성 및 세무대리 업무 (주1)
　2. 甲의 세무조사에의 입회 3. 甲의 세무상담

회계에 관한 취임의 범위는 다음 항목으로 한다.
　4. 甲의 총계정원장 및 시산표의 작성과 결산
　5. 甲의 회계처리에 관한 지도 및 상담위에 게시된 항목 이외의 업무에 대하여는 별도 협의한다. (주2)

제2조 계약기간

서기   년 월 일부터 서기   년 월 일까지의 년간으로 한다.
단, 쌍방으로부터 의사표시가 없는 한 자동적으로 계속 연장된다.

제3조 보수금액
 보수는 당 사무소(또는 세무사법인)가 정하는 보수규정에 따라 별지 계산명세서에
의한다.
 1. 고문보수로서 월   원
 2. 세문서류 및 결산서류 작성보수로서   원
 3. 세무조사 입회보수로서 1일당   원
 위의 각 보수금액에는 소비세가 별도로 부과된다.
 4. 보수금액은 제2조에 불구하고 개정할 수 있다.

제4조 지급시기 및 지급방법
 1. 고문보수의 지급시기는 매월 일 마감의 동월 일까지 乙의 지정계좌에 이체
한다.
 2. 세무서류 작성 및 결산관련 보수 등은 乙의 업무종료 후 월 이내에 乙의 지정계
좌에 이체한다.

 이체계좌
 예금주   은행   지점   예금   계좌번호

제5조 자료 등의 제공 및 책임(주3)
 1. 甲은 위임업무의 수행에 필요한 설명, 서류, 기장 그 밖의 자료(이하 「자료 등」이
라 한다)를 그의 책임과 비용부담으로 乙에게 제공하여야 한다.
 2. 자료 등은 乙의 제출요구에 甲은 신속히 제출하여야 한다. 자료제출의 지연으로
乙의 업무수행에 차질이 있는 경우 그로 인한 불이익은 甲이 부담한다.
 3. 甲의 자료제공부족, 착오로 인한 불이익은 甲이 부담한다.
 4. 乙은 업무상 알게 된 甲의 비밀을 정당한 이유 없이 타인에게 누설하거나 또는
도용해서는 아니 된다.

제6조 정보의 제시와 설명 및 면책(주4)
 1. 乙은 甲의 위임사무를 수행함에 있어서 선택할 처리방법이 복수존재하거나 어
느 방법을 선택할 필요가 있을 때 및 상대적인 판단이 필요한 때에는 甲에게 설명하
고 승낙을 받아야 한다.
 2. 甲이 전항의 乙의 설명을 받고 승낙한 때에는 당해 항목에 대해 후일 발생하는
불이익에 대하여 乙은 그 책임을 부담하지 아니한다.

제7조 설비투자 등의 통지

소비세의 납부 및 환급에 대하여는 과세방법의 선택에 따라 불이익을 받을 수 있기 때문에 甲은 건물신축, 설비구입 등 다액의 설비투자를 한 때에는 사전에 乙에게 통지한다. 甲이 통지를 하지 아니하므로서 받는 불이익에 대하여 乙은 책임을 부담하지 아니한다.

제8조 그 밖의 사항

본 계약에 정해져 있지 아니한 사항 및 본 계약의 내용에 대하여 변경사항이 발생한 경우에는 甲乙협의하에 성의껏 해결하도록 한다.

제9조 특기사항

본 계약을 증명하기 위하여 본 계약서 2부를 작성하여 甲乙 각각 기명날인한 후 각자 1부를 보관한다.

년   월   일

위임자(甲) 주   소
　　　　　　사업자등록번호
　　　　　　성   명

수임자(乙) 사무소 소재지(또는 세무사법인 소재지)
　　　　　　사업자등록번호
　　　　　　세무사성명(또는 세무사법인명)

적정보수 방안

세무대리서비스 시장이 포화상태이다. 세무대리인간의 경쟁이 더욱 치열해졌으며, 서비스 시장 개방에 대한 위기감도 빠르게 높아지고 있다. 글로벌 금융위기 등으로 인한 장기 불황으로 인해, 많은 기업들이 매출감소에 허덕이거나 폐업하였다. 그 결과, 세무대리인들이 고객을 확보하고 유지하는 것이 더욱 어려워지고 있다.

이런 가운데 등장한 세무대리서비스 저가보수 경쟁은 기존 세무사 시장을 악화시키고 있을 뿐만 아니라, 신규 개업회원 사무소의 조기정착을 어렵게 하는 주원인이 되고 있다.

이럴 때일수록 세무대리인들은 무분별한 가격경쟁에서 탈피해야 한다. 제살깎기식 저가 경쟁에서 벗어나 합리적인 경쟁을 해야 한다. 고품격 고품질의 세무대리서비스를 제공하고, 그에 합당한 보수를 받는 문화를 정착시킬 필요가 있다.

3

세무사업의
문제점 및 대응전략

세무사 업무 전환의 국면

세무대리서비스를 할 수 있는 세무사는 매년 630명씩 배출되고
있다. 공인회계사 역시 해마다 1,000여 명씩 쏟아져 나오고 있다.
세무대리서비스 시장은 그야말로 포화상태인 것이다.

개업 초기의 세무사들은 사무실 유지비라도 해결하기 위해 저가
기장 등의 유혹에 빠지기 쉽다. 이는 전체 세무사 업계에 부정적인
영향을 끼친다. 인공지능 세무대리서비스의 등장으로 세무사 업계
전체가 위기에 빠져 있기도 하다.

이와 같은 상황을 해결하고 살아남기 위해서는 새로운 돌파구를
찾아야 한다는 여론이 세무업계에 팽배해 있다.

이러한 세무대리서비스 시장의 사정과는 무관하게, 과세당국에
서는 납세자의 편의를 위하여 홈택스에서 연말정산 간소화서비스
뿐만 아니라 납세자와의 분쟁을 사전에 예방하기 위해 세법해석
사전답변 제도까지 시행하고 있다.

최근에는 납세자의 양도소득세 신고를 지원하기 위해 부동산 등 기자료를 이용한 미리채움 서비스를 제공하고 있다. 양도소득세의 전자신고와 함께 세액납부까지 원스톱으로 간편하게 할 수 있도록 지원하고 있는 것이다.

납세자가 세금을 납부할 수 있도록 지원하는 세무대리서비스 시장과 시스템이 이미 시장에 구축되어 있음에도 불구하고 정부가 직접 지원하여 세무사의 업무를 대신해 주고 있는 셈이다.

앞서 언급한 바와 같이, 현재 영업 중인 세무대리 프로그램 업체에서 제공하는 인공지능 세무대리서비스는 '기장대리' 부분에 대한 서비스에 한정되어 있다.

현재 기장대리 서비스는 대부분의 경우 세무사 자격이 없는 세무사 사무소 직원들이 세무기장 프로그램에 입력하는 방식이다. 대개의 경우 고객들로부터 월 10만 원에서 30만 원 수준의 보수를 받아서 진행된다. 이처럼 기장대리서비스는 충분한 경험이 있는 일반 직원이 수행할 수 있는 정도의 간단하고 기계적인 업무라고 할 수 있다.

그러므로 기장대리서비스는 사람보다 인공지능이 훨씬 잘 수행할 수밖에 없는 구조이며, 실제로 인공지능이 수행한 기장대리의 오류가 인간의 경우보다 훨씬 적었다고 한다. 이러한 인공지능을 통한 기장대리서비스의 자동화로 인해 세무업계는 더욱 위축될 것이라는 의견이 지배적이다.

따라서 단기적으로는 인공지능이 기장대리 서비스를 전면 대체할 것이다. 장기적으로는 인공지능의 비약적인 발전을 통해 기장대리서비스 외의 복잡다단한 세무대리서비스의 AI화도 가능할 것으로 예측되고 있다.

그러므로 이미 개발되어 있는 인공지능 세무대리 프로그램을 세무업무에 적극 활용하여 업무 시스템을 전환하는 것이, 세무업의 변화에 미리 대응하는 한 방법이 될 것이다.

제4차 산업혁명의 인지 부족과 문제점

산업혁명은 스팀파워의 출현과 동력 방적기의 발명으로 18세기 후반에 영국을 중심으로 시작되었으며, 상품의 제조 방법을 근본적으로 변화 시킨 바 있다. 19세기 후, 전기 및 컨베이어 벨트 시스템에 의한 분업을 통해 대량 생산이 가능해졌다. 1970년대의 제3차 산업 혁명은 컴퓨팅 자동화를 통해 기계 및 네트워크를 컴퓨터로 프로그래밍할 수 있게 되면서부터 시작되었다. 오늘날 제4차 산업 혁명은 경제, 사회, 직업 자체를 변화시키고 있으며, 광범위한 산업 분야에서 물리적인 디지털 기술을 활용한 분석, 인공 지능, 인지 기술 및 IoT(Internet of Things)를 통해 의사 결정이 가능한 상호 연결된 디지털 기업을 양산하고 있다. 그런데 업계의 조직과 지도자들이 제4차 산업혁명을 받아들일 준비가 되어 있는가에 대한 의문이 있다. 대부분의 업계에서는 제4차 산업혁명에 대비한 교육, 지속 가능성, 사회적 이동성과 같은 중요한 요소에 대해 자신의 조직이 많은 영향력을 가지고 있다고 생각한다.

하지만 19개 국가의 1,600명의 C레벨(최고경영자) 경영진을 대상으로 기업과 정부 기관의 리더가 고객, 직원, 조직, 지역 및 사회에 혜택을 주기 위해 Industry 4.0의 모든 잠재력을 활용할 준비가 되었는지를 조사한 결과, 응답자의 14%만이 조직이 Industry 4.0과 관련된 변경 사항을 완전히 활용할 준비가 되어 있다고 응답했다.[181]

이와 같은 연구에 따르면 C레벨(최고경영자)들은 새로운 비즈니스 또는 전달 모델을 조직에 가장 큰 위협이 된다고 여기는 반면, 기존 운영을 보다 효율적이고 경제적으로 만드는 도구로 제4차 산업혁명(Industry 4.0) 기술을 주로 사용하고 있다.

이는 제4차 산업혁명 기술이 직·간접적인 이해 관계자들을 위한 가치를 창출할 뿐만 아니라, 혁신적인 비즈니스 모델에 대한 막대한 기회를 제공하기 때문이다.

세무회계사무소와 세무업계는 새로운 위협에 노출되어 있다. AI 기술에 의해 제공되는 서비스로 인해, 세무사업 그 자체가 위축될 것이라는 위협이 바로 그것이다.

앞서 언급된 바와 같이, 옥스퍼드 대학의 마이클·A·오즈본 교수가 2014년에 발표한 논문을 보면, 세무신고 대행업무, 기장 대행 등의 단순한 데이터 입력 업무를 하는 직업은 장래에 없어질 가능성이 굉장히 높다고 한다. 계산·입력 등의 단순작업은 사람보다 컴퓨터가 나은 분야이다. 그러므로 만약 공인회계사·세무사 업무

---

181 https://www2.deloitte.com/insights/us/en/deloitte-review/issue-22/industry-4-0-technology-manufacturing-revolution.html

의 대부분이 그러한 단순 입력 업무라면, 공인회계사 및 세무사라는 직종 자체가 소멸할 가능성이 크다고 할 수 있다.

이러한 상황에서도 세무사 사무소는 미래를 준비해 나가야 한다. 즉, "고객은 계속 감소하고, 단가는 내려가 있고, 최종적으로는 그 세무회계 업무 자체가 없어질 가능성이 있다."라는 상황에 있어서, 세무사 사무소가 존재할 수 있는 방향으로, 업무 내용과 서비스를 대 변혁할 필요가 있는 것이다. 그러한 변혁은 새로운 서비스를 제공하는 쪽으로 귀결되어야 한다.

세무사업계의 대응전략

세무업계에 제4차 산업(Industry 4.0) 개념의 보급이 확산될 것이라는 데는 의심의 여지가 없다. 정보의 흐름, 첨단 기술 활용과 자료의 추출, 제4차 산업을 구성하는 디지털 기술과 물리적 기술을 통해 조직 전체의 실시간 정보에 액세스함으로써 실용적인 통찰력을 이끌어낼 수 있다.

이를 통해 세무업계는 전혀 새로운 방식으로 완전히 새로운 것을 성취하고, 잠재적인 공급망 및 생산 및 비즈니스 모델을 혁신할 수 있게 된다.

제4차 산업에 대한 상기의 관점 및 관찰을 바탕으로, 본 연구에서는 세무업계에 다음과 같은 대응방안을 제시하고자 한다.

첫째, 세무업무 조직 혁신에 몰두해야 한다. 다양한 기술들을 탐색하여 최적의 기술을 적용하고, 이러한 기술들이 세무 비즈니스에 미칠 영향을 이해할 수 있는 혁신적인 조직을 구축해야 한다. 세무업무를 차별화해야 할 필요성을 이해하고, 거기에 도달하는 방법들에 대해 고민해야 한다.

둘째, 세무업계에 건강한 생태계를 구축해야 한다. 세무업계 조직의 디지털 성숙도를 평가하여 실현 가능한 요소를 파악하고, 이미 보유하고 있는 리소스로 필요한 기술과 기능을 구축하기 위한 조치를 취해야 한다.

기술 자체를 넘어, 제4차 산업 네트워크의 일부로 외부 또는 내부에서 혁신적인 세무업무를 개발할 수 있는 전문가 리소스를 고려·확보해야 한다.

셋째, 세무업무의 틈새시장을 공략해야 한다. 때로는 전략을 테스트하고 개선할 수 있도록, 눈에 띄지 않는 영역에서 작은 규모로 시작하는 것도 좋다. 세무업계 조직의 가장자리(edge) 프로젝트를 선택하면, 향후 더 넓은 범위에서 제4차 산업에 대응할 수 있는 세무업무를 구축할 수 있을 것이다.

이것은 세무업무의 영역을 넓히고, 세무업계에 소속된 조직원 개개인이 실패를 두려워하지 않고 세무업무의 혁신을 이끌어갈 수 있게 해준다.

넷째, 세무업무 변환을 시작하여 그 효과가 있음을 증명해야 한다. 몇 가지 세무업무의 잠재적 가치를 창출할 수 있는 영역의 우선순위를 정하고, 세무업무의 성장을 위해 위에 언급된 일본 세무회계법인의 성공 사례들을 눈여겨보아야 할 것이다.

다섯째, 완벽한 것을 기다리지 말고 계속 반복해야 한다. 제4차 산업기술은 빠르게 발전하고 있으며, 그 기술은 일반적으로 반복될 여지가 있다. 세무업계 종사 경험을 살려서 학습을 하면 다음 계획을 알 수 있으며, 우선순위 책정에도 도움을 줄 수 있을 것이다.

제4차 산업의 변혁은 빠르게 진행될 것이다. 그러한 빠른 변화로 인해 새로운 기회들도 생겨날 것이다. 이를 위해서는 전략적 의사결정뿐만 아니라, 보다 광범위한 세무업무 생태계 구축 및 통합이 필요하다. 이를 통해서 고객 한 사람 한 사람의 요구에 맞게 설계 및 개발된 세무 서비스를 제공할 수도 있다.

거스를 수 없는 제4차 산업의 흐름 속에서 세무업계의 경쟁 우위를 확보하고자 한다면, 제4차 산업의 빠른 변화에 더욱 능동적으로 동참해야한다.

일본 세무회계컨설팅 펌의 대응 사례

사례1.

종합컨설팅 펌, 액센츄어(Accenture) 주식회사

종합컨설팅 펌인 액센츄어(Accenture)주식회사는 함께 일하는 사람들의 배경과 생각의 차이를 받아들임으로써, 서로 존중하는 혁신적이며 활기찬 직장 만들기를 목표로 하고 있다. 또한 일찍부터 AI의 중요성에 주목하여 연수 등을 통한 의식 개혁을 추진하고 있다.

엑센츄어는 성별, 국적, 장애, 성 정체성 등의 벽을 제거하기 위해 노력해 왔다. 다양한 능력과 문화, 생각, 기술, 경험을 가진 인재들이 연계하고 협력함으로써, 각 국가 및 지역의 고객에게 최적의 서비스를 제공하기 위해 최선을 다하고 있다.[182]

엑센츄어 컨설팅 펌의 IOT와 AI에 대한 대응방안을 소개한다.

IOT시대에 대한 대응

엑센츄어는 IOT 컨설팅에 대응하기 위해 특히 메이커(제조원, 제작자)가 IOT회사로 자연스럽게 전환할 수 있는 로드맵을 마련하고 있다. 그 바탕은 생산과정의 고도화를 실현하기 위해 없어서는 안 되는 '제조설비', '워크 포스(work force)', '원료공급 사슬', '비즈니스 프로세스', '플랫폼', '플랜트와 환경' 등의 6가지 관점이다.[183]

IOT가 화제가 된 것은 2014년 여름부터였다. 이때는 정확한 비전이 정해지지 않았기 때문에 IOT 시대에 대비하는 메이커는 없었다. 일본 메이커들은 전통적으로 생산과정의 고도화를 추구해왔다. 공장에서 생산되는 상품 하나하나에 부착된 IC칩을 고도화된 센서 기술로 감지하고, 그 정보를 인터넷으로 유통시키는 것으로부터 IOT 시대가 도래했다.

엑센츄어에서는 생산과정의 구축에서 운영기술이나 정보기술

---

182 https://www.accenture.com/jp-ja/company-diversity
183 廣川州伸,「コンサル業界」, 秀和システム, 2017, p.202.

을 통합하는 스킬, 기술적인 변화에 대한 빠른 적응력, 워크포스의 신속한 스킬 향상, 중요한 보안 대응 등을 통해 IOT시대로 가는 길을 밝게 보여주고 있다.

AI시대에 대한 대응

AI가 기업경영에 기여하는 것은 경영과제를 해결하는 솔루션으로써 활약할 때이다. 엑센츄어는 다음과 같은 4가지의 엑티비티 모델의 AI 솔루션을 준비하여 기업의 니즈에 대응하고 있다.

첫째, 효율성모델은 명확하게 정의된 규칙이나 순서, 기준에 따라 루틴되는 액티비티로 사용된다. 둘째, 전문가모델은 의사나 변호사 등의 다양한 전문가들이 전문지식이나 경험을 바탕으로 판단을 내릴 때 활용할 수 있는 고도의 액티비티이다. 셋째, 유효성모델은 종업원과 기업이 특정한 성과를 만들어 내는 능력을 향상시키려는 목적으로 활용된다. 마지막으로 이노베이션모델은 연구자나 디자이너, 뮤지션, 그리고 기업가 등이 창조성, 아이디어를 확장 시킬 때 사용된다.

엑센츄어의 제안은 AI 솔루션의 제공에 국한되지 않고, 가장 중요한 경영 자원인 '인간'의 활용을 염두에 두고 있다. IOT와 AI로 진행되는 제4차 산업혁명의 주인공은 인간이며, 성공을 지원하는 것도 인간이라는 점을 인식하고 있다. 즉 '인간'에 중심을 두면 성공한다고 생각하는 것이다.

사례2.

글로벌 종합컨설팅, 딜로이트 토마쯔 컨설팅

딜로이트 토마쯔 컨설팅은 세계 150개국 22만 명이 넘는 전문 가들과 연계한 컨설팅을 전개하는 매니지먼트 컨설팅의 선도적 기업이다.[184]

글로벌하고 종합적인 컨설팅 체제가 가진 강점

딜로이트 토마쯔 컨설팅은 국제적인 프로페셔널 펌 '딜로이트' 의 회원사이자 일본 최대 세무회계사무소, 감사법인 토마쯔 그룹 에 소속된 컨설팅 펌이다.

딜로이트 토마쯔 컨설팅에는 경험이 풍부한 전문가들이 상시 대 기하고 있다. 회계, 세무, 지역·국가에 최적화된 지식을 제공함으 로써 당면 경영과제를 해결하기 위해서이다.

해외에서는 딜로이트의 각 국가 사무소와 제휴하고, 국내에서는 경영기반을 구축하기 위한 순수지주회사인 토마쯔컨설팅 홀딩스 주식회사 산하, 주요 지역에 배치된 토마쯔 컨설팅 각 회사(츄쿄〈나 고야를 중심으로 한 도시권을 말한다〉, 칸사이, 서일본)와 제휴하며 그 영 역을 확장하고 있다.

또한 딜로이트는 전 세계에 걸쳐 8% 이상의 대기업에 서비스

---

184 廣川州伸, 「コンサル業界」, 秀和システム, 2017, p.204.

를 제공하고 있으며, 글로벌한 성장기업, 각국의 대기업, 공공 기관, 국내 각 지역의 기업 등을 지원하고 있다.

비저너리(Visionary) 컴퍼니를 지원

딜로이트 토마쯔 컨설팅의 미션은 클라이언트와 함께 일본과 더불어 세계를 계속 진화시키는 것이다. 그렇기 때문에 딜로이트 토마쯔 컨설팅은 눈앞에 있는 이익뿐만 아니라 100년 후까지 가는 가치(value)의 창조를 강조하고 있다.

보통 컨설팅이라고 하면 시급한 당면 과제의 해결이 목표인 경우가 대부분이다. 그러나 제4차 산업혁명이 시작되고 일본과 세계의 시장 환경이 크게 변화하고 있는 오늘날, 마냥 성장을 계속하는 것뿐만 아니라 '지속가능한 사회'를 실현하며 그 창조와 발전에 공헌하는 것이 컨설턴트에게 요구되는 미션이라 할 수 있다. 또한 그것은 100년 후에 살아남아 있을 비저너리컴퍼니를 지혜와 경험으로 지원하는 일이기도 하다.

다음 세대와 미래를 위해, 클라이언트와 함께 새로운 가치를 만들어내어 세계에 닿게 함으로써, 새로운 비즈니스와 새로운 비전을 창조해 나갈 것이다.

여기서 강조할 점은 새로운 비전을 창조하여 그 가치를 만들어 내는 것은 ICT나 AI가 아닌 클라이언트인 살아있는 '인간'인 점이다.

세무회계감사법인에서 파생된 대규모의 글로벌 펌을 세무회계업계 컨설팅 펌이라고 부른다.

사례3.

아시아에서 강한 세무회계컨설팅 펌, 아빔(ABeam)

아빔(ABeam: Asian Beam)컨설팅은 일본에 3,000여 명, 해외에 10,000여 명의 컨설턴트를 보유하고 있다. 전 세계의 얼라이언스 (alliance) 파트너를 합쳐 총 규모 1만 3,000여 명의 체제로 기업변혁을 지원하고 있는 것이다.[185]

아시아에서 강점을 발휘

아빔 컨설팅은 토마쯔·아오키(靑木)감사법인(현 감사법인 토마쯔)의 매니지먼트 서비스 부문에서 독립하였다. 그 당시 세계 빅 8의 하나였던 토우슈로스 인터내셔널(현 딜로이트 토우슈 토마쯔)에 참가(參加)되었다.

2002년에는 감사법인 토마쯔와 자본관계를 해소하고 사명을 '블랙스톤주식회사'로 변경했으며, 그 후 아빔 컨설팅 주식회사로 사명을 변경했다. '아빔'이라는 회사명은 'Asian Beam(아시아의 광선)'을 뜻한다. 아시아에서 시작해서 글로벌 컨설팅 펌으로 성공하겠다는 뜻이 담겨 있다.

2004년 12월에 NEC와 제휴하였으며, 현재 NEC의 100% 자회사가 되어 있다. 아빔은 전략, BPR, 사람·조직, 과학기술 등 여러

---

185 廣川州伸,「コンサル業界」, 秀和システム, 2017, p.206.

가지 각도에서 실천적이고 수준높은 서비스를 성실하게 제공하고 있다.

종래 서양식으로 하면 된다고 생각하기 쉬웠던 솔루션에만 의지하지 않고, 세계 각국의 지역성과 특징에 꼭 맞는 컨설팅과 솔루션을 통해 큰 성과를 거둔 기업으로 널리 알려져 있다.

일본 기업 아빔의 강점

세계화가 진행되면서 일본 기업이 컨설팅 펌을 선정할 때 '해외에서 성공한 사례는 도움이 되나?'라는 위구(危懼)가 생긴다. 문제는 세계에서 활약하는 컨설팅 회사 중에 일본계 컨설팅 회사가 많지 않다는 점이다. 그런 상황을 타개하기 위해 만들어진 아빔 컨설팅도 NEC와 제휴한 지 12년을 지나, 요즘에는 세계로 진출하는 일본 기업의 지원에 자신 있는 컨설팅 펌으로서 존재감을 보여주고 있다.

예를 들어, 일본 기업이 중국 시장에서 사업 진출을 할 때. 2004년에 몇 명의 컨설턴트로서 설립된 아빔 컨설팅 중국은 경쟁이 심한 중국시장에서 비할 데 없는 급성장을 이루었다. 현재 기업 어플리케이션 분야에서 중국의 비즈니스를 잘 아는 400명 이상의 컨설턴트와 일본 컨설턴트의 협력체재를 갖추고 친밀감 있는 서비스를 실현하고 있다. 지금은 중국 최고의 컨설팅회사 중의 하나로 큰 평가를 받음으로써, 일본 기업들에게 큰 도움이 되고 있다.

사례 4.

일본 최대 규모의 종합컨설팅 펌, PWC

PWC(Price water house Coopers) 컨설팅은 세계 157개국에 22만 3천명 이상의 직원을 보유한 'PWC 글로벌 네트워크'의 하나로서, 일본 내 최대 규모의 기업이다.[186]

종합적인 컨설팅 서비스를 제공하는 PWC Japan 그룹

PWC 컨설팅 합동회사는 2016년 2월에 설립되었다. 경영전략의 책정부터 실행에 이르는 종합적인 컨설팅서비스를 제공하고 있다. PWC 컨설팅 합동회사는 165년 이상의 역사와 실적이 있는 'PWC 글로벌 네트워크'의 지견(知見)을 최대한 활용하며, 고객과 사회의 신뢰를 구축함으로써 거대한 가치 창조를 하고 있다.

PWC 컨설팅 합동회사는 PWC Japan 그룹에 소속되어 있다. PWC Japan은 일본에 있는 PWC 글로벌 네트워크의 회원 기업 및 관련 회사의 총칭이다.

각 법인은 독립된 별도의 법인으로써 사업을 진행한다. 복잡화·다양화되는 기업의 경영과제에 대해 감사(監査) 및 보증, 컨설팅, 협상 조언, 세무, 법무 등의 다양하고 탁월한 전문성을 유기적으로 결합시킨 시스템을 보유하고 있다.

---

186 廣川州伸,「コンサル業界」, 秀和システム, 2017, p.208.

PWC와 Strategy&의 네트워크

PWC컨설팅합동회사는 세계 157개국에 무려 22만3천명의 직원을 갖추고 있다. 또한 감사, 세무, 조언 서비스를 제공하는 Strategy&과 연계하여 컨설팅활동을 전개하고 있다.

Strategy& 컨설팅 펌은 2014년 3월에 부즈·앤드·컴퍼니와 PWC가 글로벌하게 경영을 통합하여, 전략에서 실행까지의 서비스를 일원적으로 제공하는 새로운 컨설팅 팀으로서 설립되었다. 일본에서는 2015년 7월부터 구(旧) PwC(Price water house Coopers)의 전략부문과 구 PwC PRTM도 Strategy&에 추가되었다. 여기서 PRTM은 1976년 미국 실리콘밸리에서 설립되었으며, 전략·혁신 부분에 있어 선구적 경영컨설팅 회사로써 큰 호평을 받고 있다.

2016년 2월에는 PwC Japan의 컨설팅부문을 집결한 PwC컨설팅 합동회사가 설립되었는데, 그 중에서 전략부문 컨설팅을 담당하는 팀이 되었다. PwC컨설팅 합동회사는 1914년에 부즈·앤드·컴퍼니의 창립자 애드윈 부즈가 시카고에서 비즈니스 조사와 클라이언트의 문제해결에 대한 컨설팅을 시작한 것을 기업의 시초이자 DNA(유전자)로 여기고 있다.[187]

---

187 廣川州伸,「コンサル業界」, 秀和システム, 2017, p.209.

기업혁신의 기수, 글로벌 세무회계 종합컨설팅 기업

이상에서 소개한 일본의 세무회계 종합컨설팅 회사들, 즉 액센츄어(Accenture)주식회사, 딜로이트 토마쯔 컨설팅, 아빔(Asian Beam)컨설팅, PWC 컨설팅 회사들은 세계적인 네트워크를 보유하고 있다.

따라서 이 회사들은 IT로부터 업무 프로세스, 전략·인사 등의 다양한 영역별로 수많은 컨설턴트가 있으며, 이를 통해 클라이언트의 혁신을 종합적으로 지원할 수 있다는 장점이 있다. 그렇기 때문에 종합컨설팅 펌으로 불릴 때도 있다. 수행 프로젝트의 규모도 크다. 수백억 원 규모의 대기업 시스템 교체를 위해 1,000명 이상의 컨설턴트가 동원될 때도 있다.

1970년대부터 80년대까지, 많은 대기업이 글로벌 확장을 시작하였다. 그 결과로 각각의 기업들은 매우 복잡해지고 대규모화되었다. 그 당시 대형 세무회계감사법인은 크게 발전하고 있던 컴퓨터 시스템을 도입함으로써 업무 개혁을 성취해냈다.

처음에는 세무회계분야의 업무를 효율화시키는 것이 목적이었으나, 세무회계업무와 컴퓨터시스템 전문가였던 감사법인은 경영과 IT의 접목을 통해서 업무혁신을 실현하기에 아주 좋은 기회를 포착하였다.

성장을 통한 대형 종합컨설팅 체제 구축

90년대, 시스템화의 영역은 세무회계 분야뿐만 아니라 기업 전역으로 확산되었다. 대기업은 업무방법 자체를 변혁하지 않고서는 살아남을 수 없게 되었다.

이로 인해 'ERP'라는 통합업무시스템이 유행하기 시작했다. 각 회사들은 앞다투어 ERP를 도입했다. 이러한 상황을 선도한 것은 세무회계업계의 컨설팅 펌이었다. ERP 열풍을 타고 각 회사들은 사업을 확대할 수 있었다. 이러한 성공을 바탕으로 종래 해왔던 세무회계시스템, 업무 프로세스, IT분야뿐만 아니라 전략 분야, 인사·조직분야에도 사업을 확대시킴으로써, 오늘날과 같은 종합컨설팅 체제를 구축한 것이다.

세무회계 업계 펌은 규모가 대형화될수록, 업력이 길어지면 길어질수록 더 큰 힘을 보여주었다. 대규모와 장기간이라는 것은 세무회계 펌의 장점이다. 글로벌한 관점으로 대규모·장기간의 업무를 소화하면서 클라이언트 기업을 효율화하거나 수익 증대를 지원할 수 있는 기업은 세계적으로도 희소하기 때문이다.

4

세무사업계의
문제점과 생존전략

세무사업계의 문제점

　최근 제4차 산업혁명이라는 사회적 이슈로 인한 세무사 업계의
위축과 같은 다양한 문제가 발생하고 있다. 공인회계사나 세무사
가 되고 싶어하는 인재들이 증가하고 있으나, 향후 업계 상황을 고
려하면 세무회계 업계가 전반적으로 큰 전환기를 맞이하고 있음
을 알 수 있다.

　즉 ①후계자 문제와 기업 수의 감소, ②경영자의 고령화, ③기술
의 발달에 의한 업무·서비스의 소멸 등의 문제가 다양한 양상으
로 다가오고 있는 것이다.

세무회계사무소 경영자의 고령화

　게다가 이 후계자 문제는 기업뿐만 아니라 세무회계사무소 자
체의 문제가 되기도 한다. 일본에서는 세무회계사무소의 대표자

318

가 60세 이상인 세무회계사무소의 비중이 약 54%를 차지하고 있다.[188] 따라서 세무회계사무소의 반 이상이, 가까운 장래에 사업승계 문제를 고민하게 될 것이다.

2018년 현재 한국의 고령화율이 14%임을 감안할 때, 한국의 상황도 일본과 별반 다르지 않을 것이라 판단된다.

세무분야의 문제점

기업들은 정부의 조세법 개정에 대한 사전 검토 체계가 충분하지 않아 사후 대응에 쫓기고 있다. 또한 이러한 문제에 대응하기 위한 인적자원 부족은 심각하며, 이를 경영과제로 파악해 기존의 경리·재무부의 한 부분에 불과한 세무부의 의식과 체제를 바꾸는 것은 급선무라 할 수 있다. 세무분야는 전통적이며 큰 변화에 노출되지 않았던 분야지만, 최근 세무분야의 세무사 사무소 안팎의 문제점에 대한 변화가 요구되고 있다.

세무조직 본연의 문제로는 자원, 예산부족, 인력 부족(특히 영어대응), 글로벌 과제를 해결하기 위한 혁신의 필요성, 자원부족과 예산부족에 대응하기 위한 기술의 활용(세무자체 기술 및 범용기술의 활용), 세무를 재무의 한 부분에 불과한 것으로 생각하는 것 등이다. 이러한 문제를 해결하기 위해서는 세무사업 관련 조직들의 의식

---

[188] https://www2.deloitte.com/content/dam/Deloitte/jp/Documents/tax/bt/jp-bt-tmc-tax-department-jp.pdf

과 체계를 바꾸려는 노력이 필요하다.

세무사업의 위축

기업진단업무는 2011년부터 세무사도 수행 가능하게 되었다. 2014년에는 보험사무 대행기관에 세무사가 포함됨으로써, 그 동안 세무사가 비공식적으로 수행하던 노무업무도 공식적으로 수행할 수 있게 되었다.

2004년에는 변호사와 회계사의 세무사 등록을 원천적으로 차단함으로써, 회계사의 세무 대리 직무를 세무사법으로 단일화시켰다. 2012년 회계사의 자동자격부여 폐지와 2017년 12월 세무사법 개정으로, 변호사에 대한 세무사 자동자격 부여 제도가 폐지되었다.

이러한 일련의 조치들 덕분에 세무사업의 영역을 굳건히 다질 수 있었다고 볼 수 있다. 이러한 직무영역 확대와 세무사업의 범위 확립이 세무업 실무 영역에서 얼마나 도움이 될지는 알 수 없지만, 적어도 상징적 의미는 있다고 할 수 있다.

그런데 세무사업 시장에 또다른 위협요인이 나타나고 있다. 일부 컨설팅업체가 절세 컨설팅 명목으로 세무대리를 기본으로 하는 세무사업 시장을 잠식하는 경우가 있었다. 세무사 업계 내부 또는 외부와의 가격경쟁과 덤핑문제로 분쟁이 발생하기도 했다.

세무사업 시장의 가장 근본적인 어려움은 세무 업무의 파생과 확대가 아니라, 세무사를 포함한 세무대리 인력의 과잉공급에 있다고 볼 수 있다. 게다가 개인 개업 세무사업 시장에 회계사들까지 대거 유입되고, 정년이 없는 고령 세무사들의 장기개업도 증가하고 있는 점은 세무업계의 미래를 어둡게 하는 요인이라 할 수 있다. 이러한 상황에서 세무사업 관련 정보를 지속적으로 업데이트하고 세무사로서의 능력을 강화하지 않으면, 세무사업의 밝은 미래는 보장받을 수 없을 것이다.

제4차 산업시대에 대응한 세무업계의 생존전략

제4차 산업시대 세무업계의 가치관 정립

현재 세무업계는 성숙단계에 이르러 양극화 및 경쟁원리가 심하게 작동하는 시기이다. 다가오는 제4차 산업 사회에서는 "미래지향적 세무"와 "네트워크 구축 강화"로 대응해야 한다.

세무업계는 30여 년 전부터 이미 성숙 산업이라 할 수 있다. 장래에 의료업도 그렇겠지만, 세무사·공인회계사 업계는 이미 사양(斜陽)산업이라는 말을 심심치 않게 듣게 된다. 세무업계 시장이 성숙해 있다고는 하지만 현재의 세무사업에 안주해서는 안 된다. 고객이 늘기는커녕 줄어들 것이고, 퀄리티가 아닌 가격경쟁에 휘말리게 될 것이기 때문이다.

이미 세무사업을 완전히 디지털화하고 있는 곳도 있다. 세무에 대한 전문지식 없이 일반교양화 되어가는 세무업계에도, 전문지식에 의한 차별화 현상이 나타나고 있는 것이다.

세무업의 보수는 계속 내려가고, 중소기업의 수도 감소하는 방향으로 가고 있다. 세무업계의 일은 [단가 × 수량]이기 때문에, 이렇게 되면 매출의 증가를 기대하기 힘들어질 것이다.

세무업계 및 세무서비스 시장 전체가 위축되고 있는 상황에서 세무업계의 고객인 중소기업을 지탱하기 위해서는, 하나의 세무사무소의 지식이나 경험만으로는 한계가 있을 수밖에 없다. 따라서 기업 경영자와 함께 기업의 미래를 생각하는 "미래지향적 세무"라는 이름의 세무경영 전략을 다음과 같이 제안하고자 한다.

첫째, "미래지향적 세무"를 전개하기 위한 비즈니스 모델로써 세무 컨설팅 업무의 영역을 넓혀야 한다. 이것은 기업 경영진과 함께 기업의 경영 및 세무계획을 작성하고, 이것을 바탕으로 경영되고 있는지를 관리하고 체크하는 것을 의미한다.

기업의 생산성 및 성장가능성의 한계, 자금조달, 사업승계의 문제도 살펴보아야 한다. 기업의 문제와 난관을 정면으로 마주하고, 그 해결 방법을 제안할 수 있는 세무사업계로 거듭나야 한다.

둘째, 세무사가 미래 세무업계를 주도해 나가기 위해서는 다음의 세 가지 질문에 대한 고민과 대답이 필요하다.

먼저, "세무회계사무소의 관리책임자가 독자적인 경영관을 가지고 있는가? 무엇 때문에 세무인의 일을 하고 있는가?"라는 질문에 대한 대답과 자기성찰이 필요하다. 그 다음으로, "동일한 세무회계업계에서 타사와 가격경쟁을 하지 않고, 높은 부가가치를 가진 세무서비스 시장과 사업 영역을 개척하기 위해 노력하고 있는가?"라는 질문을 스스로에게 제기해야 한다.

마지막으로, "미래의 세무 전문 인재의 육성에 열심인가?"라는 질문에 대해 진지하게 생각해볼 필요가 있다.

세무사 업계의 발전을 위해서는 세무에 대한 전문적인 지식이나 경험도 중요하지만, 일을 생각하는 방식과 가치관에 대한 깊은 고민도 반드시 필요하다. 자신의 일에 대한 가치관, 비전, 사명 의식이 확실히 정립되어야만, 급격히 변화하는 미래 사회의 세무서비스 시장에서 살아남을 수 있기 때문이다.

① 다양화에 대응하는 네트워크 구축 강화

세무사 사무소의 세무사가 서로의 독립성을 인정해주고, 자신의 강점을 강화해가면서, 필요에 따라 그 강점을 서로 살리는 네트워크 구축을 강화해야 한다. 그래야만 다양한 문제에도 대응할 수 있기 때문이다. 또한 각각의 세무사 사무소의 규모는 작더라도, 네트워크를 이룸으로써 보다 발전적이고 규모가 큰 일들을 수행할 수 있을 것이다.

세무업계와 세무서비스 시장이 위축되고 있다. 과격한 생존 경쟁이 시작될 것이 분명하다. 결과적으로는 세무사들과 세무사 사무소들이 양극화될 것으로 예측된다. 즉, 세무사업계는 약육강식의 세계가 될 것이다.

규모가 상대적으로 작은 평범한 세무사 사무소라면, 일이 점점 감소될 때마다 일하는 직원을 한사람씩 포기하게 하고, 마지막에는 일인(一人) 직원의 세무사 사무소가 되어버릴 수 있는 것이다. 물론 규모가 상대적으로 작은 세무사 사무소는 규모가 큰 세무사 사무소에 흡수되는 경우도 있겠지만, 이것만으로는 업무의 다양성을 충족하기에는 역부족이다. 그렇기 때문에 네트워크 구축 강화가 필요한 것이다. 제4차 산업시대의 도래와 사회·경제적 환경 변화에 의해, 향후 세무사업의 양적인 성장은 뚜렷한 한계에 직면할 것으로 예상된다. 따라서 세무 관련 서비스를 양이 아닌 질 위주로 전환해 나가야 한다.

그러나 세무의 전문성에 매몰된다면, 중소기업이 직면한 다양한 경영환경과 세무환경의 문제에 쉽게 대응할 수 없게 될 것이다. 많은 세무사 사무소가 이러한 딜레마에 시달리고 있다.

그러므로 세무사 사무소의 네트워크 구축 강화가 세무사 업계의 큰 흐름이 되어 갈 것이라고 판단된다.

② 10년 후의 세무사업계에 대한 컨설팅 사고 필요

양극화와 경쟁원리가 격동하는 제4차 산업시대가 성숙되면 경쟁력 있는 세무사 사무소만 생존할 수 있을 것이다.

그러나 경쟁력을 높이는 것 이상으로 중요한 것은, 세무사의 존재 의미와 가치가 어디에 있는가를 성찰하고 올바른 가치관을 갖기 위해 노력하는 것이라고 할 수 있다. 세무사 자신이 세무업무에 전문성과 경쟁력을 가지고 있다 하더라도, 그 강점을 살릴 수 없는 곳에서 일하고 있다면 어떠한 가치도 창출할 수 없다.

세무사의 전문영역은 크게 세무, 회계, 컨설팅의 세 가지로 구분되어 있었다. 그러나 제4차 산업의 도래와 함께 세무사의 전문영역이 계속 고정될 것이라고 보기는 어려울 것이다. 세무사, 회계사, 변호사와 같은 전문 자격자들의 전문영역 다툼은 어제 오늘의 일이 아니다. 그러나 중소기업의 경영자들이 밝은 미래를 그릴 수 없게 된 지금과 같은 불확실성의 시대에는, 미래 세무업의 주축을 컨설팅 사고(思考)에 두어야 한다고 생각한다.

무엇보다도 세무사들의 전문성을 더욱 강화시키는 것도 중요하다. "빠르게 변화하는 세무 업무에 숙련할 수 있는가?"라는 질문에 답할 수 있는 세무사들만이, 양극 분화와 경쟁 격화가 시작되는 제4차 산업시대의 세무사 업계에서 살아남을 수 있을 것이다.

'미래지향적 세무'를 위한 윤리관 정립

세무회계나 재무회계는 이미 생긴 부를 계산하는 것을 일컫는 말이다. 즉 세무회계와 재무회계는 과거에 생긴 가치를 분배하기 위한 회계인 것이다.

이에 반해, "미래지향적 세무"는 "가치를 창조하기 위한 회계"라 할 수 있다. 이것은 "미래를 창조하기 위한 세무회계"라고 바꾸어 말해도 좋다. 따라서 불확실성이나 상황변화에 임기응변으로 대응하는 기술도 때로는 필요할 것이다. 각각의 세무사들이 사고방식을 바꿈으로써, 과거지향적 세무에서 미래지향적 세무로 전환되고 있는 큰 흐름에 뒤처지지 않아야 할 것이다.

그러나 여기에 한 가지 문제가 발생할 수 있다. 종래의 세무회계나 재무회계는 예전부터 정해진 룰(rule)에 의해 적절히 판단·수행되어 왔다. 그러나 불확실하고 가변적인 제4차 산업시대에서는, 정해진 룰을 기계적으로 적용하는 것만으로는 미래에 대응할 수가 없다. 제4차 산업시대의 도래와 환경변화로 인해, 기존의 매뉴얼대로만 업무를 수행할 수 없게 된 것이다.

세무사의 모든 업무가 디지털화되고 있다. 따라서 세무사가 지켜야 할 윤리와 이념, 목적에 맞는 행동을 했는지의 여부가 이력으로써 남겨질 수 있다. 게다가 그것은 다른 사람들에게도 공개될 수 있다. 따라서 세무사로서의 윤리의식과 목적의식을 명확하게 정립해 두어야 한다.

세무사 업계의 전략적 M&A 추진

최근 세무회계 사무소의 M&A가 증가하고 있다. M&A를 통해 규모를 확대하고 시장을 공유함으로써 세무회계업계 안팎에서의 영향력을 높이고, 새로운 서비스를 전개하거나 새로운 지역에서 서비스를 제공하는 일이 가능해진다.

최근에는 세무사 사무소의 규모를 확대시킬 목적으로 적극적인 M&A를 행하는 세무법인도 증가하고 있다. 앞서 언급된 바와 같이, 현재 일본에서 M&A를 적극적으로 추진하는 세무회계사무소는 츠지·혼고(辻·本鄕) 세무사법인이다. 향후에는 업계 탑 20위에 들어있는 세무회계사무소가 중소규모의 세무회계사무소를 매입하는 사례도 증가할 것이다. 소규모 세무사 사무실이 중소규모의 세무회계법인에 합병되거나 그룹화되는 사례가 증가할 가능성이 높다.

더 나아가 변호사 사무소나 노무사 사무소 등의 고유한 영역을 초월한 사업(土業)과의 M&A나, 컨설팅 회사와의 M&A도 증가할 것이다. 세무사와 인접한 전문가나 컨설팅회사가 연합하면, 이들의 특별한 장점을 활용한 다양한 서비스를 제공할 수 있으므로 시너지효과가 발생할 수 있다.

미래 세무사 사무소의 4가지 방향

세무회계 업계도 타 업종과 마찬가지로, 마켓 쉐어를 취하기 위해 과점(寡占)화가 진전되고 있다. 자본력이 큰 세무회계사 사무소일수록 더욱 대형화되고 있다.

따라서 앞으로 세무회계 사무소가 존속·발전하기 위해서는 어떤 업계보다도 더 치열한 경쟁을 치러야만 할 것이다.

그렇다면 경쟁이 진행된 후에 세무회계 업계는 어떻게 될 것인가?

앞에서 살펴본 바와 같이, 주식회사 일본 M&A센터가 운영하는 일본M&A협회(전국 670개 이상의 유력 세무회계사무소가 가맹되어 있는 일본 최대의 세무회계 사무소 M&A 네트워크)에서는, 미래의 세무회계 사무소가 살아남기 위한 전략을 크게 4개의 유형으로 구분하고 있다.[189] (〈표 3-2〉)

이 네 가지 유형은 미래의 세무사업이 반드시 어느 하나에 해당할 것이라고 주장하는 것은 아니며, 어디까지나 기본적인 개념을 나타낸 것일 뿐이다.

---

[189] 渡部恒郎, 「業界メガ再編で変わる10年後の日本」, 東洋経済新報社, 2018, p.179.

<표 3-2> 미래의 세무회계 사무소의 4가지 유형

구분	내용
타입 1. 전국 전개 형, 낮은 가격 유형	전국의 마켓쉐어를 취하면서 규모를 확대해가는 세무사 사무소이다. 업무의 매뉴얼화나 서비스 균일화, 플랫폼으로서 역할 강화, 가격경쟁·가격파괴 등을 통해 유지·성장하고 있다. 클라우드 회계나 AI 등의 최첨단 IT를 포함할 것으로 예상된다. 나름대로의 자본력이나 규모를 갖추고 업계 재편과 과점(寡占)화를 리드해가는 존재다.
타입 2. 지역밀착형	지방·지역의 기업을 상대로 가볍고 섬세하게 대응하며, 고객과 함께 발전해가는 타입의 사무소이다. 지방 기업이 감소하고 시장은 축소되기 때문에 최종적으로 폐업의 선택지를 눈앞에 놓고 경영을 해나가지 않으면 안 될 과제를 안고 있다. 지금의 업무 내용을 개혁하지 않고, 언제까지나 존속해 갈 수 있는가?가 중요한 포인트이다. 현재 국내에 가장 많은 세무사 사무소 유형이라 할 수 있다.
타입 3. 해외 전개 형	해외의 세무나 회계에 정통하여, 해외로 진출하려고하는 회사, 또는 해외에서 철수하려는 회사에게 조언을 해주는 사무소이다. 다른 세무사 사무소와의 차별화를 통해 존재가치를 높여간다. 단, 고도의 전문성과 인재력을 요구하기 때문에, 이 타입의 회사가 되는 것은 쉽지 않다.
타입 4. 고부가가치 제공 형 (전문 특화형 비지니스 컨설팅 형)	대형 세무회계 사무소에서 하고 있는 것과 같은 업무를 심도 있게 취급하지만, 그들과 달리 오로지 한 가지 일에만 종사하는 전문 특화형의 세무회계사무소이다. 또는 세무·회계라는 전통적인 세무회계 영역을 초월하여 비즈니스, 인사 관련 컨설팅까지 진행하는 사무소이다.

출처 : 渡部恒郞, 「業界メガ再編で変わる10年後の日本」, 東洋経済新報社, 2018, p. 179.

이중에서 가장 주목해야 할 것은 타입 4 유형이라 할 수 있다. 국내에는 타입 1 유형이 많다. 타입 2 유형의 지역밀착형 사무소가 타입 4 유형의 사무소처럼 높은 부가가치와 특화된 서비스를 제공할 수 있다면, 존속과 발전의 가능성이 가장 높을 것으로 사료된다. 따라서 국내 세무사업계는 타입 4를 지향해야 할 것이다.

고객에 의해 고부가가치가 창출되는 서비스 제공

고부가가치를 제공하는 업무란 구체적으로 어떤 것일까? 〈표 3-2〉의 타입4, 전문 특화형에 의하면, ① 경영 아웃소싱 특화(BPO), ② 재산세의 특화, ③ 상속세 신고의 특화 등을 들 수 있다.

기업의 인재가 부족한 시대이므로 BPO를 전문으로 하거나, 고령 사회의 니즈와 밀접하게 연결된 재산세나 상속세 분야에 특화하는 것도 좋을 것이다.

타입4 비즈니스 컨설팅 형으로는, 사업승계에 관련된 컨설팅 서비스나 M&A컨설팅 등의 업무가 주가 된다. 이미 강조한 바와 같이 부유층의 사업승계 문제나 기업의 성장전략, M&A와 같은 고부가가치 서비스에 집중하는 전략이 바람직하다고 할 수 있다.

epilogue

우리는 IMF체제와 미국 서브프라임 모기지 사태의 여파로 인한 급격한 경제상황 변화 및 그에 따른 여러 가지 어려운 일들을 이미 경험했다. 즉, "시대가 단번에 역 회전해 나가는 격류의 최첨단"에 있는 듯한 그런 최악의 상황을 이미 경험해본 것이다.

제4차 산업사회의 도래가 급속한 사회변화를 야기함으로써 다양한 직업군의 존폐 위기 논란이 있다. 그러나 세무사업보다 심한 곳은 많지 않다. 여러 직업들 중에서도 특히 세무사업이 더욱 위축될 것이라는 위기감이 세무업계 전반에 걸쳐 무겁게 형성되고 있기 때문이다.

본 연구에서 제4차 산업 확산에 따른 세무사업 전망에 대한 전문가 집단 설문조사 결과, 직업만족도 축소가 58%, 수입만족도 축소가 61.5%, 사회적 지위 만족도 축소가 69.2%로 나타났다. 이것은 제4차 산업 확산에 따른 미래의 직업, 수입, 사회적 지위에 대한 만족도가 점차 감소하게 될 것이라는 것을 의미한다.

또한 AI의 세무사업 대체에 따른 세무사업 전망에 대한 설문 분석결과, 직업만족도 축소가 61.6%, 수입만족도 축소가 61.5%, 사회적 지위 만족도 축소가 61.5%로 나타났다. AI의 세무사업 대체에 따른 세무사업 전망에 대한 미래의 직업, 수입, 사회적 지위에 대한 만족도 역시 부정적인 경향이 높다는 분석이다.

그러나 미래의 사회변화에 대해 정확히 인지하고 미리 준비하는 세무사들에게는, 오히려 세무관련 비즈니스 확장의 기회가 될 것으로 판단된다. 본 연구에서는 미래 세무사업의 생존전략으로 "미래지향적 세무"와 "네트워크 구축 강화"를 제시하였다.

모두가 열악한 환경이라 좌절하는 극심한 불황속에서도 매출이 늘어나는 기업이나 개인 사업자가 존재한다. IT의 발전에 힘입어 20년 전에는 없었던 어필리에이트(affiliate)와 인터넷 마케팅 컨설턴트를 통해 파죽지세로 조직을 확대하고 있는 세무사법인도 있다.

"20년 후에도 남아있을 보장된 세무사 업이란 무엇인가?"에 대한 끊임없는 질문과 함께, 고객 만족과 감동을 위한 완벽한 업무처리뿐만 아니라, 고객과 고객의 기업을 혁신으로 이끄는 등의 새로운 자세가 요구되고 있는 것이다.

따라서 본 연구에서는 이러한 사회적 변화에 발빠르게 대응하고 있는 일본의 세무회계법인, 딜로이트 토마쯔, 엑센츄어 주식회사 등의 전략도 살펴보았다. 일본 세무회계 업계의 발빠른 대응 사례는 우리업계에 큰 귀감이 될 것으로 보이며, 앞으로 우리 세무회계 업계가 지향해야 할 큰 흐름이라고 사료된다.

제4차 산업사회에서 인간은 인공지능을 탑재한 로봇과 협력하게 될 것이다. 이밖에도 다양한 융합 기술들이 우리 사회 전반에 보편화될 것이다. 세무사업에 있어서도 세무사가 처리하는 일의 방식과 절차가 지금과는 다른 양상을 보일 것이다. 인공지능을 탑재한 로봇과 세무업무 협력을 하는 것은 그 작은 예 중 하나일 뿐이다.

사실 인공지능을 탑재한 로봇이 인간보다 더 잘하는 일이 있고, 인간이 로봇보다 더 잘 해내는 일이 있다. 따라서 제4차 산업 사회에서의 인간은 인공지능 로봇과의 필연적 협력과정에서 인공지능 로봇의 강점을 파악하고 이를 적극적으로 업무에 활용할 수 있어야 한다. 이를 위해서는 인공지능 모듈을 정확하게 예측하고 설계해야 한다.

세무사 업무 처리에 적절한 인공지능 로봇의 혁신적 모듈이 발달하게 되면, 세무사의 업무 중 단순반복 업무는 인공지능 로봇에 의해 대체될 수밖에 없다. 이는 필연적인 것이다.

이러한 상황에서 단순 세무업무라고 할 수 있는 기장대리, 세무대리와 같은 업무들에 대해서는 인공지능의 활용을 거부하거나 두려워 할 필요가 없다. 오히려 더욱 과감하게 활용할 수 있어야 한다. 제4차 산업사회에 걸맞는 사고의 전환이 필요한 것이다. 인공지능이 단순 세무업무를 처리해 준다면 여유 시간이 늘어날 수 있다. 그런 시간에 복잡 다양한 새로운 세무업무들을 연구 개발 및 활용하는데 그 역량을 집중하는 것이, 4차 산업사회에 대처하는 올바른 행동 전략이라고 할 수 있다.

이러한 제4차 산업사회의 트렌드는 세무사업의 업무조직에도 새로운 혁신적 기회를 제공할 수 있다. 그러므로 디지털 사업모델, 플랫폼 사업모델과 같은 새로운 업무 창출의 기회를 만들어 내야 한다. 그리고 세무사업의 영역을 더욱 더 확장할 수 있도록, 업무의 영역도 글로벌 차원으로 넓혀야 한다.

이러한 새로운 트렌드의 세무업무 창출을 위해, 사회안전망의 확립과 법률적 보완이 필수적으로 마련되어야 함은 물론이다. 세무사법인을 세무컨설팅업체로 발전시키고 세무 관련 업무를 원스톱으로 처리할 수 있어야 한다.

고객에 대한 대응도 중요하다. 눈앞의 고객이 세무업무처리 결과를 평가하는 것에 귀를 기울여야 한다. 정보가 돈이 되는 시대에서 고객이 인터넷으로 세무관련 정보를 헐값으로 얻으려고 한다면, 세무사는 그 조언조차도 무료로 또는 아주 저렴하게 제공하고, 부가적인 제안까지 할 수 있는 서비스가 있어야 한다.

"세무사업은 20년 후에는 결코 방심할 수 없는 직업이 될 것이다."라는 말을 겸허히 받아들임으로써 방심하지 않는 위기감을 장착해야 한다. 이를 통해 고객의 니즈를 파악·해결해주어야 한다. 제4차 산업시대의 세무 환경변화에 대응할 수 있도록, 새로운 해결책과 트렌드를 끊임없이 모색해야 한다.

제4차 산업사회에서 세무사 업계의 새로운 비전을 창조하고 그 가치를 만들어 내는 것은 IoT나 AI가 아닌 클라이언트, 즉 살아있는 '인간'이라는 점을 잊지 말아야 할 것이다.

참 고 문 헌

김경민, 파이낸셜뉴스, "현대경제硏 "2020년 1인 2.7개 IoT 연결, 우리도 대비해야",
   2016. 02. 02.

김귀순(2016), 우리나라 세무사 제도의 개선방안, 강남대학교 대학원 박사학위논문.

김은경, 문영민(2016), 제4차 산업혁명에 대한 경기도의 대응방향, 경기연구원.

김용대, 장원철, "인공지능산업 육성을 위한 개인정보보호 규제 발전 방향", 『경제규제
   와 법』 제9권 제2호, 서울대학교 공익산업법센터, 2016. 11, p.163.

김두형(2004), 전문자격사의 책임과 역할, 법조. 제53권 제8호, 법조학회 p.188.

권동승, 황승구(2017), 초연결 지능 플랫폼 기술, 전자통신동향분석. 제32권 제1호 통권
   163호, 한국전자통신연구원.

김진태, 서정화(2016), 세무사 자격제도 역사적 고찰을 통한 개선방안, 경영사학 제 31
   집 제2호, (사)한국경영사학회, p.101-132.

김상문, 서희열(2013), 전자장부시대의 등장과 활성화 방안, 세무와 회계저널, 14(6),
   p.9-37.

김은경, 문영민(2016), 제4차 산업혁명에 대한 경기도의 대응방향, 경기연구원.

김진하(2016), 제4차 산업혁명시대, 미래사회 변화에 대한 전략적 대응방안 모색. R&D
   InI, 15.

김회원(2017), 세무대리 보수 적정화 방안에 대한 연구, 조세제도연구원.

김한준(2016), 제4차 산업혁명이 직업세계에 미치는 영향, 고용 이슈 9월호, p.88-105.

김홍규(2003), 세무대리서비스 품질요인과 세무대리인 변경의사에 관한 연구, 경성대학
　　교 대학원 박사학위 논문.

김형곤(2012), 세무대리서비스의 이용자 만족도와 세무대리인의 활동에 관한 연구, 전
　　북대학교 대학원 박사학위논문.

박가열 외(2016), 2030 미래 직업세계 연구(Ⅱ), 한국고용정보원.

석왕헌, 이광희(2015), 인공지능 기술과 산업의 가능성, 한국전자통신연구원.

신종만(2005), 세무서비스 기장보수 결정요인에 관한 실증 연구, 경성대학교 대학원 박
　　사학위논문.

신지혜(2016), 세무대리서비스의 질과 다차원적 윤리관이 이용자 만족에 미치는 영향
　　에 관한 연구, 경남대학교 대학원 박사학위논문.

설민수, "머신러닝 인공지능의 법 분야 적용의 현재와 미래 : 미국의 현황과 법조인력
　　구조 및 법학교육에 대한 논의를 중심으로", 『저스티스』 통권 제156호, 한국법
　　학원, 2016, p.271.

유금식(2015), 중소사업자 세무대리서비스의 만족요인에 관한 연구, 한양대 기업경영대
　　학원 석사학위 논문.

양근수(2016), 스마트폰 기장대리 서비스를 이용할 행동에 미치는 요인, 대구대학교 대
　　학원 회계학과 박사학위 논문.

이금주(2008), 세무대리서비스 보수 결정요인에 관한 연구, 경원대학교 대학원 박사학
　　위 논문.

이동면(2017), 제4차 산업혁명의 기반, 지능형 초연결 네트워크, TTA Journal. 169.

이원상, "4차 산업혁명에 있어 형법의 도전과제", 『법학논총』 제24권 제1호, 조선대학교
　　법학연구원, 2017, p.250.

이홍철(2008), 우리나라의 중소기업 회계처리 및 기장대리 개선방안, 건국대학교 행정
　　대학원 석사학위 논문.

안경봉, 이동식(2012), 성실신고확인제도 시행에 따른 세무사 면책기준 설정 연구, 세무
　　와 회계연구 제1권 제1호, 한국조세연구소, p.175.

조상규, "인공지능 세무대리 프로그램의 법적책임", 중앙법학 제19집 제3호(통권 제65
　　호), 2017. 9, p.70.

한명희(2010), 고객만족도 영향분석을 통한 중소기업의 세무대리서비스 향상 방안, 건
　　국대학교 박사학위 논문.

홍정화 외(2009), 세무대리서비스 보수 결정기준에 관한 연구, 회계정보연구, 제 27권
　　제1호, p.91-111.

최계영(2016), 제4차 산업혁명 시대의 변화상과 정책 시사점. KISDI Premium Report.

최명근(1996), 세무사제도의 과제와 시험제도의 개선에 관한 연구, 한국세무사회, 한국
    조세연구소.

최석현(2017), 제4차 산업혁명 시대, 일자리 전략은?, 경기연구원.

김은경, 문영민(2016), 제4차 산업혁명에 대한 경기도의 대응방향, 경기연구원.

한국세무사협회,『한국세무사회 50년사』, p.104.

週刊東洋経済eビジネス新書, "食えなくなった弁護士・会計士・税理士", 週刊東洋経済
    eビジネス新書 No.28, 2013.

渡部恒郎, 10年 後の 日本, 東洋經濟新報社, 2018, p.174.

廣川州伸,「コンサル業界」, 秀和システム, 2017, p.202.

近畿稅理士會制度部,「稅理士法」, 請文社, 2015, pp.58-59.

Aharoni, Y.(1993), Globalization of Professional Business Services, London and
    Newyo가: 7-11, Bloom, P. N.(1984), Effective Marketing for Prefessional
    Services, Harvard Business Review: 102-110.

Bessen, J. (2016), The automation paradox. The Atlantic, Jan 19.

Remus, D. & Levy, S. F. (2016), Can robots be lawyers?, Computers, Lawyers, and
    the Practice of Law, November 27.

Christian Cronroos(1990), Service Management and Marketing, Lexington Msss;
    Lexington Books, 27.

Christopher & Lauren(2007), Service Marketing: People, Technology, Strategy,
    6th ed, Upper Saddle River, NJ: Prentice HALL, 6.

Deane, Phyllis(1965), "The First Industrial Revolution", Cambridge University
    Press.

Pew Reserch Center(2014). "AI, Robotics, and the Future of Jobs"

http://www.pewinternet.org/2014/08/06/future-of-jobs/(최종접속일: 2018. 2. 20.)

Frey, C. B. & Osborne, M. A.(2013), The future of employment: How susceptible
    are jobs to computerization?, Oxford Martin School.

Jim A. Dator (2002). "Advancing Futures: Futures Studies in Higher Education",
    Praeger.

Klaus Schwab(2016). The Fourth Industrial Revolution. World Economic Forum.

Silverberg, K., French, C., Frenzy, D., Van Liebergen, B., & Van den Berg, S. (2016). Innovation in Insurance : How Technology is Changing the Industry.

Rob van der Meulen(2017), Gartner Says 8.4 Billion Connected "Things" Will Be in Use in 2017, Up 31Percent From 2016.(최종접속일: 2018. 2. 17.),

Lee, J., Lapira, E., Bagheri, B., & Kao, H. (2013). Recent Advances and Trends in Predictive Manufacturing Systems in Big Data Environment.

UBS(2016), Extreme automation and connectivity: The global, regional, and investment implications of the fourth industrial revolution. UBS White Paper for the World Economic Forum Annual Meeting 2016.

Silverberg, K., French, C., Frenzy, D., Van Liebergen, B., & Van den Berg, S. (2016). Innovation in Insurance : How Technology is Changing the Industry.

Stephen S. Birdsall and John Florin (1998). "Outline of American Geography", Bureau of International Informaition Programs United Stated Department of State.

http://www.kacpta.or.kr.
http://www.bizwatch.co.kr/pages/view.php?uid=30696
http://www.datanet.co.kr/news/articleView.html?idxno=119551
http://www.taxtimes.co.kr/hous01.htm?r_id=222708(세정신문 2016. 10. 5.)
http://www.gartner.com/newsroom/id/3598917